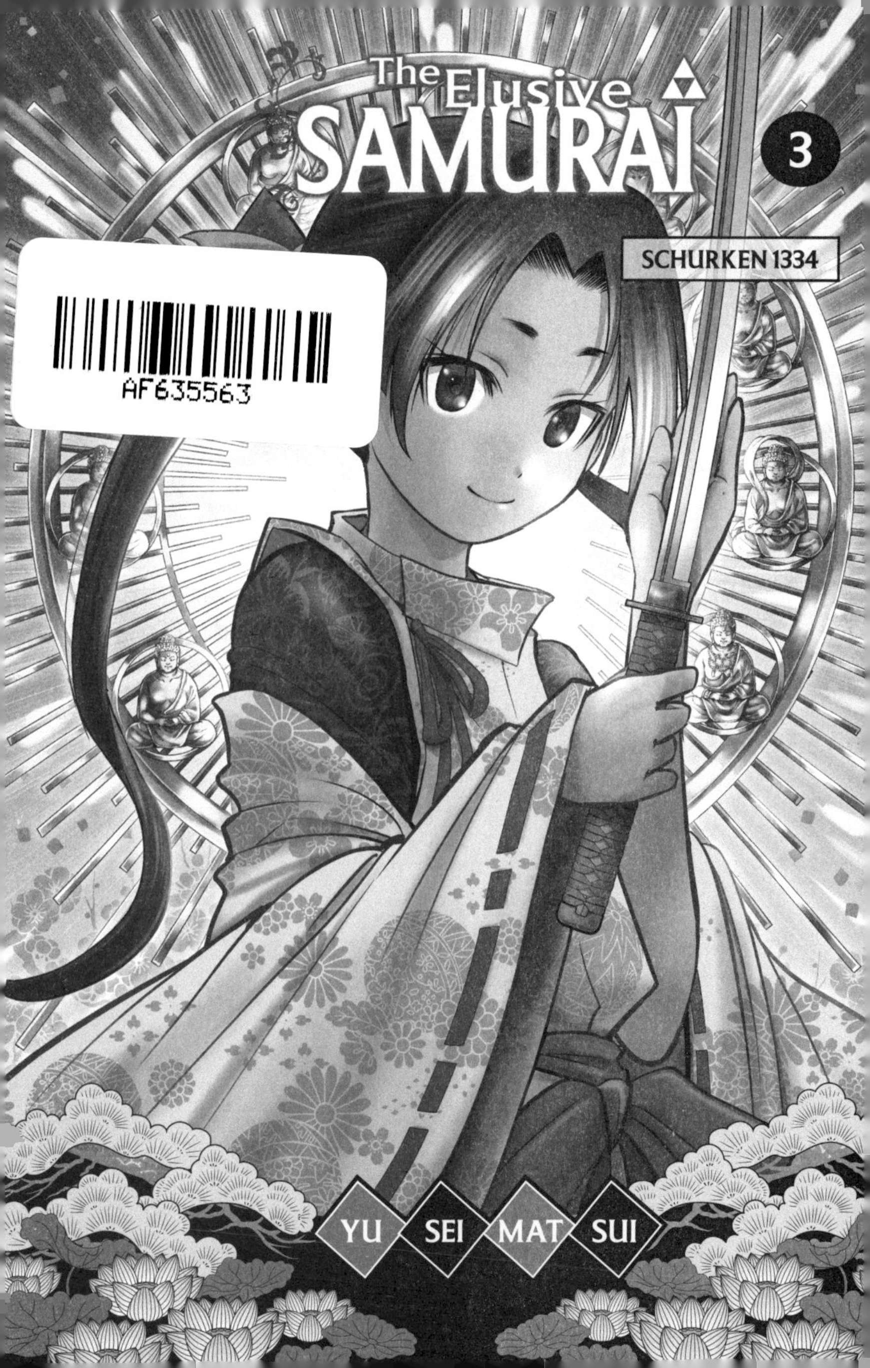
The Elusive
SAMURAI
3
SCHURKEN 1334
YU SEI MAT SUI

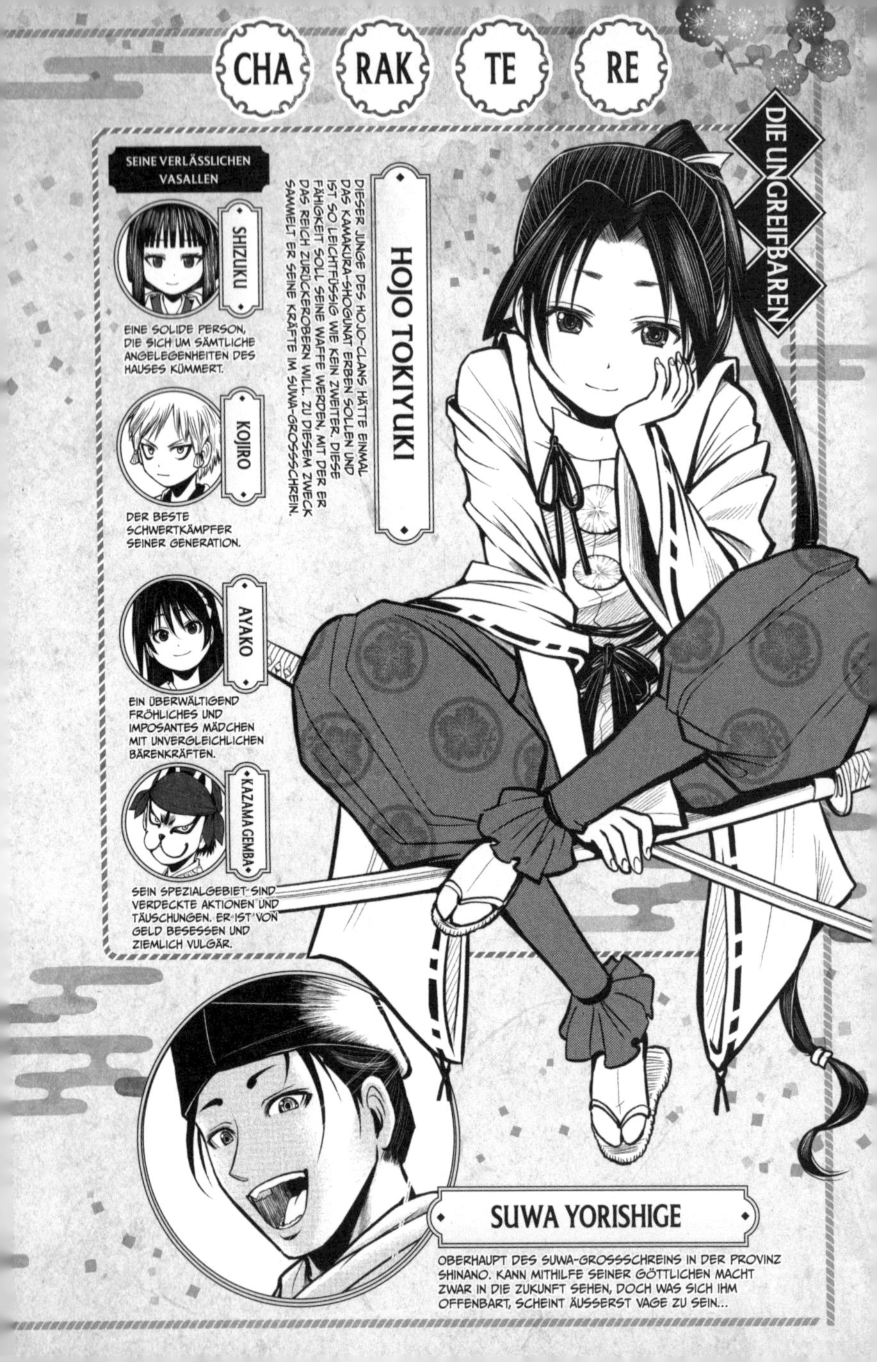
CHA RAK TE RE
DIE UNGREIFBAREN
HOJO TOKIYUKI
DIESER JUNGE DES HOJO-CLANS HÄTTE EINMAL DAS KAMAKURA-SHOGUNAT ERBEN SOLLEN UND IST SO LEICHTFÜSSIG WIE KEIN ZWEITER. DIESE FÄHIGKEIT SOLL SEINE WAFFE WERDEN, MIT DER ER DAS REICH ZURÜCKEROBERN WILL. ZU DIESEM ZWECK SAMMELT ER SEINE KRÄFTE IM SUWA-GROSSSCHREIN.
SEINE VERLÄSSLICHEN VASALLEN
SHIZUKU
EINE SOLIDE PERSON, DIE SICH UM SÄMTLICHE ANGELEGENHEITEN DES HAUSES KÜMMERT.
KOJIRO
DER BESTE SCHWERTKÄMPFER SEINER GENERATION.
AYAKO
EIN ÜBERWÄLTIGEND FRÖHLICHES UND IMPOSANTES MÄDCHEN MIT UNVERGLEICHLICHEN BÄRENKRÄFTEN.
KAZAMA GEMBA
SEIN SPEZIALGEBIET SIND VERDECKTE AKTIONEN UND TÄUSCHUNGEN. ER IST VON GELD BESESSEN UND ZIEMLICH VULGÄR.
SUWA YORISHIGE
OBERHAUPT DES SUWA-GROSSSCHREINS IN DER PROVINZ SHINANO. KANN MITHILFE SEINER GÖTTLICHEN MACHT ZWAR IN DIE ZUKUNFT SEHEN, DOCH WAS SICH IHM OFFENBART, SCHEINT ÄUSSERST VAGE ZU SEIN …

WAS BISHER GESCHAH...

HOJO TOKIYUKI HÄTTE EINMAL DAS KAMAKURA-SHOGUNAT ERBEN SOLLEN, WURDE MIT ASHIKAGA TAKAUJIS VERRAT JEDOCH AUS SEINER HEIMAT VERTRIEBEN, BIS ER SCHLIESSLICH DANK SUWA YORISHIGE UNTERSCHLUPF IN DER SUWA-DOMÄNE FAND. DIESE VERSUCHTE OGASAWARA SADAMUNE AN SICH ZU REISSEN, INDEM ER SICH DER MACHT DES TENNO BEDIENTE. UM IHN AN SEINEM VORHABEN ZU HINDERN, VERBÜNDETE SICH TOKIYUKI MIT GEMBA UND DRANG IN SADAMUNES ANWESEN EIN. EINIGE MONATE SPÄTER RITTEN DIE UNGREIFBAREN ZUM AUSKUNDSCHAFTEN IN EIN GEBIET AN DER NÖRDLICHEN GRENZE SUWAS, WO SIE EIN JUNGER MANN MIT ZWEI SCHWERTERN KONFRONTIERTE.

ASHIKAGA TAKAUJI

STAND IN GEHEIMER BEZIEHUNG MIT DEM TENNO GO-DAIGO UND WAR RÄDELSFÜHRER BEI DER UNTERWERFUNG DES KAMAKURA-SHOGUNATS. AUFGRUND SEINER TAPFERKEIT UND SEINER WAGHALSIGKEIT HOCH ANGESEHEN. ÜBERWÄLTIGENDES CHARISMA. GILT FÜR TOKIYUKI ALS FEIND SEINES CLANS.

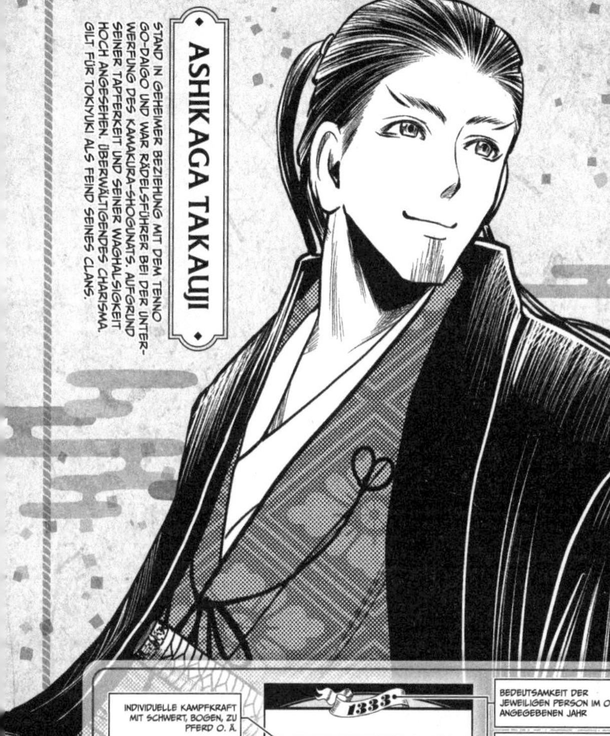

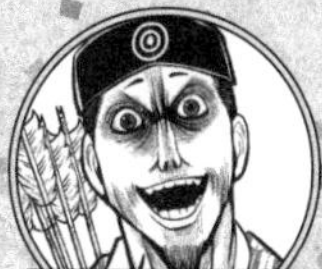

OGASAWARA SADAMUNE

DER SHUGO* VON SHINANO. BESITZT EINE BEDROHLICHE BEOBACHTUNGSGABE UND EBENSO EINSCHÜCHTERNDE SEHKRAFT. DER BESTE BOGENSCHÜTZE DES GANZEN REICHES.

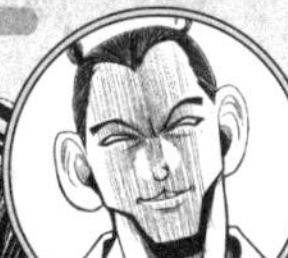

ICHIKAWA SUKEFUSA

DER RATGEBER DES SHUGOS VON SHINANO. UNTERSTÜTZT SADAMUNE MIT SEINEM HÖLLISCH GUTEN GEHÖR.

* MILITÄRGOUVERNEUR BZW. PROVINZPROTEKTOR

ERLÄUTERUNG ZU DEN PROFILSEITEN

1333 — ★ N

KOMPETENZEN / EIGNUNG FÜR DIE NAMBOKU-CHO-ZEIT**

- 1333: BEDEUTSAMKEIT DER JEWEILIGEN PERSON IM OBEN ANGEGEBENEN JAHR
- ★ N: SELBSTERHALTUNGSTRIEB IN RAUEN ZEITEN
- WAFFEN: INDIVIDUELLE KAMPFKRAFT MIT SCHWERT, BOGEN, ZU PFERD O. Ä.
- WISSEN: SAMMELBEGRIFF FÜR GELEHRSAMKEIT, RASCHE AUFFASSUNGSGABE, STRATEGISCHES DENKEN O. Ä.
- POLITIK: KRAFT, UM IM MACHTKAMPF ZU DOMINIEREN.
- KOMMANDO: KRAFT, UM POLITISCHE SYSTEME ODER VERBÜNDETE TRUPPEN ZU EINEN.
- CHARME: KRAFT, UM ANDERE MENSCHEN ANZUZIEHEN – UNABHÄNGIG VON GUT UND BÖSE.
- WAPPEN: FAMILIENWAPPEN BZW. KIMONOMUSTER DER JEWEILIGEN PERSON.
- GRAUSAMKEIT / LOYALITÄT: IST SIE ZU GROSS BZW. ZU NIEDRIG, KÖNNEN JE NACH SITUATION UNGEAHNTE KRÄFTE FREIGESETZT WERDEN.
- CHAOS: ANPASSUNGSFÄHIGKEIT WÄHREND SICH LAUFEND ÄNDERNDER UMGEBUNGEN ODER SITUATIONEN.
- REFORM: WILLE BZW. KREATIVITÄT, EINE NEUE WELT UNABHÄNGIG VOM ALTEN ZU ERSCHAFFEN.
- FLIEHEN & VERSTECKEN: FÄHIGKEIT, SICH IM VERBORGENEN AN DIE NEUE ZEIT ANZUPASSEN.
- FÄHIGKEIT: SPEZIELLE FÄHIGKEITEN DER JEWEILIGEN PERSON.
- NOTIZ / ANMERKUNG

** 1336–1392

The Elusive SAMURAI

3 SCHURKEN 1334

INHALT

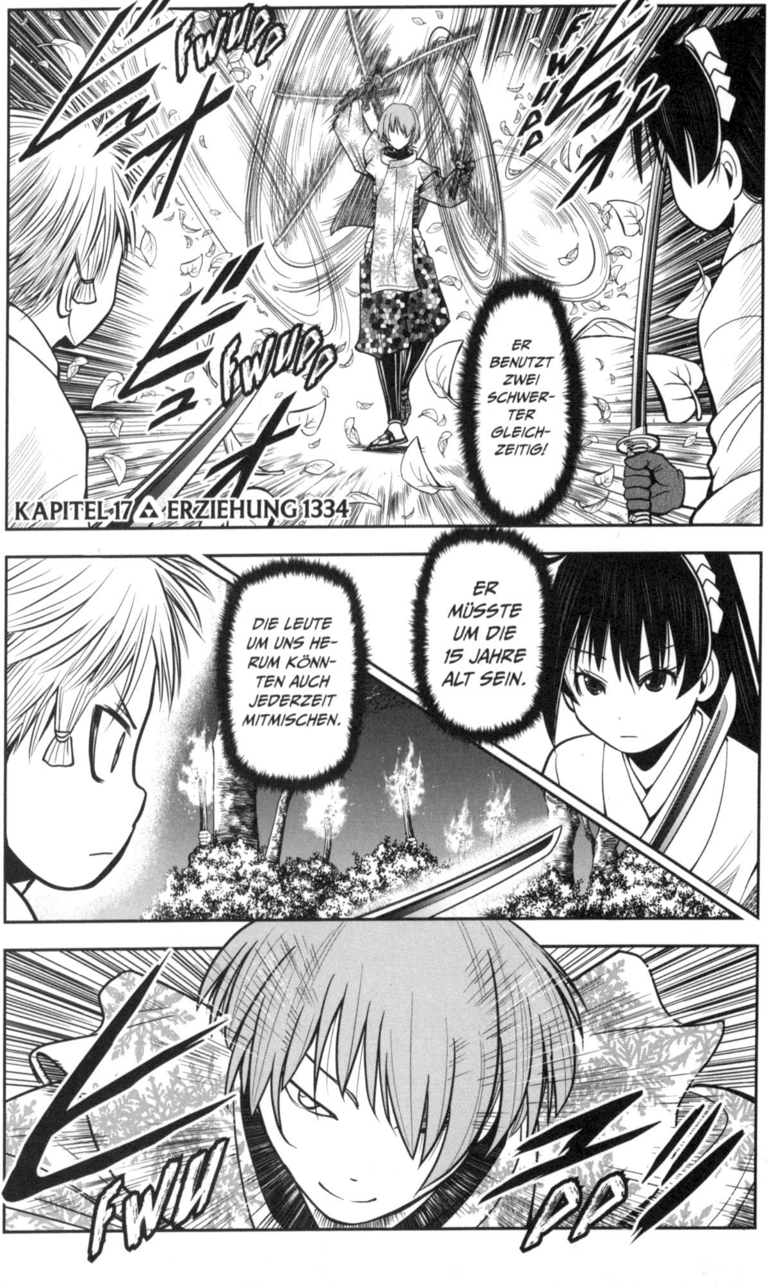
KAPITEL 17 ERZIEHUNG 1334
FWUPP
FWUPP
FWUPP
ER BENUTZT ZWEI SCHWERTER GLEICHZEITIG!
ER MÜSSTE UM DIE 15 JAHRE ALT SEIN.
DIE LEUTE UM UNS HERUM KÖNNTEN AUCH JEDERZEIT MITMISCHEN.
FWUPP!!

KAPITEL 17 ▲ ERZIEHUNG 1334

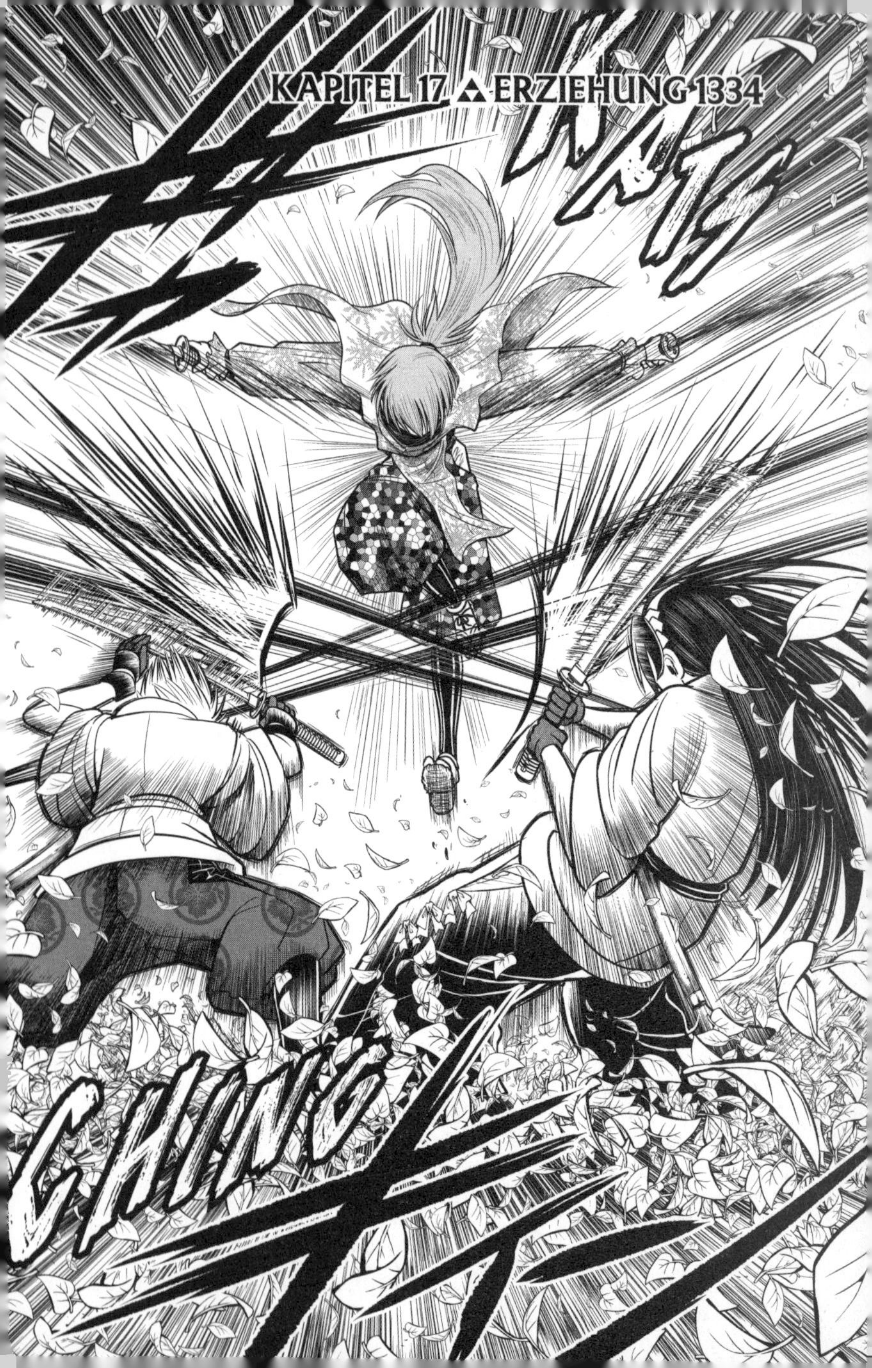

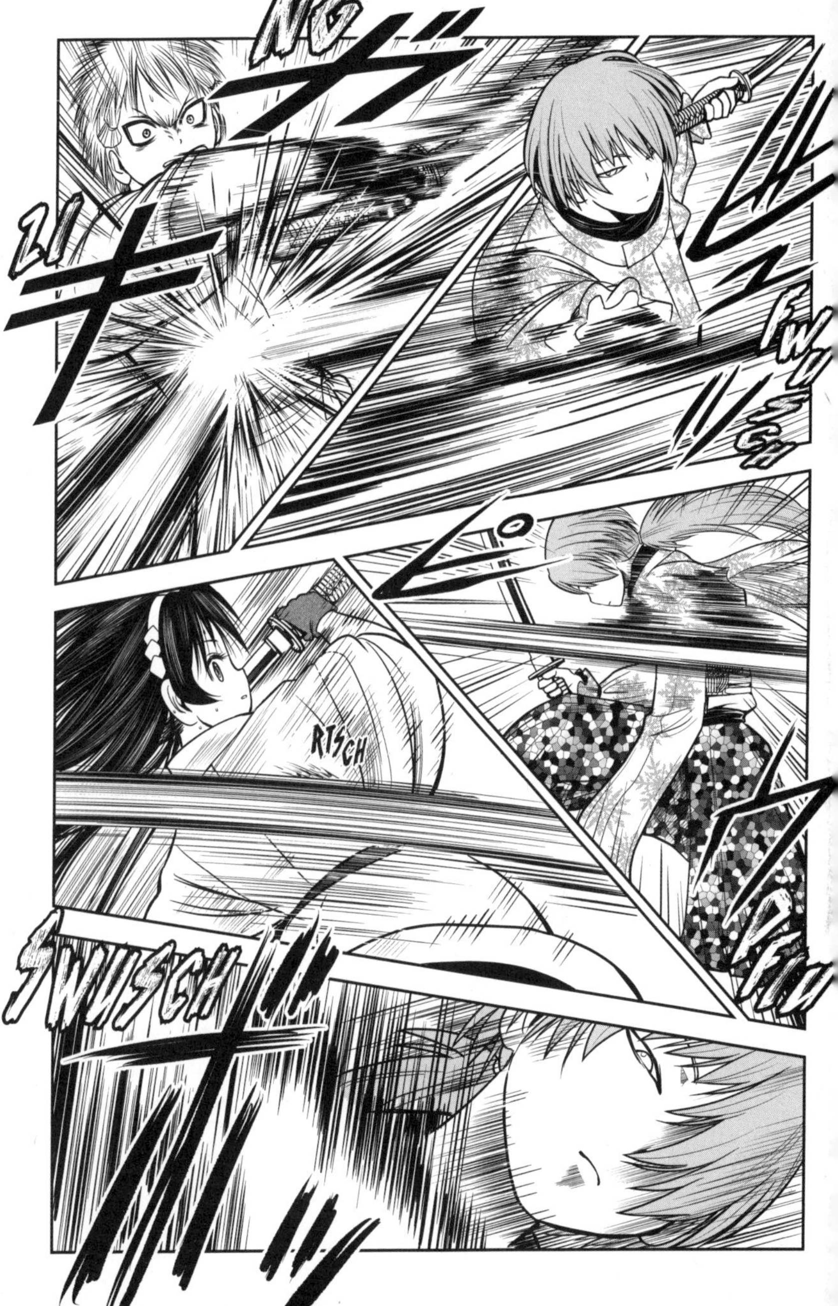
NG
FWUSCH
RTSCH
SWUSCH

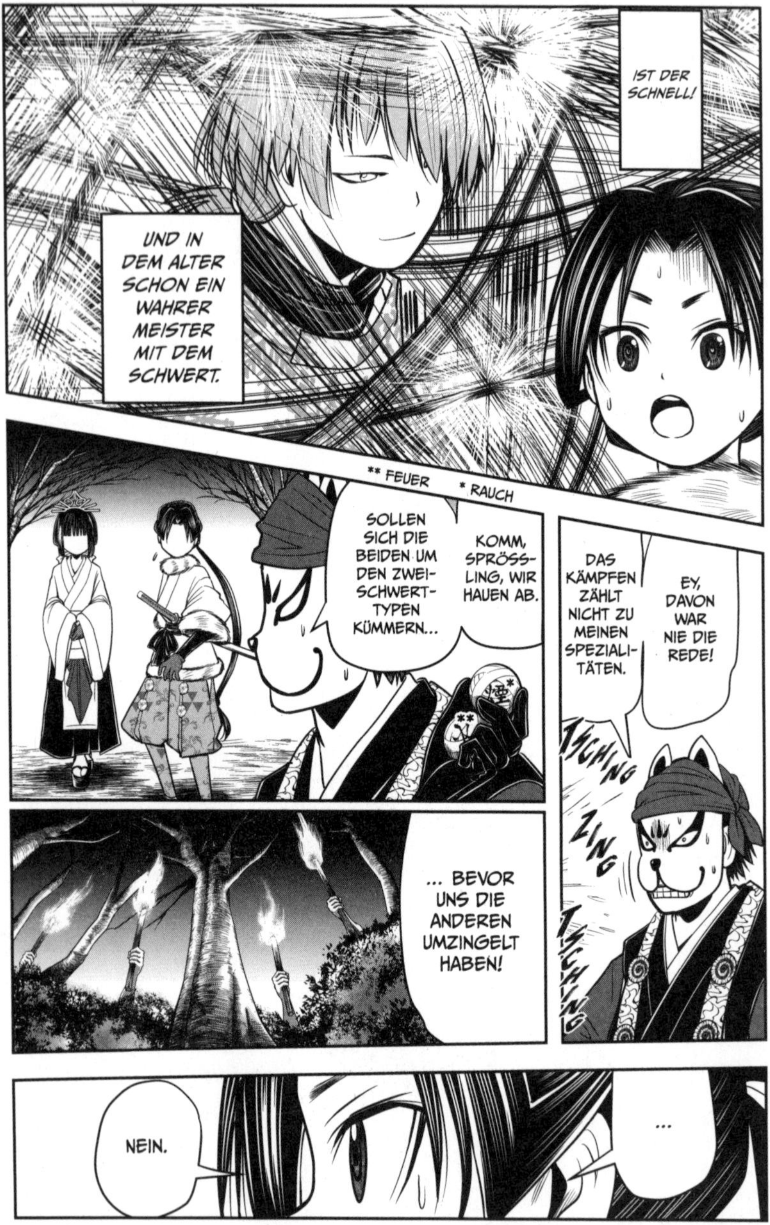
IST DER SCHNELL!
UND IN DEM ALTER SCHON EIN WAHRER MEISTER MIT DEM SCHWERT.
** FEUER * RAUCH
KOMM, SPRÖSSLING, WIR HAUEN AB.
SOLLEN SICH DIE BEIDEN UM DEN ZWEISCHWERT-TYPEN KÜMMERN...
... BEVOR UNS DIE ANDEREN UMZINGELT HABEN!
EY, DAVON WAR NIE DIE REDE!
DAS KÄMPFEN ZÄHLT NICHT ZU MEINEN SPEZIALITÄTEN.
TSCHING
ZING
TSCHING
...
NEIN.

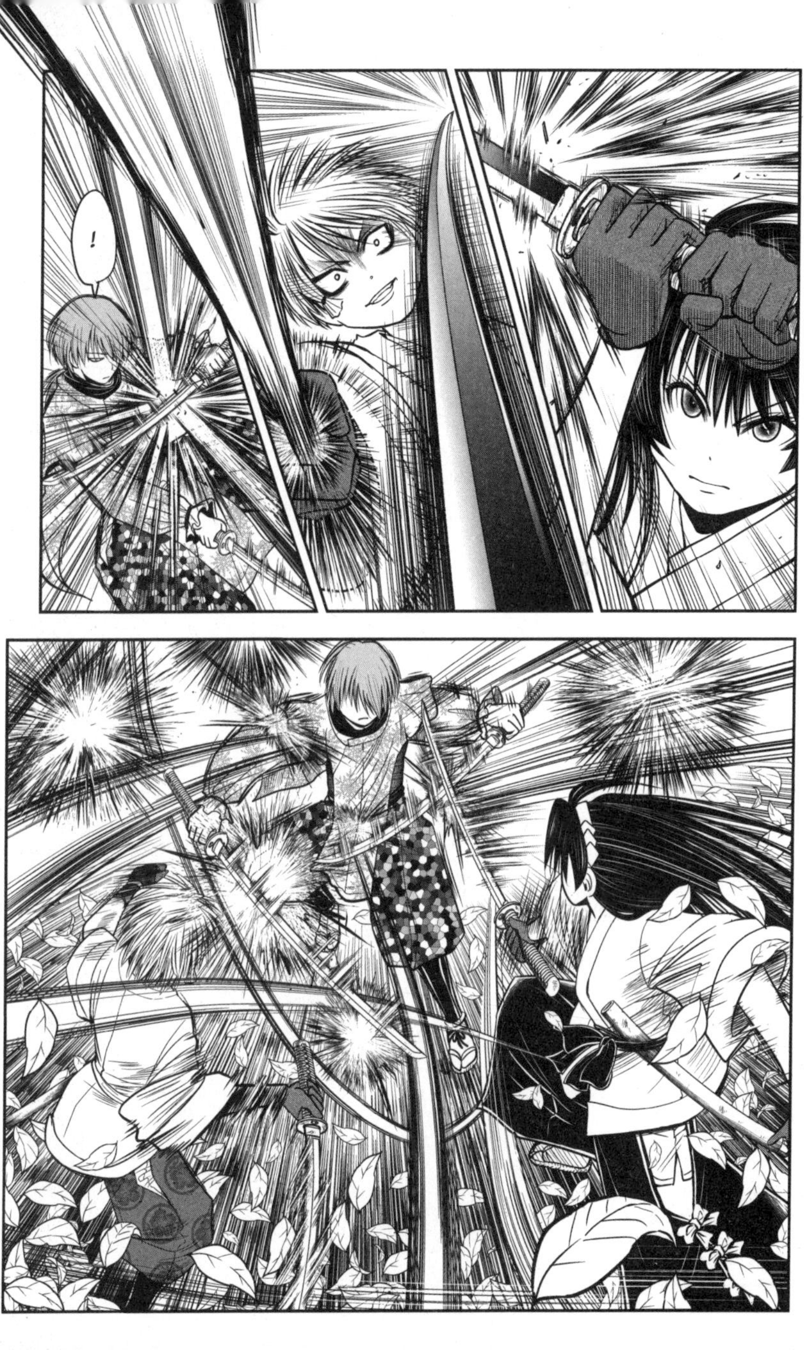

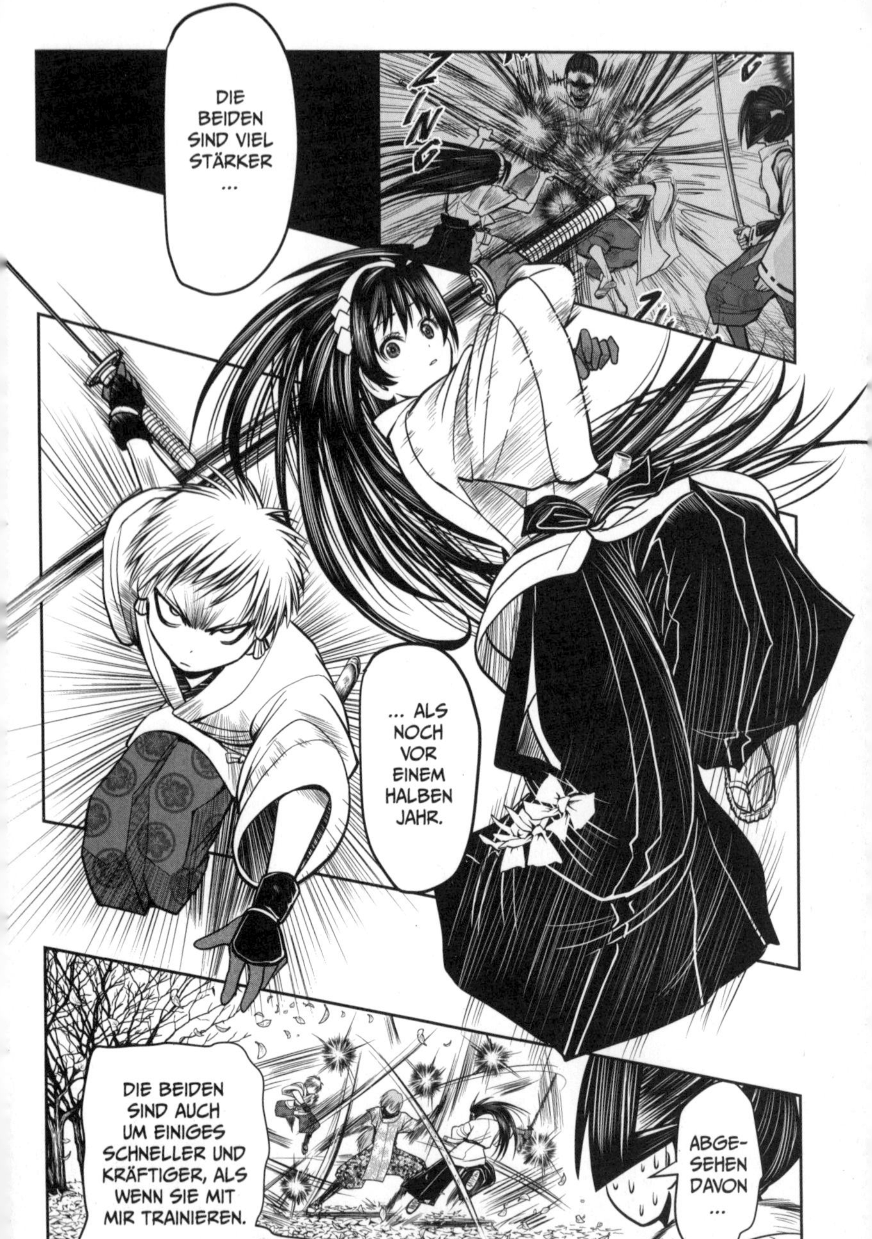
ZING
DIE BEIDEN SIND VIEL STÄRKER ...
... ALS NOCH VOR EINEM HALBEN JAHR.
ABGE-SEHEN DAVON ...
DIE BEIDEN SIND AUCH UM EINIGES SCHNELLER UND KRÄFTIGER, ALS WENN SIE MIT MIR TRAINIEREN.

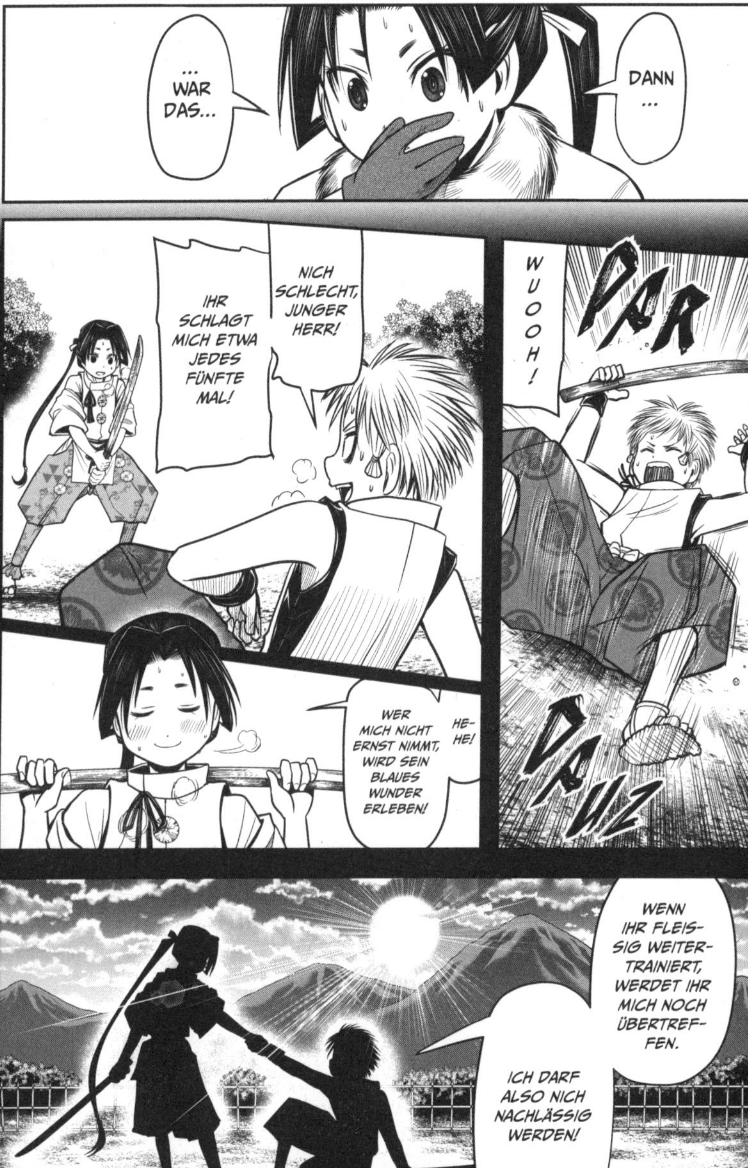
DANN ...
... WAR DAS...
WUOOOH!
PAR
DAUZ
NICH SCHLECHT, JUNGER HERR!
IHR SCHLAGT MICH ETWA JEDES FÜNFTE MAL!
HEHE!
WER MICH NICHT ERNST NIMMT, WIRD SEIN BLAUES WUNDER ERLEBEN!
WENN IHR FLEIS-SIG WEITER-TRAINIERT, WERDET IHR MICH NOCH ÜBERTREF-FEN.
ICH DARF ALSO NICH NACHLÄSSIG WERDEN!

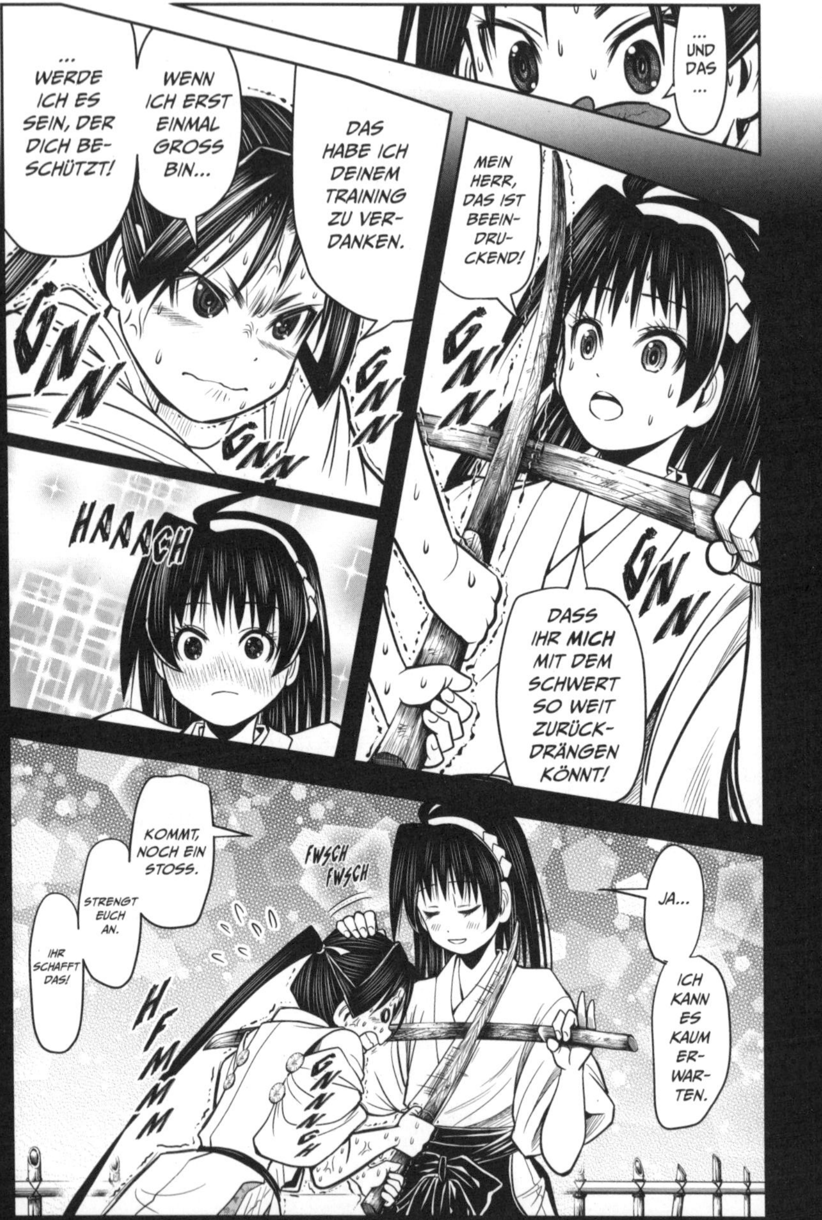
... UND DAS ...
MEIN HERR, DAS IST BEEINDRUCKEND!
DASS IHR MICH MIT DEM SCHWERT SO WEIT ZURÜCKDRÄNGEN KÖNNT!
GNN
GNN
DAS HABE ICH DEINEM TRAINING ZU VERDANKEN.
WENN ICH ERST EINMAL GROSS BIN...
... WERDE ICH ES SEIN, DER DICH BESCHÜTZT!
GNN
GNN
GNN
HAAACH
JA...
ICH KANN ES KAUM ERWARTEN.
FWSCH FWSCH
KOMMT, NOCH EIN STOSS.
STRENGT EUCH AN.
IHR SCHAFFT DAS!
GNNNGH
HMMMM

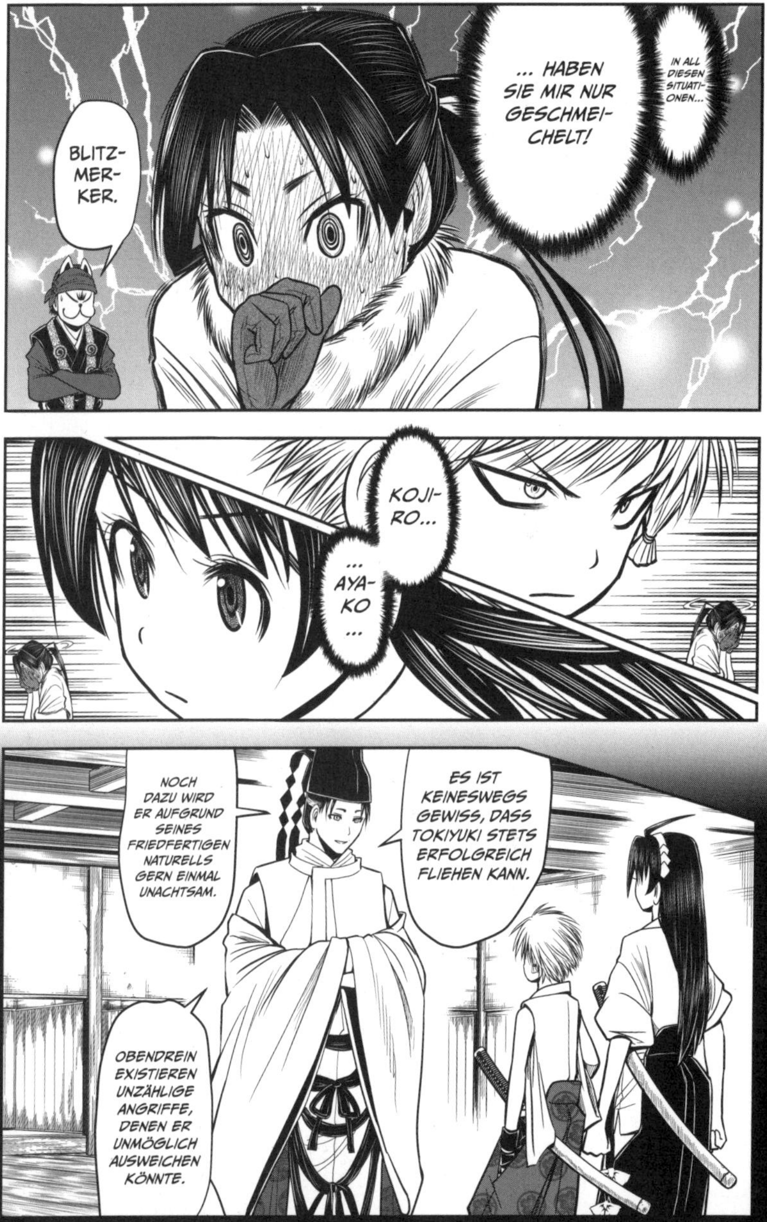
IN ALL DIESEN SITUATIONEN...
... HABEN SIE MIR NUR GESCHMEICHELT!
BLITZMERKER.
KOJIRO...
... AYAKO ...
ES IST KEINESWEGS GEWISS, DASS TOKIYUKI STETS ERFOLGREICH FLIEHEN KANN.
NOCH DAZU WIRD ER AUFGRUND SEINES FRIEDFERTIGEN NATURELLS GERN EINMAL UNACHTSAM.
OBENDREIN EXISTIEREN UNZÄHLIGE ANGRIFFE, DENEN ER UNMÖGLICH AUSWEICHEN KÖNNTE.

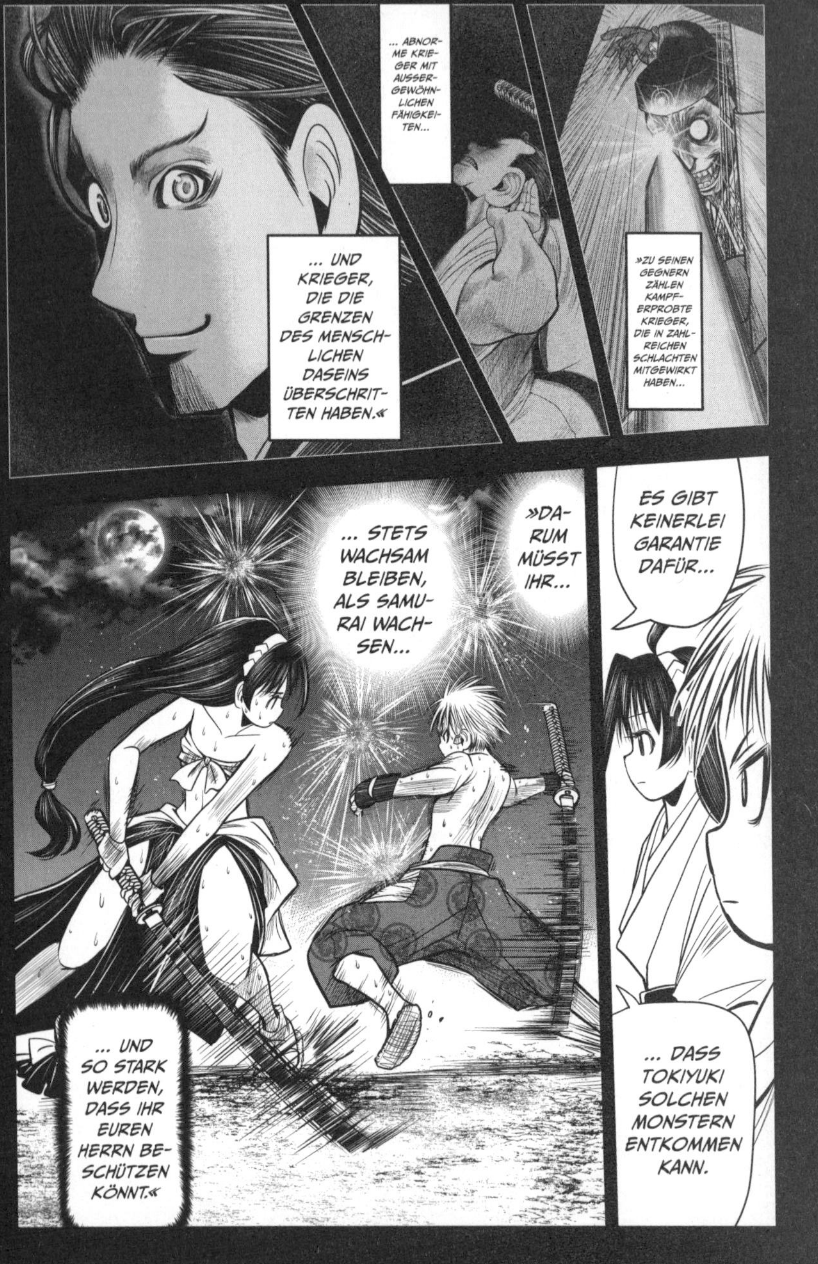
»Zu seinen Gegnern zählen kampferprobte Krieger, die in zahlreichen Schlachten mitgewirkt haben...
... abnorme Krieger mit aussergewöhnlichen Fähigkeiten...
... und Krieger, die die Grenzen des menschlichen Daseins überschritten haben.«
Es gibt keinerlei Garantie dafür...
... dass Tokiyuki solchen Monstern entkommen kann.
»Darum müsst ihr...
... stets wachsam bleiben, als Samurai wachsen...
... und so stark werden, dass ihr euren Herrn beschützen könnt.«

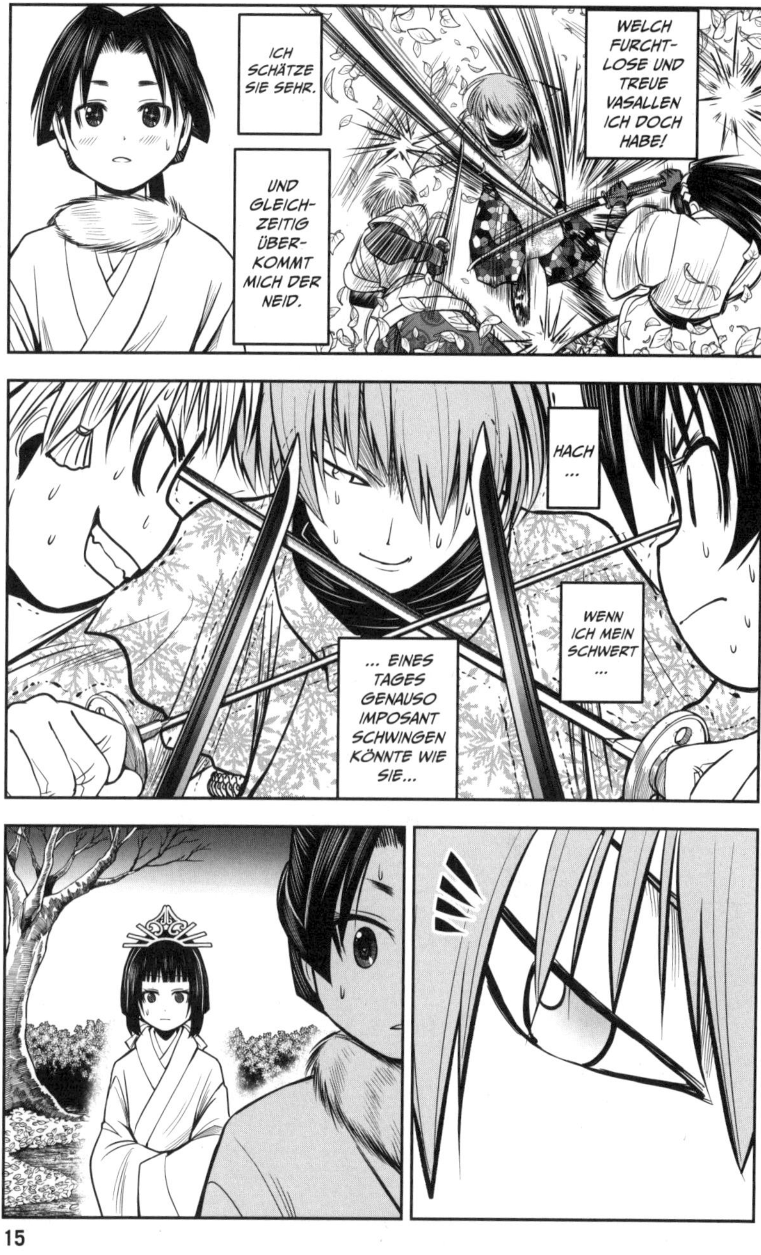
WELCH FURCHTLOSE UND TREUE VASALLEN ICH DOCH HABE!
ICH SCHÄTZE SIE SEHR.
UND GLEICHZEITIG ÜBERKOMMT MICH DER NEID.
HACH ...
WENN ICH MEIN SCHWERT ...
... EINES TAGES GENAUSO IMPOSANT SCHWINGEN KÖNNTE WIE SIE...

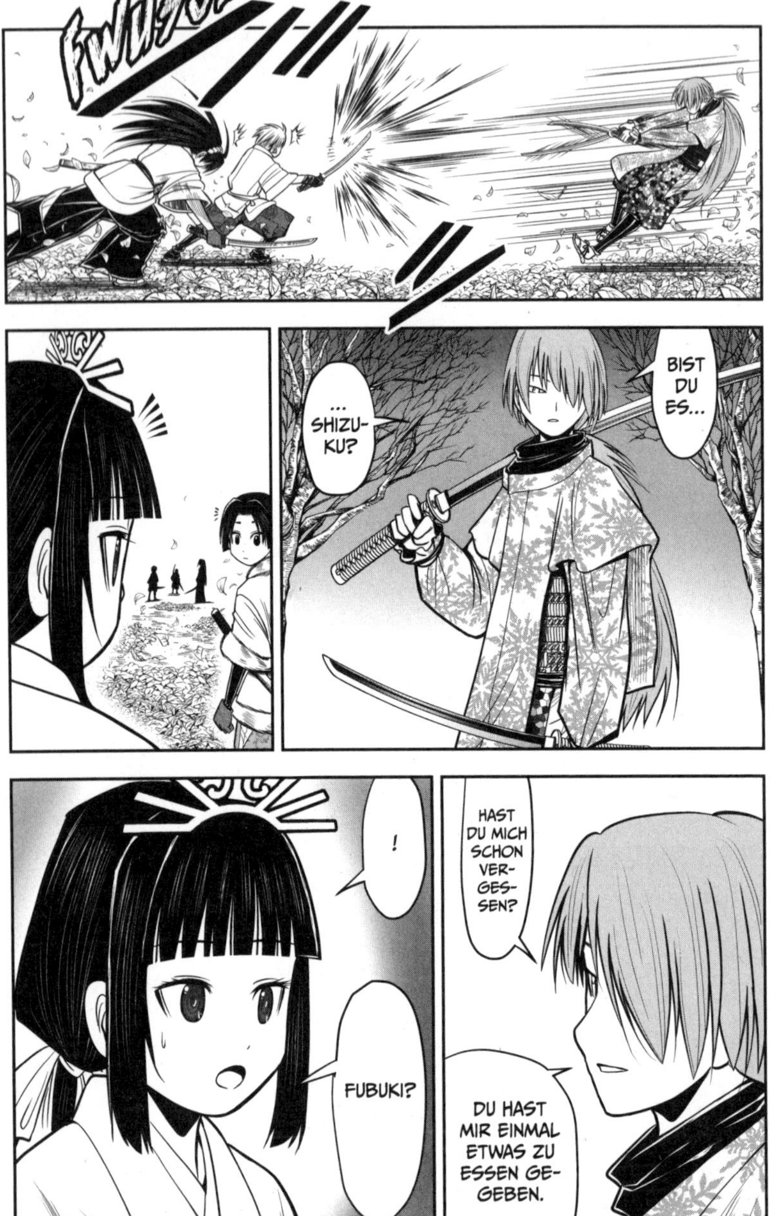
FWUSCH
BIST DU ES...
... SHIZUKU?
HAST DU MICH SCHON VERGESSEN?
!
FUBUKI?
DU HAST MIR EINMAL ETWAS ZU ESSEN GEGEBEN.

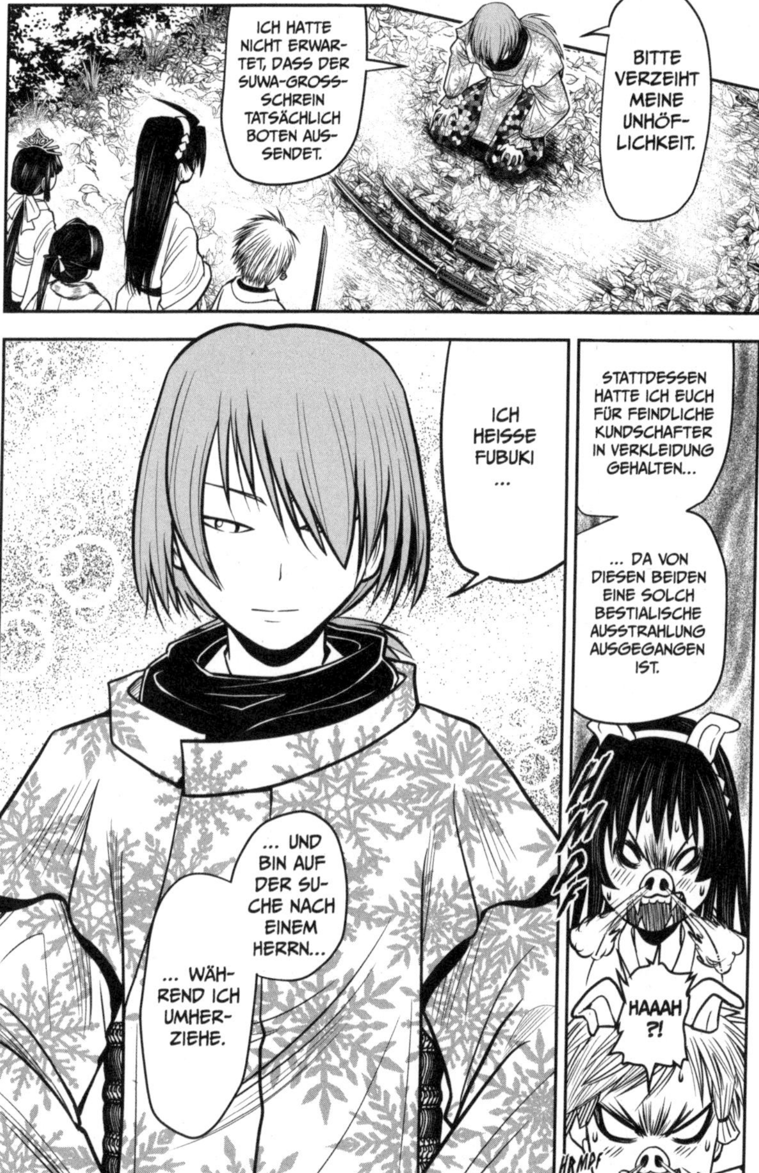
BITTE VERZEIHT MEINE UNHÖFLICHKEIT.
ICH HATTE NICHT ERWARTET, DASS DER SUWA-GROSSSCHREIN TATSÄCHLICH BOTEN AUSSENDET.
STATTDESSEN HATTE ICH EUCH FÜR FEINDLICHE KUNDSCHAFTER IN VERKLEIDUNG GEHALTEN...
... DA VON DIESEN BEIDEN EINE SOLCH BESTIALISCHE AUSSTRAHLUNG AUSGEGANGEN IST.
ICH HEISSE FUBUKI ...
... UND BIN AUF DER SUCHE NACH EINEM HERRN...
... WÄHREND ICH UMHERZIEHE.
HAAAH ?!
HRMPF HRMPF
HRMPF

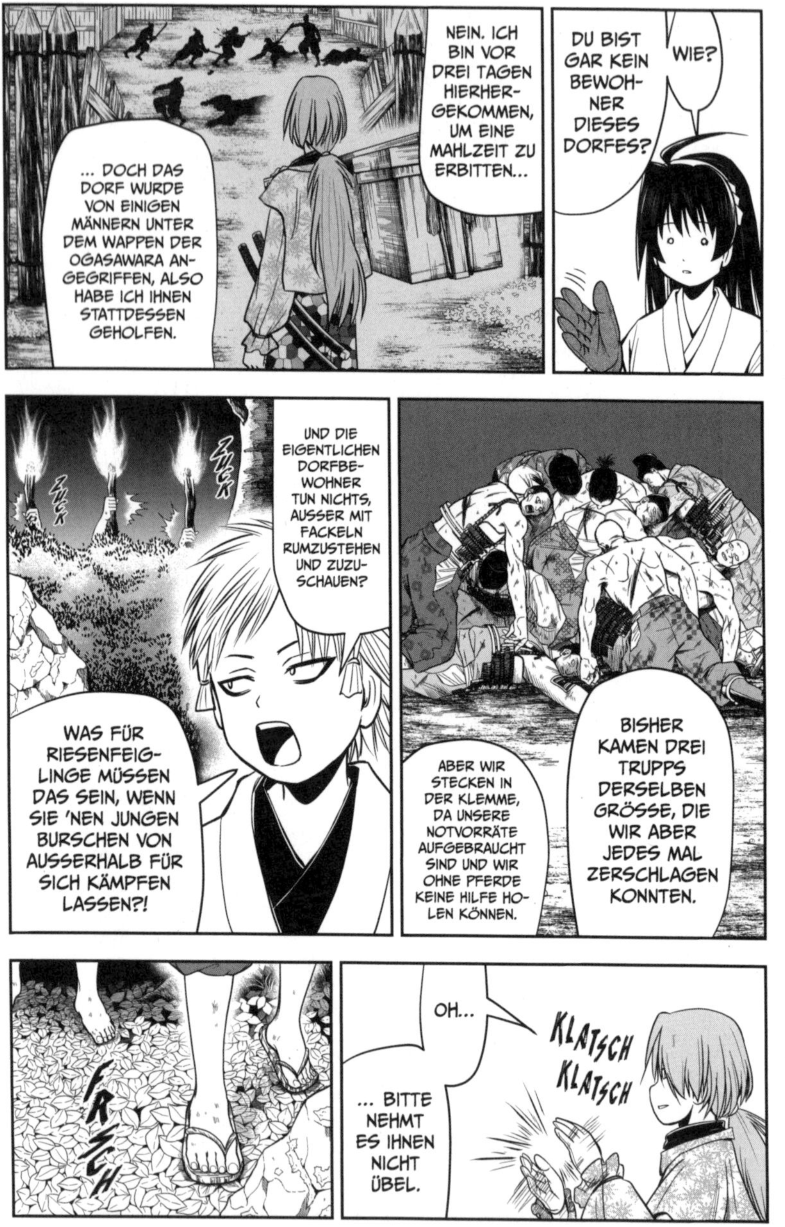
WIE?
DU BIST GAR KEIN BEWOHNER DIESES DORFES?
NEIN. ICH BIN VOR DREI TAGEN HIERHERGEKOMMEN, UM EINE MAHLZEIT ZU ERBITTEN...
... DOCH DAS DORF WURDE VON EINIGEN MÄNNERN UNTER DEM WAPPEN DER OGASAWARA ANGEGRIFFEN, ALSO HABE ICH IHNEN STATTDESSEN GEHOLFEN.
BISHER KAMEN DREI TRUPPS DERSELBEN GRÖSSE, DIE WIR ABER JEDES MAL ZERSCHLAGEN KONNTEN.
ABER WIR STECKEN IN DER KLEMME, DA UNSERE NOTVORRÄTE AUFGEBRAUCHT SIND UND WIR OHNE PFERDE KEINE HILFE HOLEN KÖNNEN.
UND DIE EIGENTLICHEN DORFBEWOHNER TUN NICHTS, AUSSER MIT FACKELN RUMZUSTEHEN UND ZUZUSCHAUEN?
ZUCK
ZUCK
WAS FÜR RIESENFEIGLINGE MÜSSEN DAS SEIN, WENN SIE 'NEN JUNGEN BURSCHEN VON AUSSERHALB FÜR SICH KÄMPFEN LASSEN?!
OH...
KLATSCH KLATSCH
... BITTE NEHMT ES IHNEN NICHT ÜBEL.
FRSCH

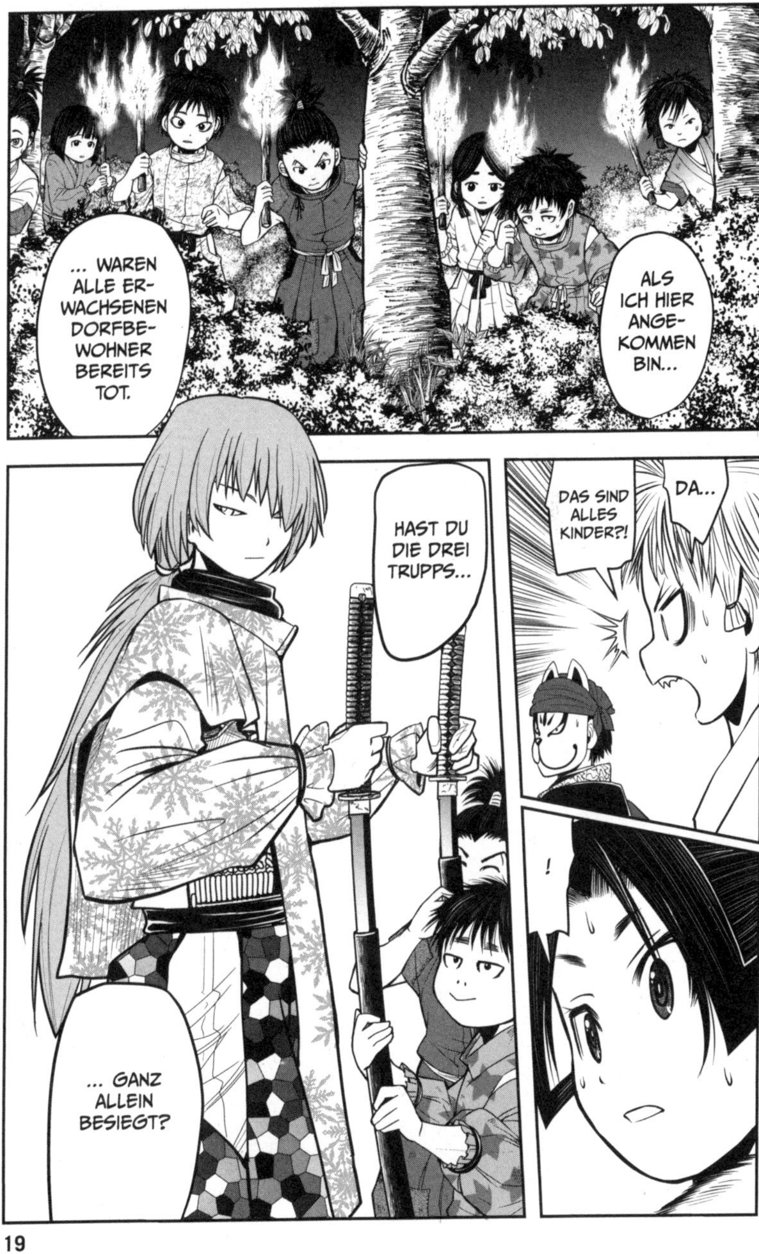
ALS ICH HIER ANGEKOMMEN BIN...
... WAREN ALLE ERWACHSENEN DORFBEWOHNER BEREITS TOT.
DA...
DAS SIND ALLES KINDER?!
!
HAST DU DIE DREI TRUPPS...
... GANZ ALLEIN BESIEGT?

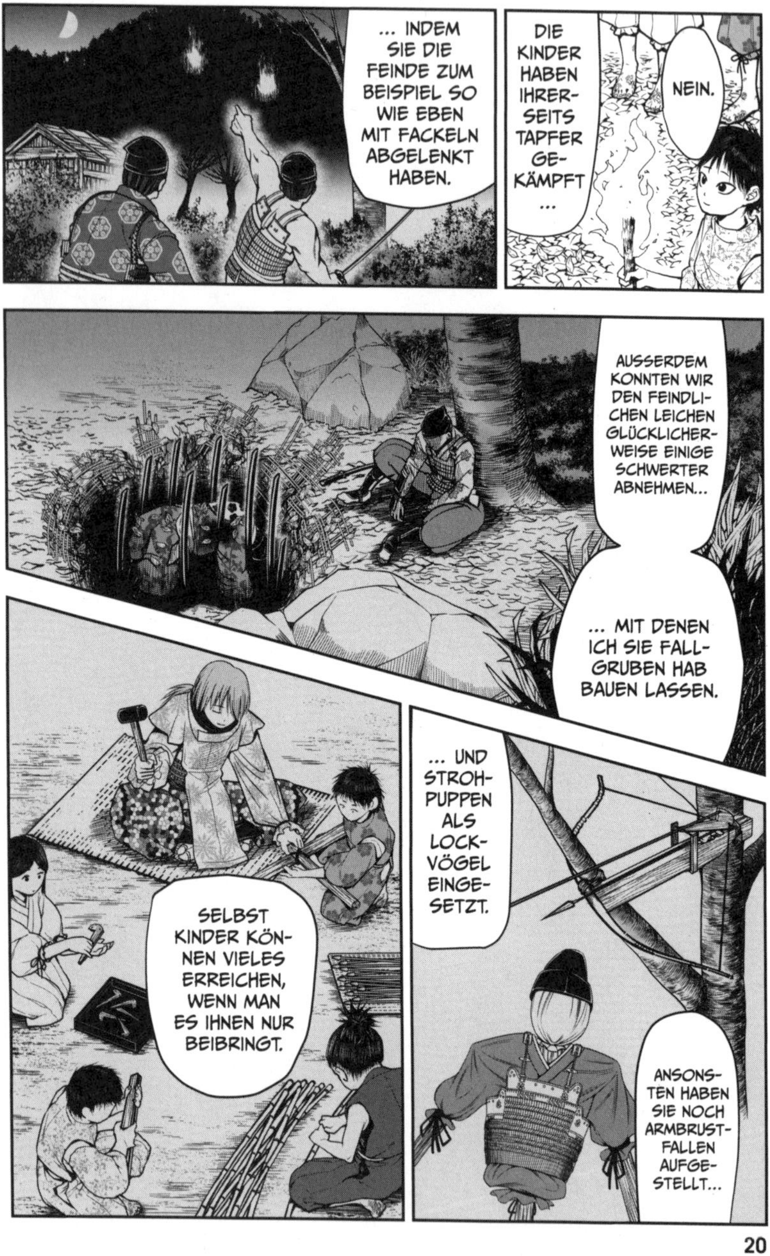
NEIN.
DIE KINDER HABEN IHRERSEITS TAPFER GEKÄMPFT ...
... INDEM SIE DIE FEINDE ZUM BEISPIEL SO WIE EBEN MIT FACKELN ABGELENKT HABEN.
AUSSERDEM KONNTEN WIR DEN FEINDLICHEN LEICHEN GLÜCKLICHERWEISE EINIGE SCHWERTER ABNEHMEN...
... MIT DENEN ICH SIE FALLGRUBEN HAB BAUEN LASSEN.
ANSONSTEN HABEN SIE NOCH ARMBRUSTFALLEN AUFGESTELLT...
... UND STROHPUPPEN ALS LOCKVÖGEL EINGESETZT.
SELBST KINDER KÖNNEN VIELES ERREICHEN, WENN MAN ES IHNEN NUR BEIBRINGT.

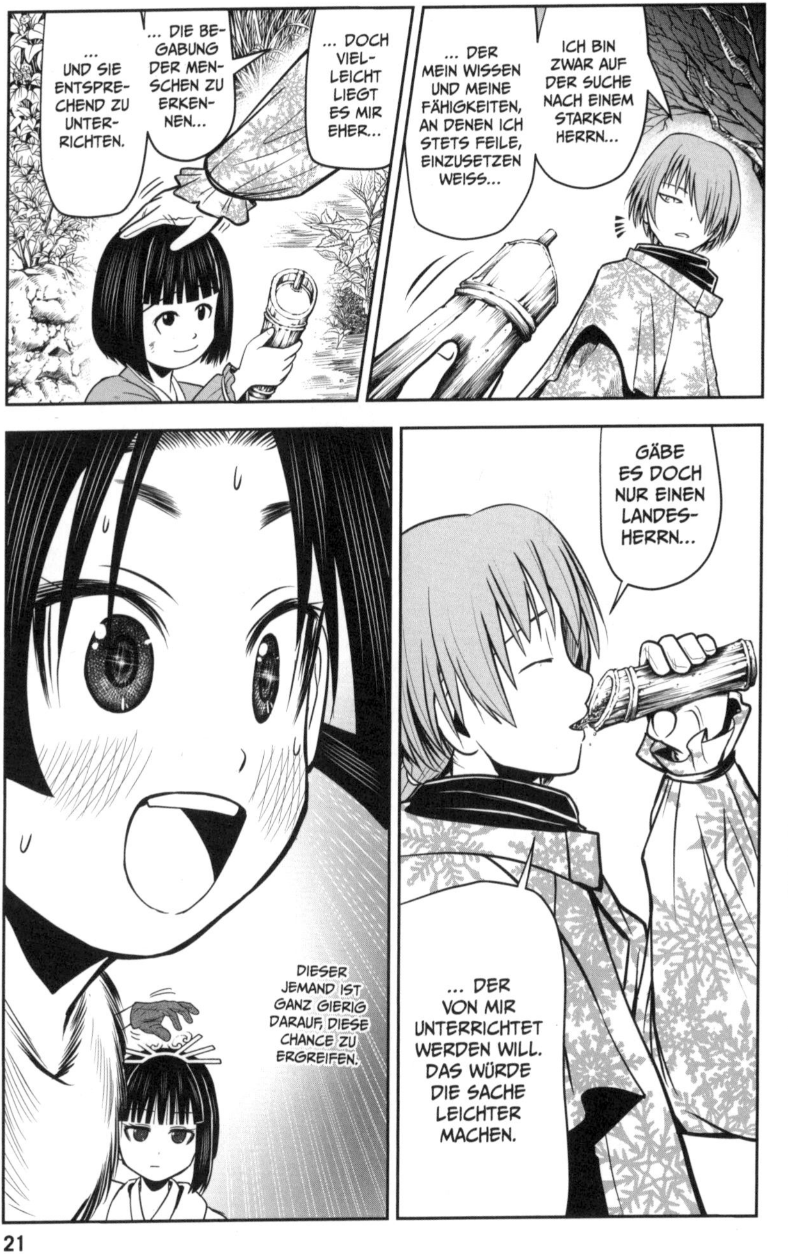
ICH BIN ZWAR AUF DER SUCHE NACH EINEM STARKEN HERRN...
... DER MEIN WISSEN UND MEINE FÄHIGKEITEN, AN DENEN ICH STETS FEILE, EINZUSETZEN WEISS...
... DOCH VIELLEICHT LIEGT ES MIR EHER...
... DIE BEGABUNG DER MENSCHEN ZU ERKENNEN...
... UND SIE ENTSPRECHEND ZU UNTERRICHTEN.
GÄBE ES DOCH NUR EINEN LANDESHERRN...
... DER VON MIR UNTERRICHTET WERDEN WILL. DAS WÜRDE DIE SACHE LEICHTER MACHEN.
DIESER JEMAND IST GANZ GIERIG DARAUF, DIESE CHANCE ZU ERGREIFEN.

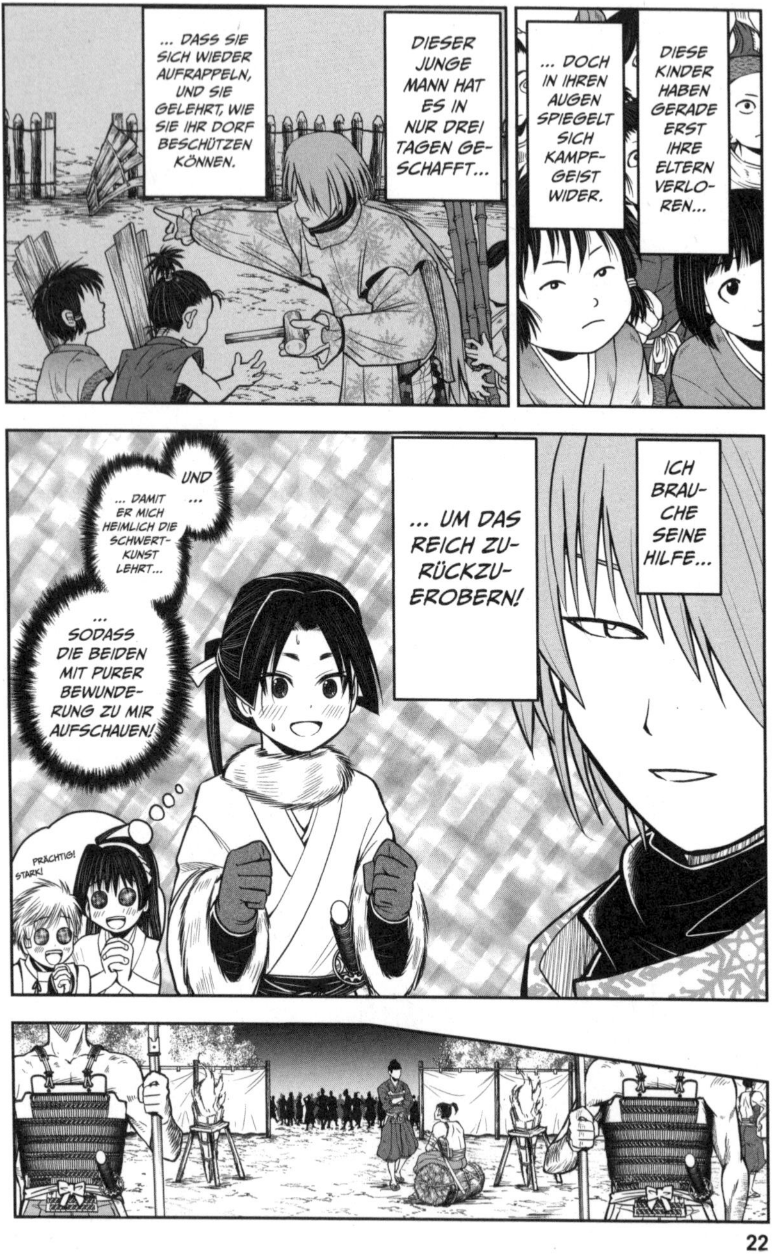
DIESE KINDER HABEN GERADE ERST IHRE ELTERN VERLOREN...
... DOCH IN IHREN AUGEN SPIEGELT SICH KAMPFGEIST WIDER.
DIESER JUNGE MANN HAT ES IN NUR DREI TAGEN GESCHAFFT...
... DASS SIE SICH WIEDER AUFRAPPELN, UND SIE GELEHRT, WIE SIE IHR DORF BESCHÜTZEN KÖNNEN.
ICH BRAUCHE SEINE HILFE...
... UM DAS REICH ZURÜCKZUEROBERN!
UND ...
... DAMIT ER MICH HEIMLICH DIE SCHWERTKUNST LEHRT...
... SODASS DIE BEIDEN MIT PURER BEWUNDERUNG ZU MIR AUFSCHAUEN!
PRÄCHTIG!
STARK!

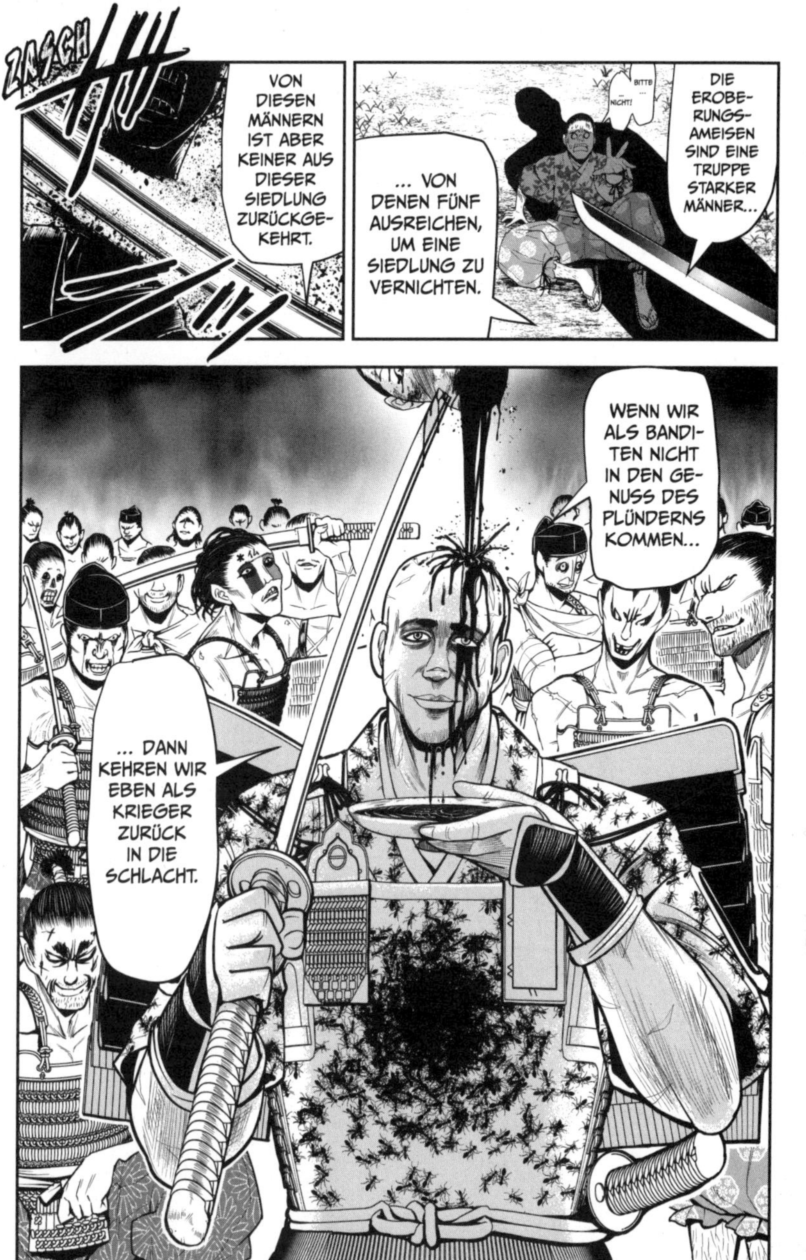

* »BUDDHA«, ABER AUCH ABKÜRZUNG FÜR FRANKREICH

BEDIENUNGSANLEITUNG FÜR DEN JUNGEN FÜRSTEN

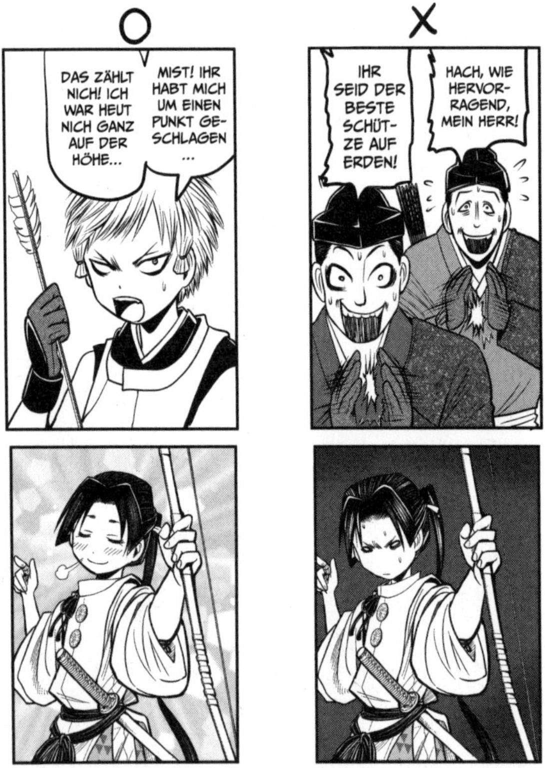

ER KANN ALLES SCHAFFEN, SOLANGE MAN DIE SCHMEICHELEI GUT VERPACKT.

KAPITEL 18 ▲ SCHURKEN 1334

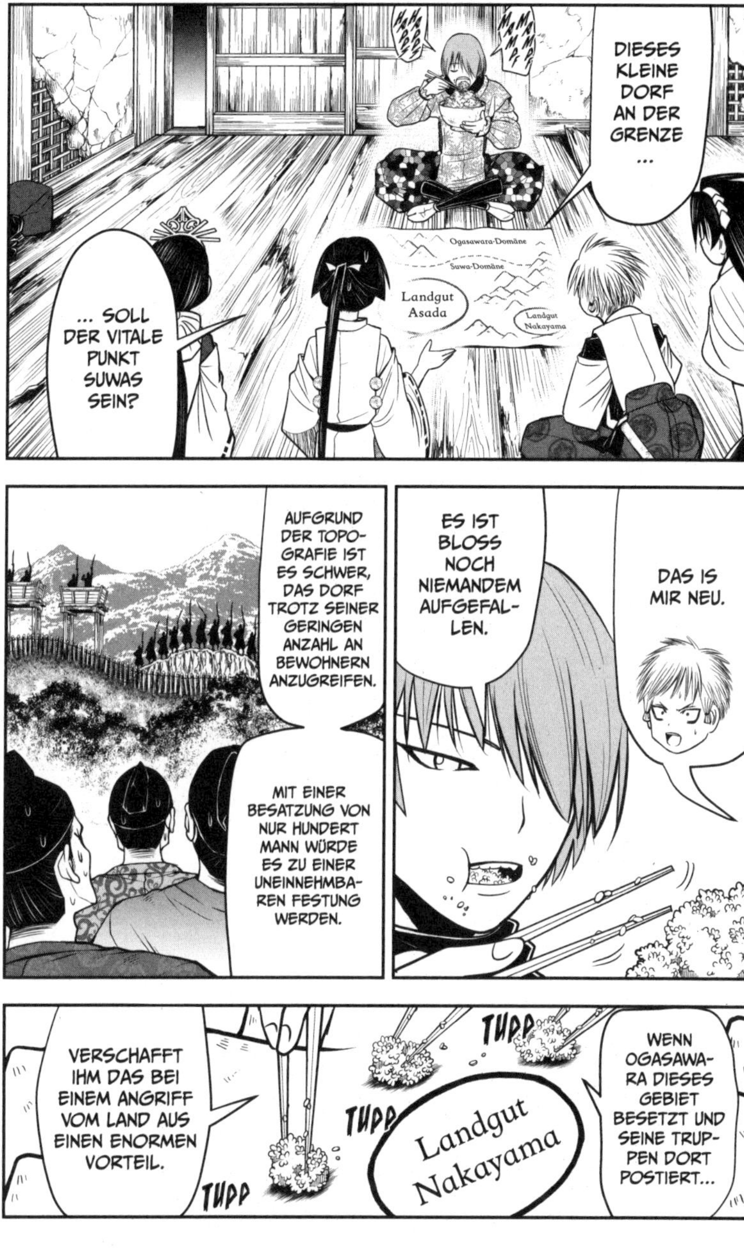

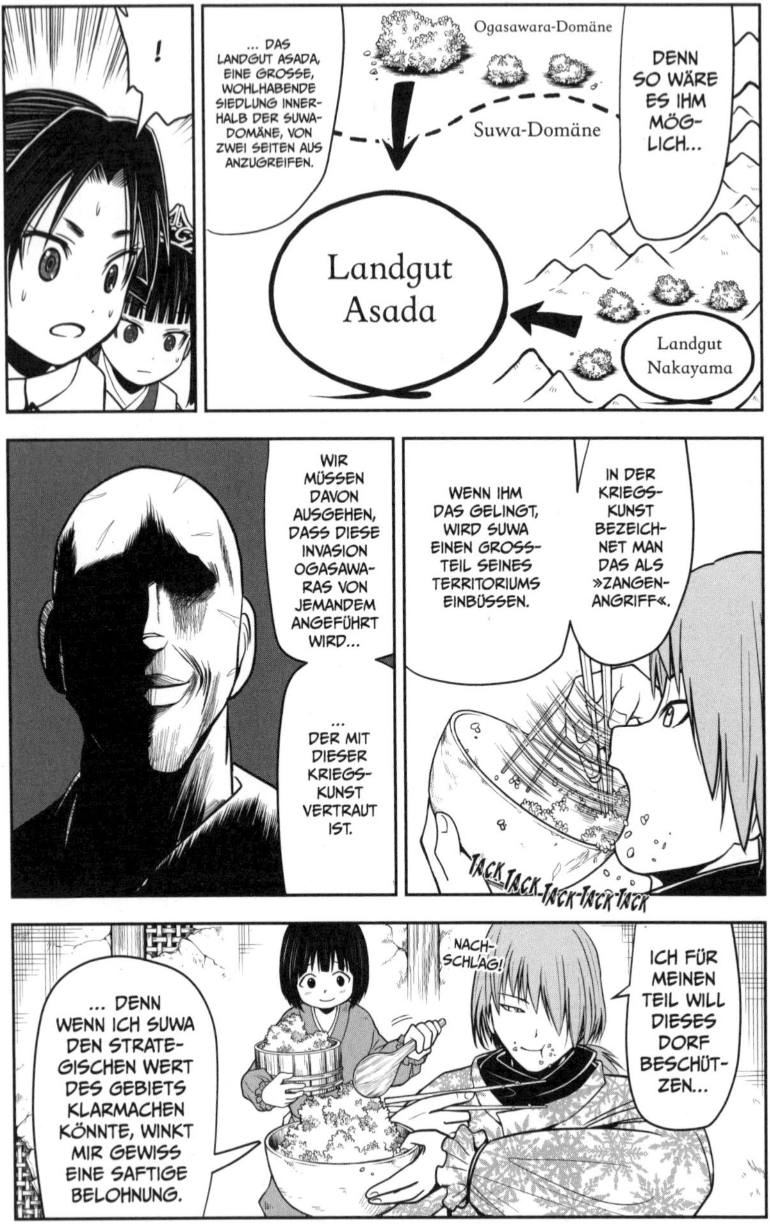
DENN SO WÄRE ES IHM MÖG-LICH...
... DAS LANDGUT ASADA, EINE GROSSE, WOHLHABENDE SIEDLUNG INNER-HALB DER SUWA-DOMÄNE, VON ZWEI SEITEN AUS ANZUGREIFEN.
Ogasawara-Domäne
Suwa-Domäne
Landgut Asada
Landgut Nakayama
!
IN DER KRIEGS-KUNST BEZEICH-NET MAN DAS ALS »ZANGEN-ANGRIFF«.
WENN IHM DAS GELINGT, WIRD SUWA EINEN GROSS-TEIL SEINES TERRITORIUMS EINBÜSSEN.
TACK TACK TACK TACK TACK
WIR MÜSSEN DAVON AUSGEHEN, DASS DIESE INVASION OGASAWA-RAS VON JEMANDEM ANGEFÜHRT WIRD...
... DER MIT DIESER KRIEGS-KUNST VERTRAUT IST.
ICH FÜR MEINEN TEIL WILL DIESES DORF BESCHÜT-ZEN...
NACH-SCHLAG!
... DENN WENN ICH SUWA DEN STRATE-GISCHEN WERT DES GEBIETS KLARMACHEN KÖNNTE, WINKT MIR GEWISS EINE SAFTIGE BELOHNUNG.

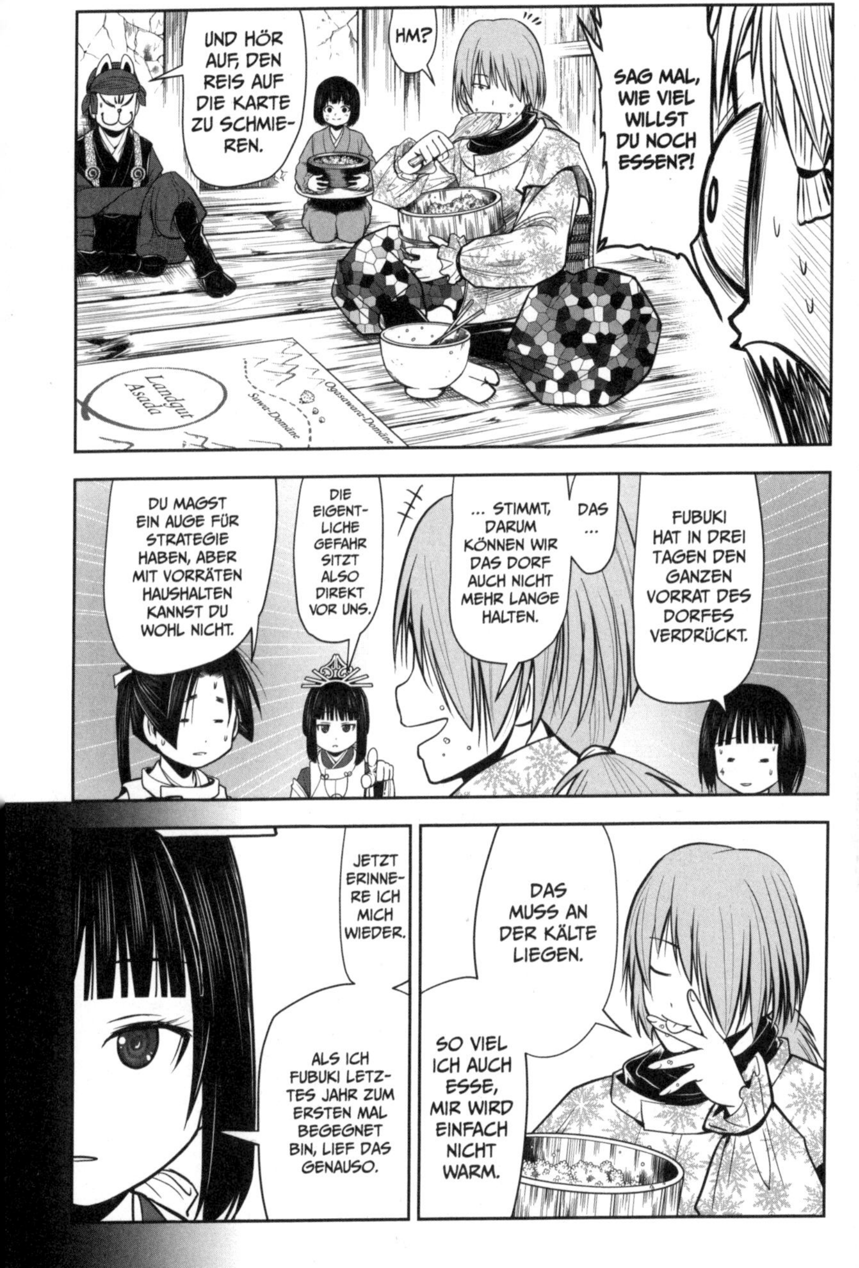
SAG MAL, WIE VIEL WILLST DU NOCH ESSEN?!
HM?
UND HÖR AUF, DEN REIS AUF DIE KARTE ZU SCHMIEREN.
Landgut Asada
Ogasawara-Domäne
Sawa-Domäne
FUBUKI HAT IN DREI TAGEN DEN GANZEN VORRAT DES DORFES VERDRÜCKT.
DAS ...
... STIMMT, DARUM KÖNNEN WIR DAS DORF AUCH NICHT MEHR LANGE HALTEN.
DIE EIGENTLICHE GEFAHR SITZT ALSO DIREKT VOR UNS.
DU MAGST EIN AUGE FÜR STRATEGIE HABEN, ABER MIT VORRÄTEN HAUSHALTEN KANNST DU WOHL NICHT.
DAS MUSS AN DER KÄLTE LIEGEN.
SO VIEL ICH AUCH ESSE, MIR WIRD EINFACH NICHT WARM.
JETZT ERINNERE ICH MICH WIEDER.
ALS ICH FUBUKI LETZTES JAHR ZUM ERSTEN MAL BEGEGNET BIN, LIEF DAS GENAUSO.

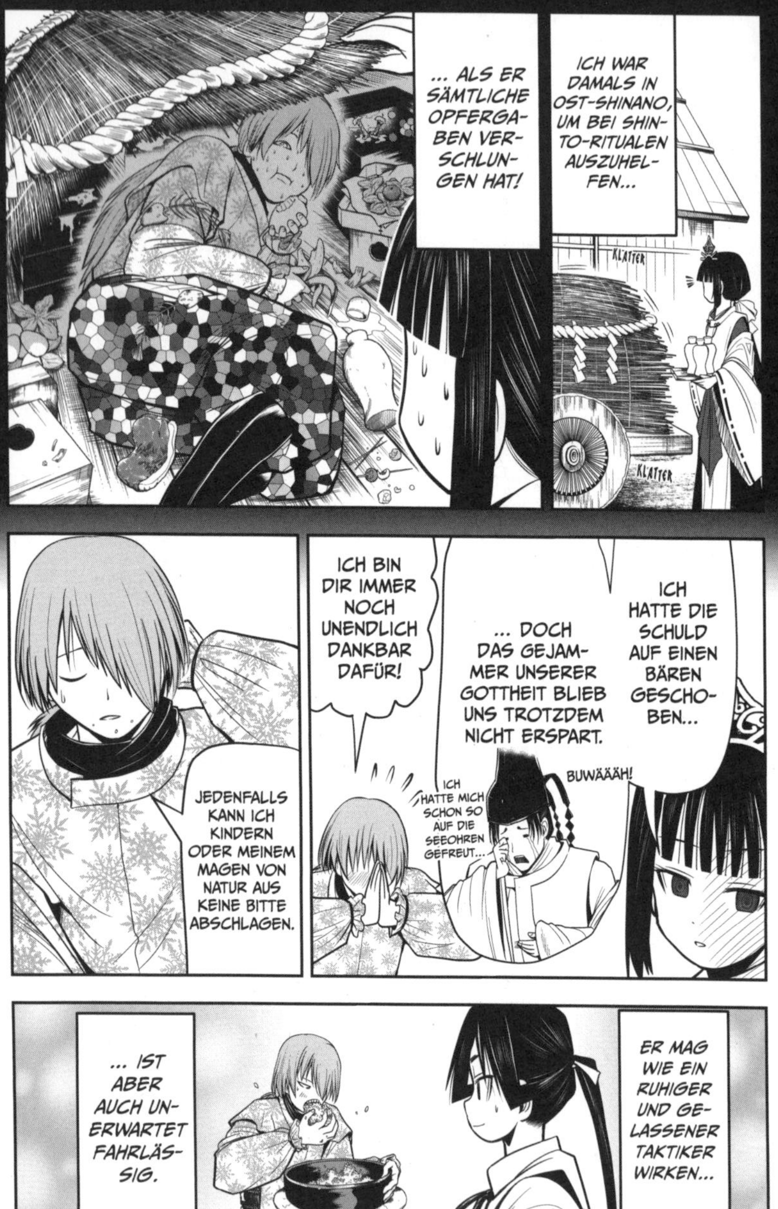

ICH WAR DAMALS IN OST-SHINANO, UM BEI SHINTO-RITUALEN AUSZUHELFEN...
KLATTER
KLATTER
... ALS ER SÄMTLICHE OPFERGABEN VERSCHLUNGEN HAT!
ICH HATTE DIE SCHULD AUF EINEN BÄREN GESCHOBEN...
... DOCH DAS GEJAMMER UNSERER GOTTHEIT BLIEB UNS TROTZDEM NICHT ERSPART.
BUWÄÄÄH!
ICH HATTE MICH SCHON SO AUF DIE SEEOHREN GEFREUT...
ICH BIN DIR IMMER NOCH UNENDLICH DANKBAR DAFÜR!
JEDENFALLS KANN ICH KINDERN ODER MEINEM MAGEN VON NATUR AUS KEINE BITTE ABSCHLAGEN.
ER MAG WIE EIN RUHIGER UND GELASSENER TAKTIKER WIRKEN...
... IST ABER AUCH UNERWARTET FAHRLÄSSIG.

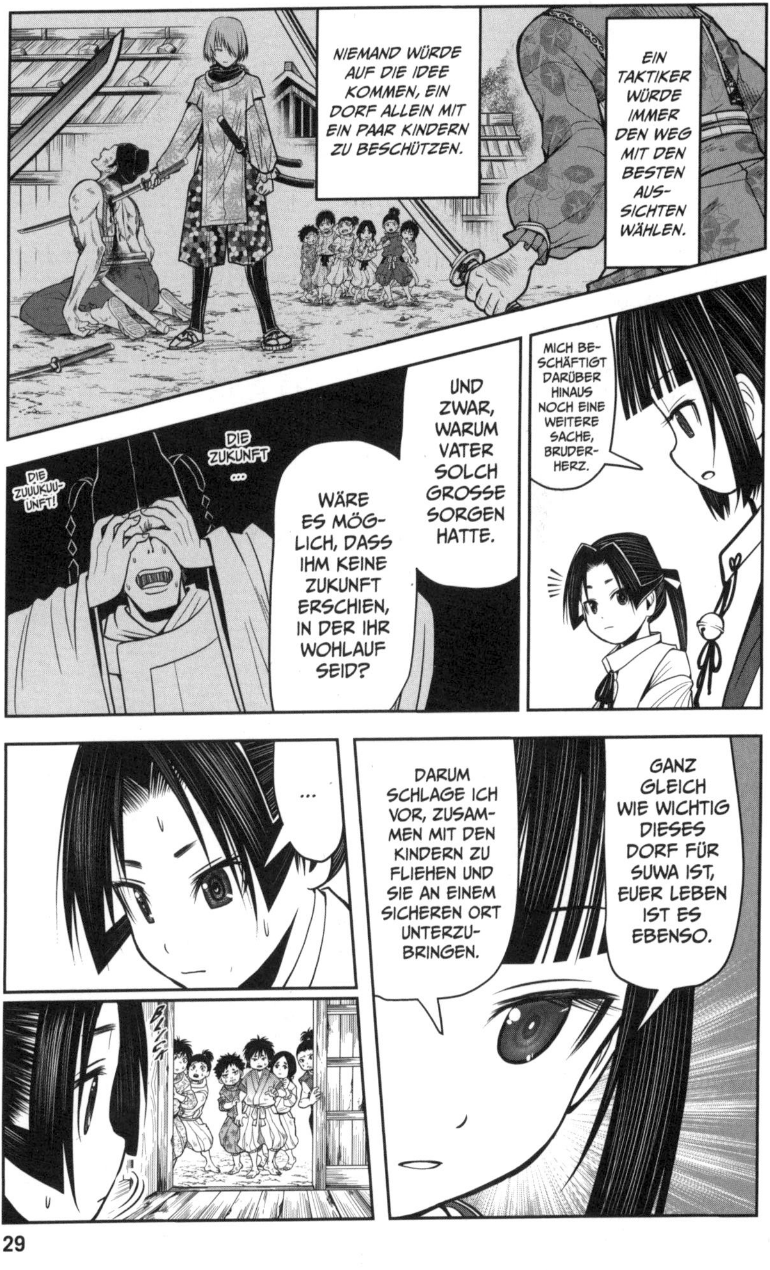
EIN TAKTIKER WÜRDE IMMER DEN WEG MIT DEN BESTEN AUSSICHTEN WÄHLEN.
NIEMAND WÜRDE AUF DIE IDEE KOMMEN, EIN DORF ALLEIN MIT EIN PAAR KINDERN ZU BESCHÜTZEN.
MICH BESCHÄFTIGT DARÜBER HINAUS NOCH EINE WEITERE SACHE, BRUDERHERZ.
UND ZWAR, WARUM VATER SOLCH GROSSE SORGEN HATTE.
WÄRE ES MÖGLICH, DASS IHM KEINE ZUKUNFT ERSCHIEN, IN DER IHR WOHLAUF SEID?
DIE ZUKUNFT ...
DIE ZUUUKUUUNFT!
GANZ GLEICH WIE WICHTIG DIESES DORF FÜR SUWA IST, EUER LEBEN IST ES EBENSO.
DARUM SCHLAGE ICH VOR, ZUSAMMEN MIT DEN KINDERN ZU FLIEHEN UND SIE AN EINEM SICHEREN ORT UNTERZUBRINGEN.
...
BLICK

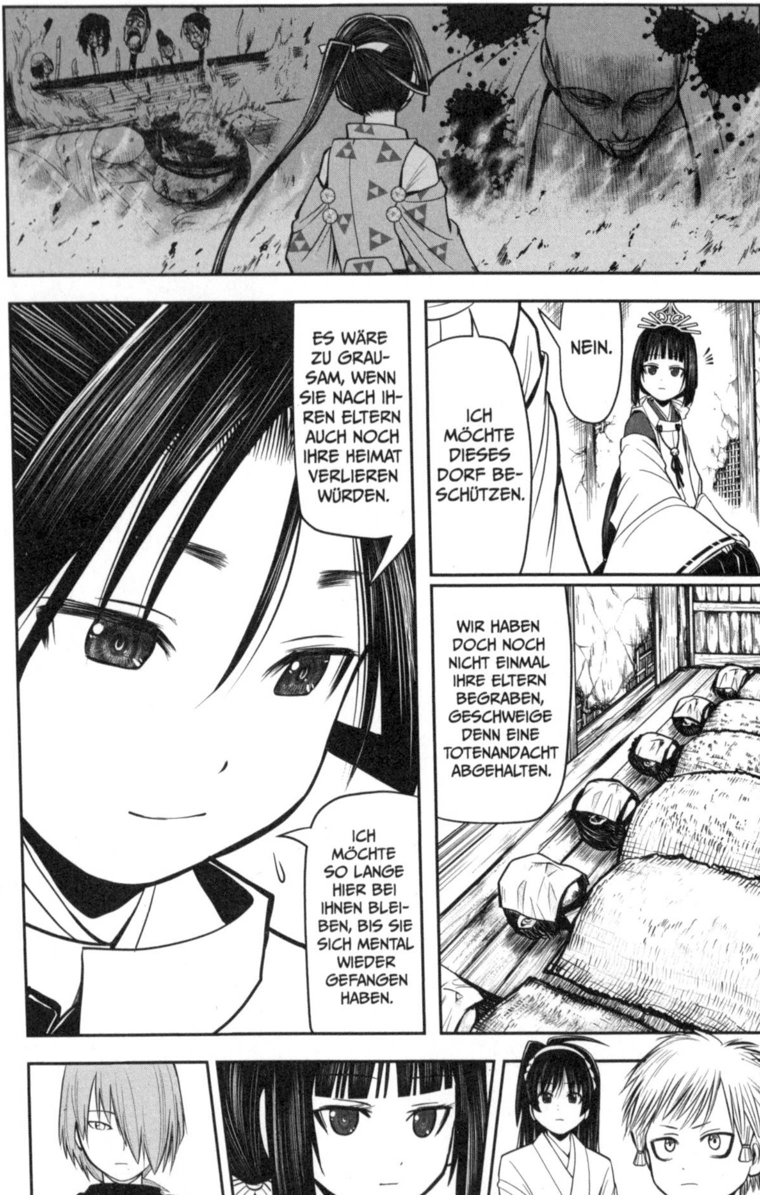
NEIN.
ICH MÖCHTE DIESES DORF BESCHÜTZEN.
ES WÄRE ZU GRAUSAM, WENN SIE NACH IHREN ELTERN AUCH NOCH IHRE HEIMAT VERLIEREN WÜRDEN.
WIR HABEN DOCH NOCH NICHT EINMAL IHRE ELTERN BEGRABEN, GESCHWEIGE DENN EINE TOTENANDACHT ABGEHALTEN.
ICH MÖCHTE SO LANGE HIER BEI IHNEN BLEIBEN, BIS SIE SICH MENTAL WIEDER GEFANGEN HABEN.

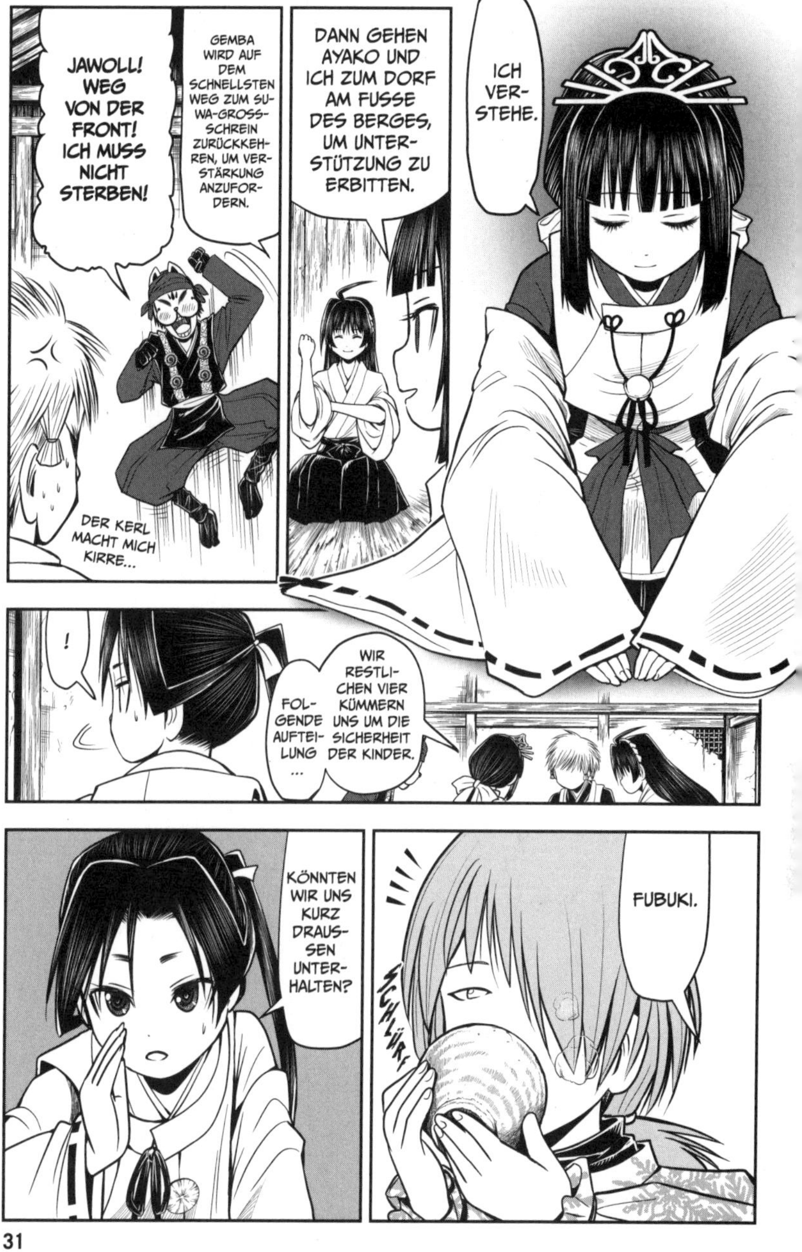
ICH VERSTEHE.
DANN GEHEN AYAKO UND ICH ZUM DORF AM FUSSE DES BERGES, UM UNTERSTÜTZUNG ZU ERBITTEN.
GEMBA WIRD AUF DEM SCHNELLSTEN WEG ZUM SUWA-GROSSSCHREIN ZURÜCKKEHREN, UM VERSTÄRKUNG ANZUFORDERN.
JAWOLL! WEG VON DER FRONT! ICH MUSS NICHT STERBEN!
DER KERL MACHT MICH KIRRE...
WIR RESTLICHEN VIER KÜMMERN UNS UM DIE SICHERHEIT DER KINDER.
FOLGENDE AUFTEILUNG ...
!
FUBUKI.
SCHLÜRF
KÖNNTEN WIR UNS KURZ DRAUSSEN UNTERHALTEN?

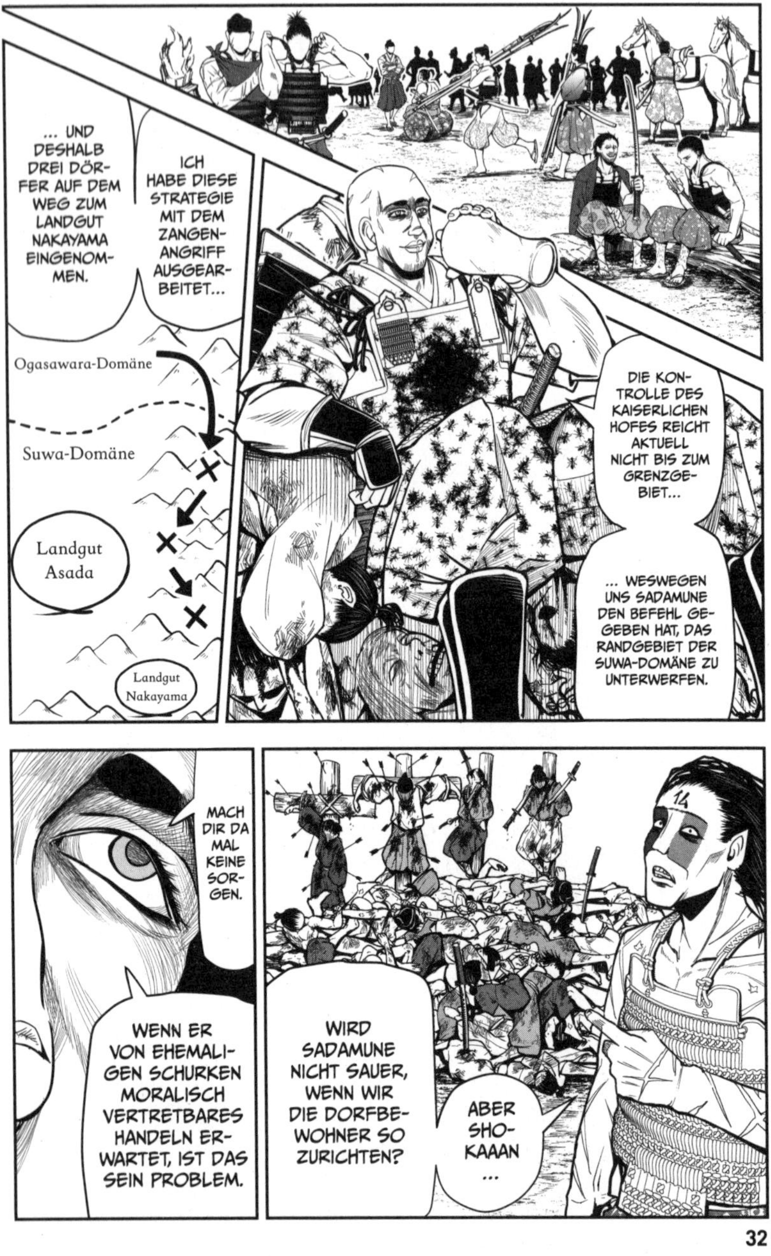
DIE KONTROLLE DES KAISERLICHEN HOFES REICHT AKTUELL NICHT BIS ZUM GRENZGEBIET...
... WESWEGEN UNS SADAMUNE DEN BEFEHL GEGEBEN HAT, DAS RANDGEBIET DER SUWA-DOMÄNE ZU UNTERWERFEN.
ICH HABE DIESE STRATEGIE MIT DEM ZANGENANGRIFF AUSGEARBEITET...
... UND DESHALB DREI DÖRFER AUF DEM WEG ZUM LANDGUT NAKAYAMA EINGENOMMEN.
Ogasawara-Domäne
Suwa-Domäne
Landgut Asada
Landgut Nakayama
ABER SHOKAAAN ...
WIRD SADAMUNE NICHT SAUER, WENN WIR DIE DORFBEWOHNER SO ZURICHTEN?
MACH DIR DA MAL KEINE SORGEN.
WENN ER VON EHEMALIGEN SCHURKEN MORALISCH VERTRETBARES HANDELN ERWARTET, IST DAS SEIN PROBLEM.

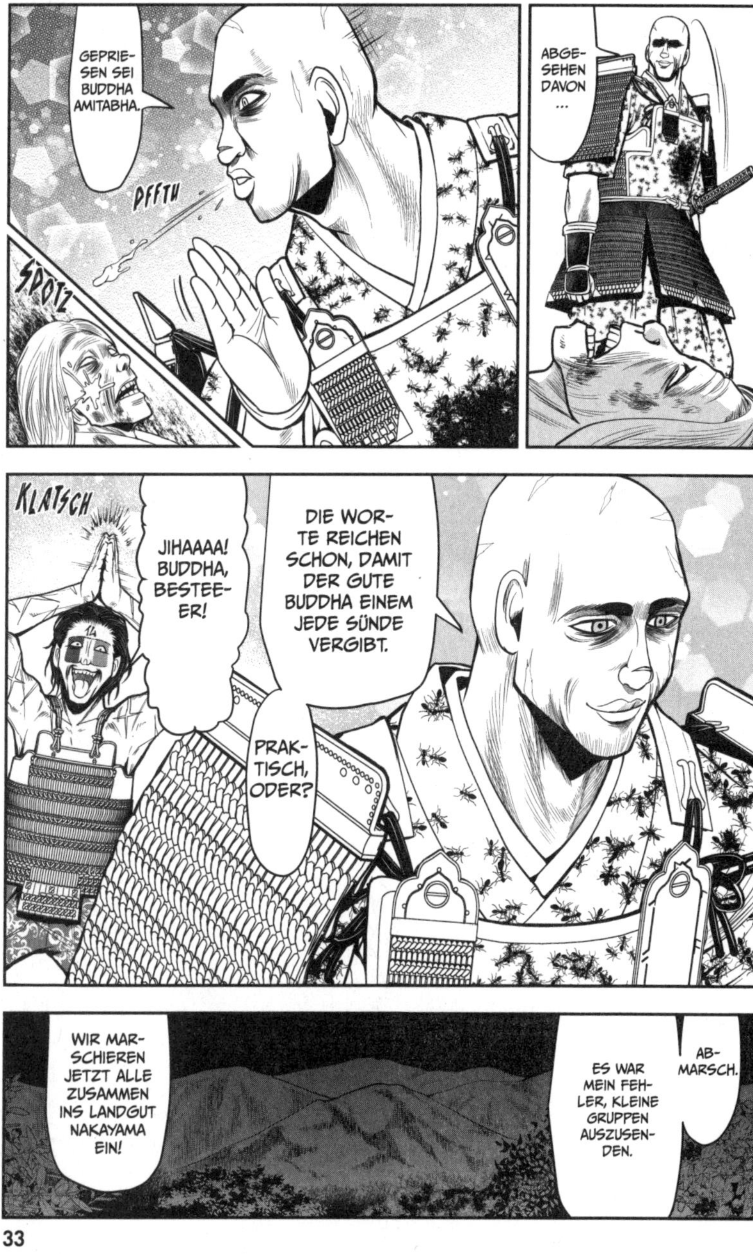
ABGE-SEHEN DAVON ...
GEPRIE-SEN SEI BUDDHA AMITABHA.
PFFTU
SPOTZ
DIE WOR-TE REICHEN SCHON, DAMIT DER GUTE BUDDHA EINEM JEDE SÜNDE VERGIBT.
PRAK-TISCH, ODER?
KLATSCH
JIHAAAA! BUDDHA, BESTEE-ER!
AB-MARSCH.
ES WAR MEIN FEH-LER, KLEINE GRUPPEN AUSZUSEN-DEN.
WIR MAR-SCHIEREN JETZT ALLE ZUSAMMEN INS LANDGUT NAKAYAMA EIN!

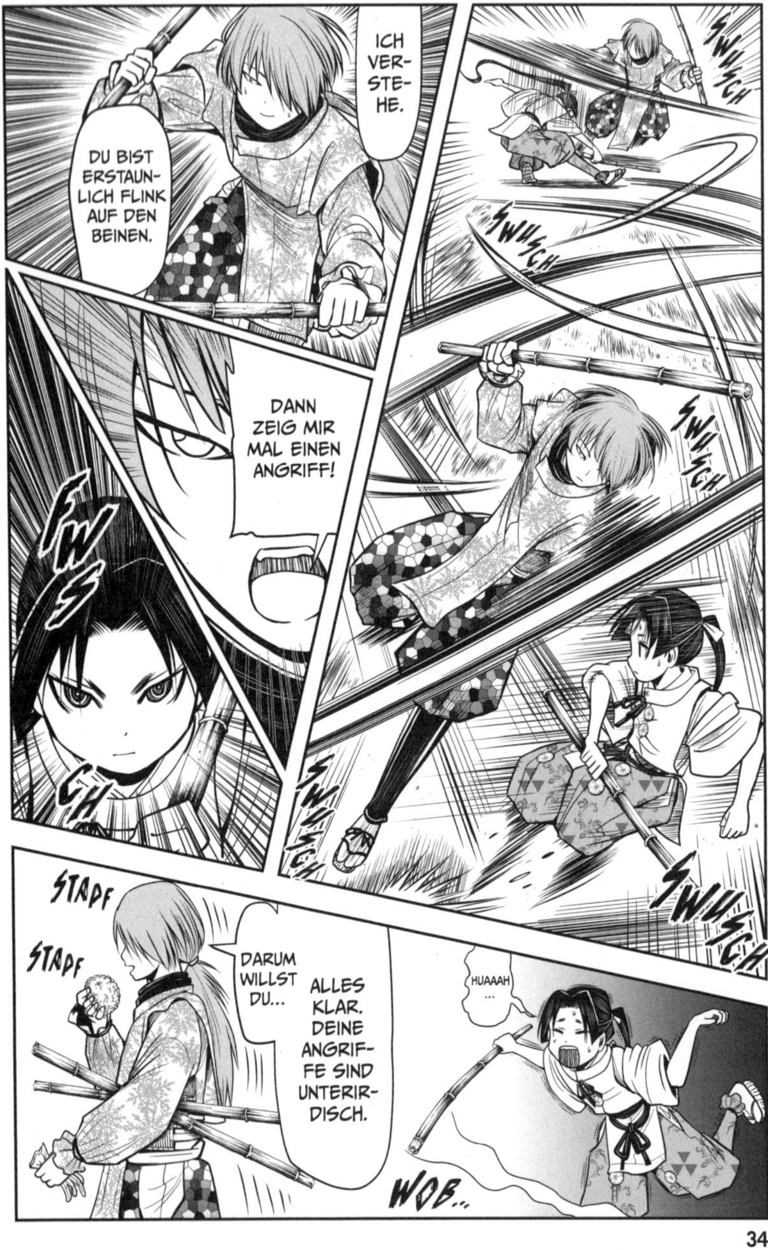
SWUSCH
SWUSCH
ICH VER-STE-HE.
DU BIST ERSTAUN-LICH FLINK AUF DEN BEINEN.
SWUSCH
SWUSCH
SWUSCH
DANN ZEIG MIR MAL EINEN ANGRIFF!
FWS
CH
HUAAAH ...
WOB...
DARUM WILLST DU...
ALLES KLAR. DEINE ANGRIF-FE SIND UNTERIR-DISCH.
STAPF
STAPF

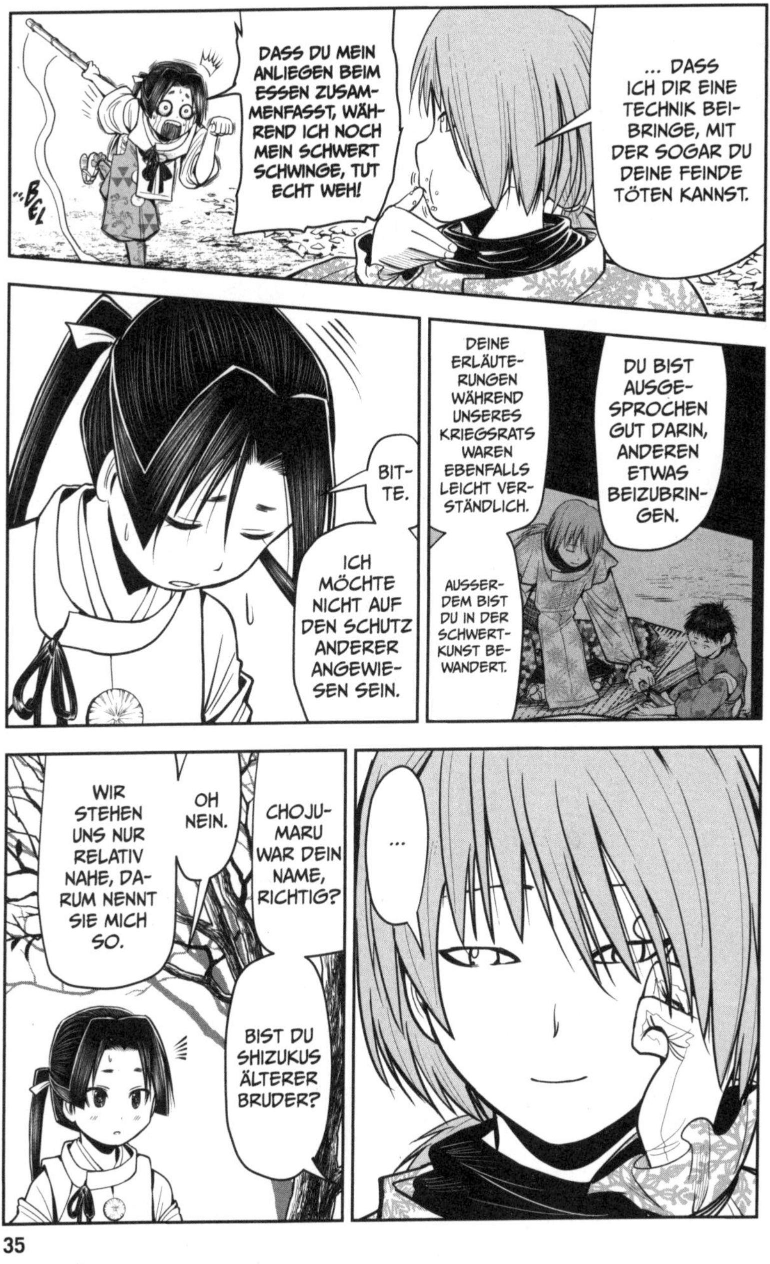
... DASS ICH DIR EINE TECHNIK BEIBRINGE, MIT DER SOGAR DU DEINE FEINDE TÖTEN KANNST.
DASS DU MEIN ANLIEGEN BEIM ESSEN ZUSAMMENFASST, WÄHREND ICH NOCH MEIN SCHWERT SCHWINGE, TUT ECHT WEH!
DU BIST AUSGESPROCHEN GUT DARIN, ANDEREN ETWAS BEIZUBRINGEN.
DEINE ERLÄUTERUNGEN WÄHREND UNSERES KRIEGSRATS WAREN EBENFALLS LEICHT VERSTÄNDLICH.
AUSSERDEM BIST DU IN DER SCHWERTKUNST BEWANDERT.
BITTE.
ICH MÖCHTE NICHT AUF DEN SCHUTZ ANDERER ANGEWIESEN SEIN.
...
CHOJUMARU WAR DEIN NAME, RICHTIG?
BIST DU SHIZUKUS ÄLTERER BRUDER?
OH NEIN.
WIR STEHEN UNS NUR RELATIV NAHE, DARUM NENNT SIE MICH SO.

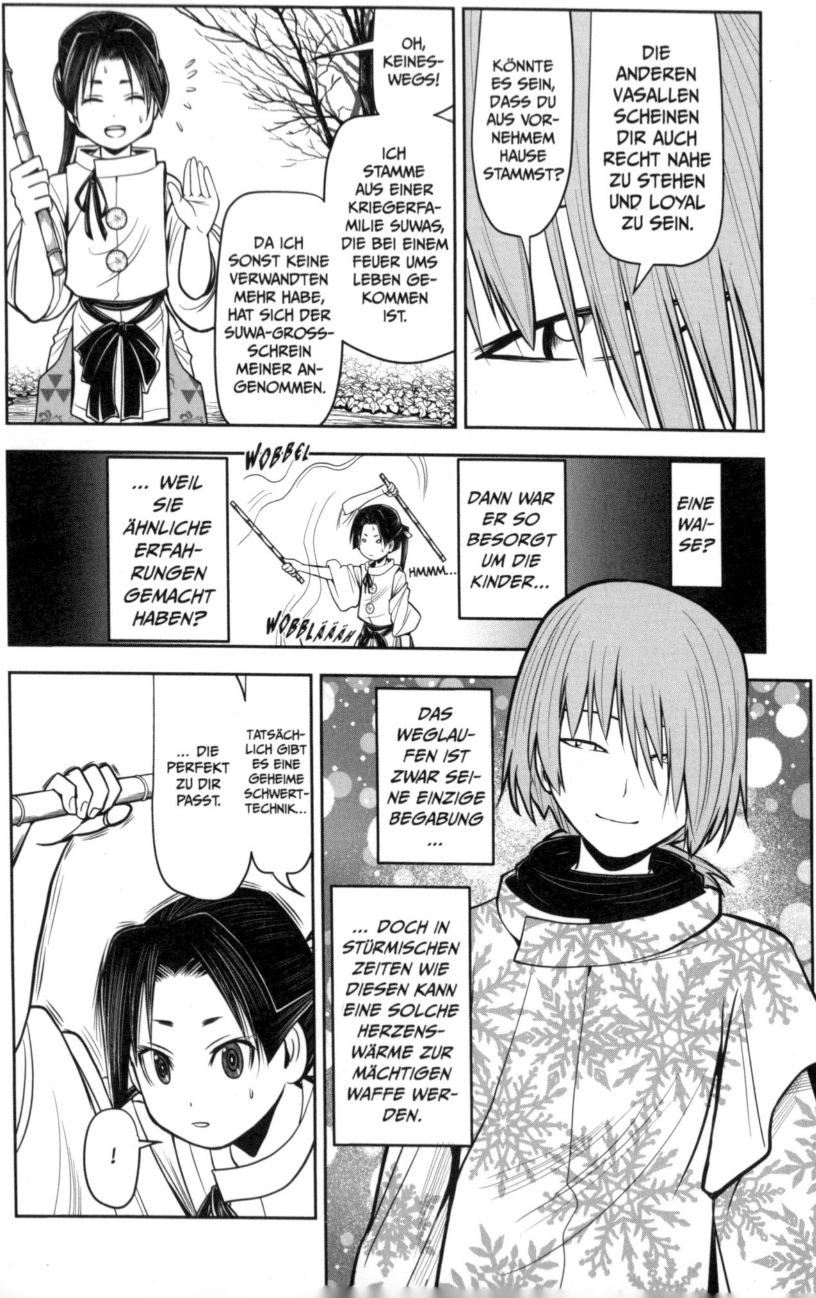
DIE ANDEREN VASALLEN SCHEINEN DIR AUCH RECHT NAHE ZU STEHEN UND LOYAL ZU SEIN.
KÖNNTE ES SEIN, DASS DU AUS VORNEHMEM HAUSE STAMMST?
OH, KEINESWEGS!
ICH STAMME AUS EINER KRIEGERFAMILIE SUWAS, DIE BEI EINEM FEUER UMS LEBEN GEKOMMEN IST.
DA ICH SONST KEINE VERWANDTEN MEHR HABE, HAT SICH DER SUWA-GROSSSCHREIN MEINER ANGENOMMEN.
EINE WAISE?
DANN WAR ER SO BESORGT UM DIE KINDER...
HMMM...
WOBBEL
WOBBLÄÄÄH
... WEIL SIE ÄHNLICHE ERFAHRUNGEN GEMACHT HABEN?
DAS WEGLAUFEN IST ZWAR SEINE EINZIGE BEGABUNG ...
... DOCH IN STÜRMISCHEN ZEITEN WIE DIESEN KANN EINE SOLCHE HERZENSWÄRME ZUR MÄCHTIGEN WAFFE WERDEN.
TATSÄCHLICH GIBT ES EINE GEHEIME SCHWERTTECHNIK...
... DIE PERFEKT ZU DIR PASST.
!

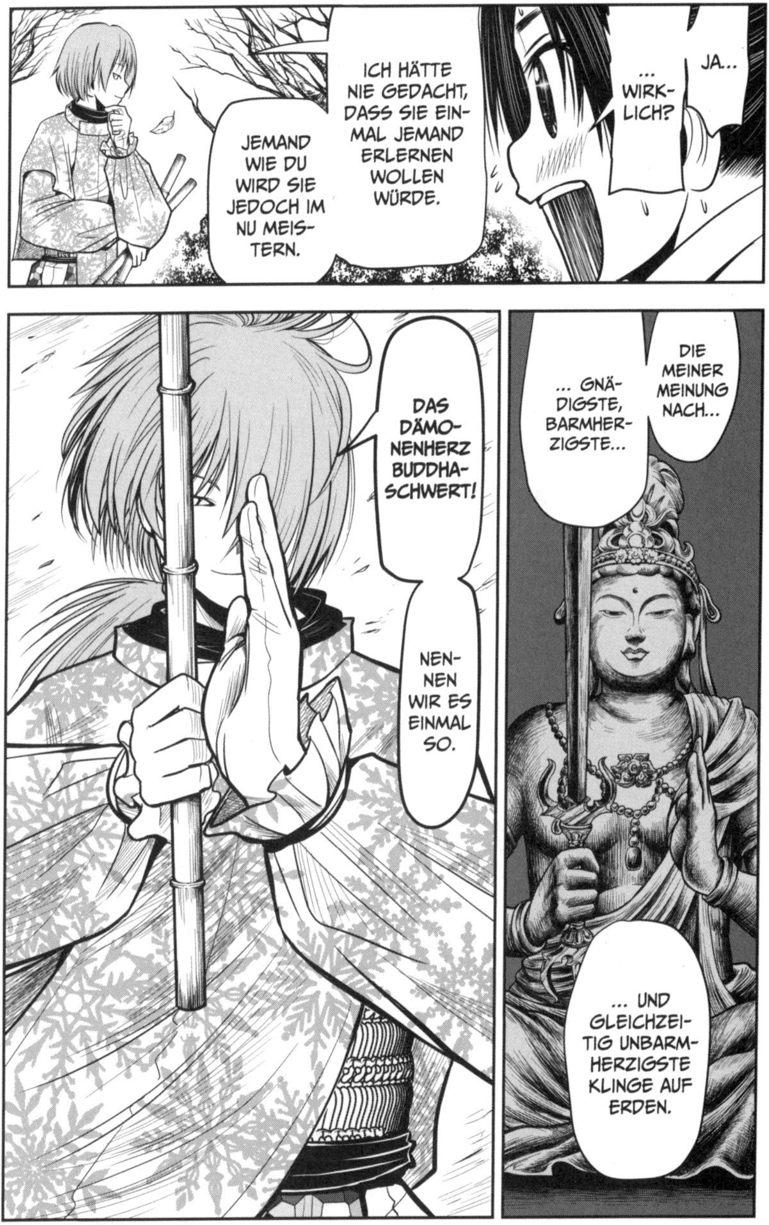
JA...
... WIRKLICH?
ICH HÄTTE NIE GEDACHT, DASS SIE EINMAL JEMAND ERLERNEN WOLLEN WÜRDE.
JEMAND WIE DU WIRD SIE JEDOCH IM NU MEISTERN.
DIE MEINER MEINUNG NACH...
... GNÄDIGSTE, BARMHERZIGSTE...
... UND GLEICHZEITIG UNBARMHERZIGSTE KLINGE AUF ERDEN.
DAS DÄMONENHERZ BUDDHASCHWERT!
NENNEN WIR ES EINMAL SO.

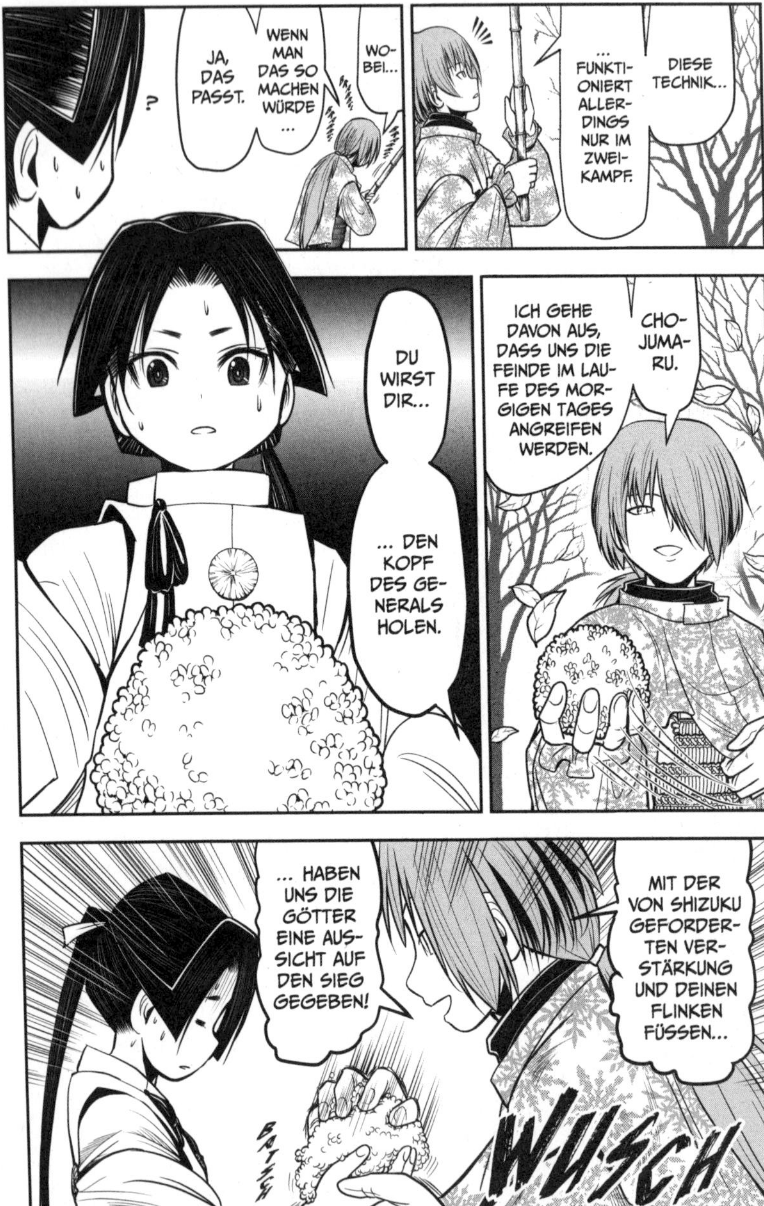
DIESE TECHNIK...
... FUNKTIONIERT ALLERDINGS NUR IM ZWEIKAMPF.
WOBEI...
WENN MAN DAS SO MACHEN WÜRDE ...
JA, DAS PASST.
?
CHOJUMARU.
ICH GEHE DAVON AUS, DASS UNS DIE FEINDE IM LAUFE DES MORGIGEN TAGES ANGREIFEN WERDEN.
DU WIRST DIR...
... DEN KOPF DES GENERALS HOLEN.
MIT DER VON SHIZUKU GEFORDERTEN VERSTÄRKUNG UND DEINEN FLINKEN FÜSSEN...
... HABEN UNS DIE GÖTTER EINE AUSSICHT AUF DEN SIEG GEGEBEN!
BATSCH
WUSCH

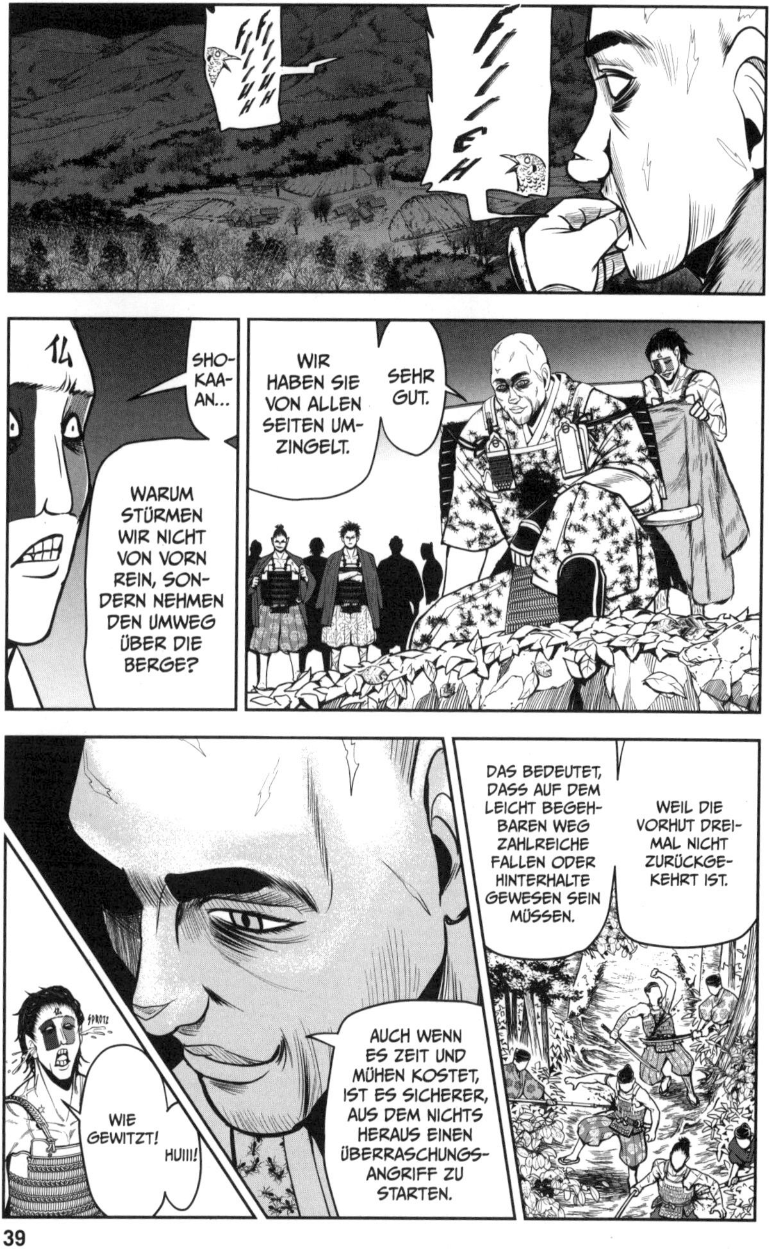
SEHR GUT.
WIR HABEN SIE VON ALLEN SEITEN UMZINGELT.
SHOKAAAN...
WARUM STÜRMEN WIR NICHT VON VORN REIN, SONDERN NEHMEN DEN UMWEG ÜBER DIE BERGE?
WEIL DIE VORHUT DREIMAL NICHT ZURÜCKGEKEHRT IST.
DAS BEDEUTET, DASS AUF DEM LEICHT BEGEHBAREN WEG ZAHLREICHE FALLEN ODER HINTERHALTE GEWESEN SEIN MÜSSEN.
AUCH WENN ES ZEIT UND MÜHEN KOSTET, IST ES SICHERER, AUS DEM NICHTS HERAUS EINEN ÜBERRASCHUNGSANGRIFF ZU STARTEN.
WIE GEWITZT!
HUIII!

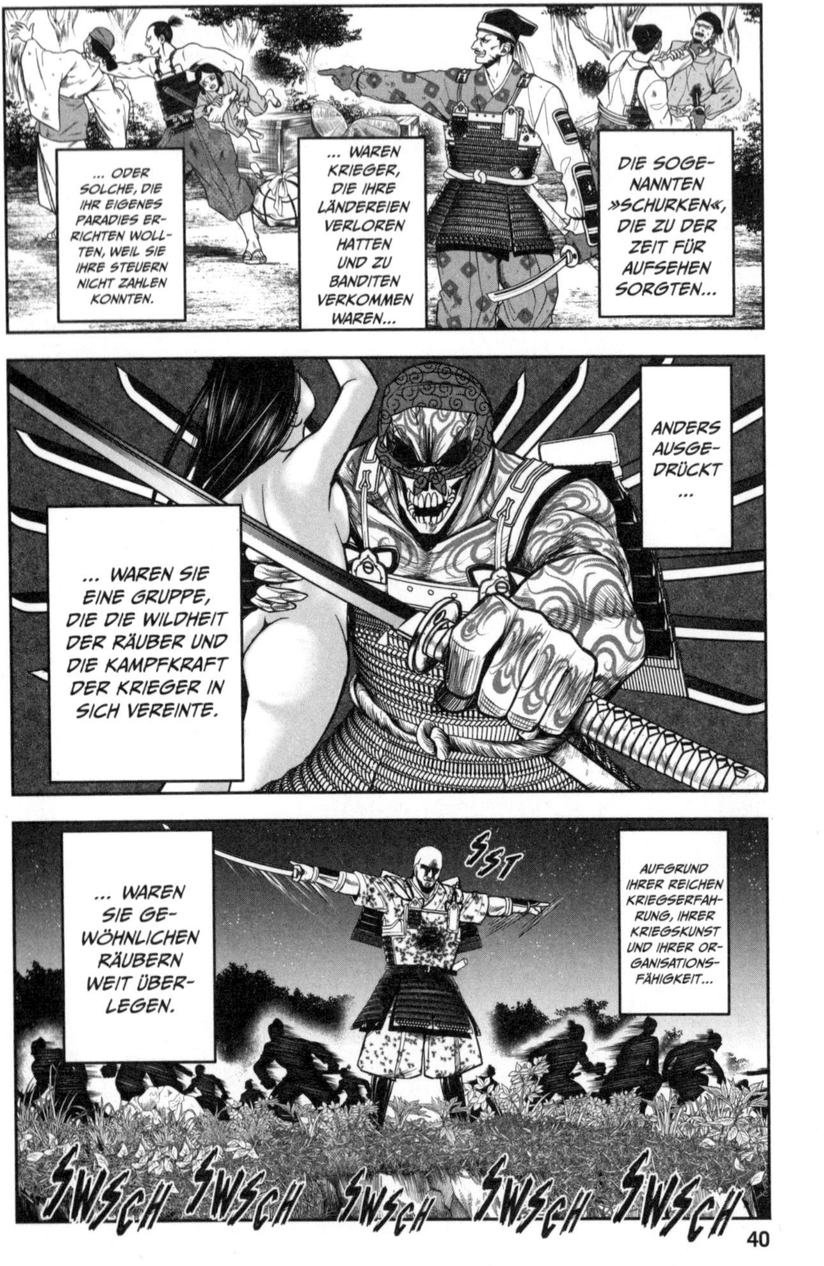
DIE SOGE-NANNTEN »SCHURKEN«, DIE ZU DER ZEIT FÜR AUFSEHEN SORGTEN...
... WAREN KRIEGER, DIE IHRE LÄNDEREIEN VERLOREN HATTEN UND ZU BANDITEN VERKOMMEN WAREN...
... ODER SOLCHE, DIE IHR EIGENES PARADIES ER-RICHTEN WOLL-TEN, WEIL SIE IHRE STEUERN NICHT ZAHLEN KONNTEN.
ANDERS AUSGE-DRÜCKT ...
... WAREN SIE EINE GRUPPE, DIE DIE WILDHEIT DER RÄUBER UND DIE KAMPFKRAFT DER KRIEGER IN SICH VEREINTE.
AUFGRUND IHRER REICHEN KRIEGSERFAH-RUNG, IHRER KRIEGSKUNST UND IHRER OR-GANISATIONS-FÄHIGKEIT...
SST
... WAREN SIE GE-WÖHNLICHEN RÄUBERN WEIT ÜBER-LEGEN.
SWSCH SWSCH SWSCH SWSCH SWSCH

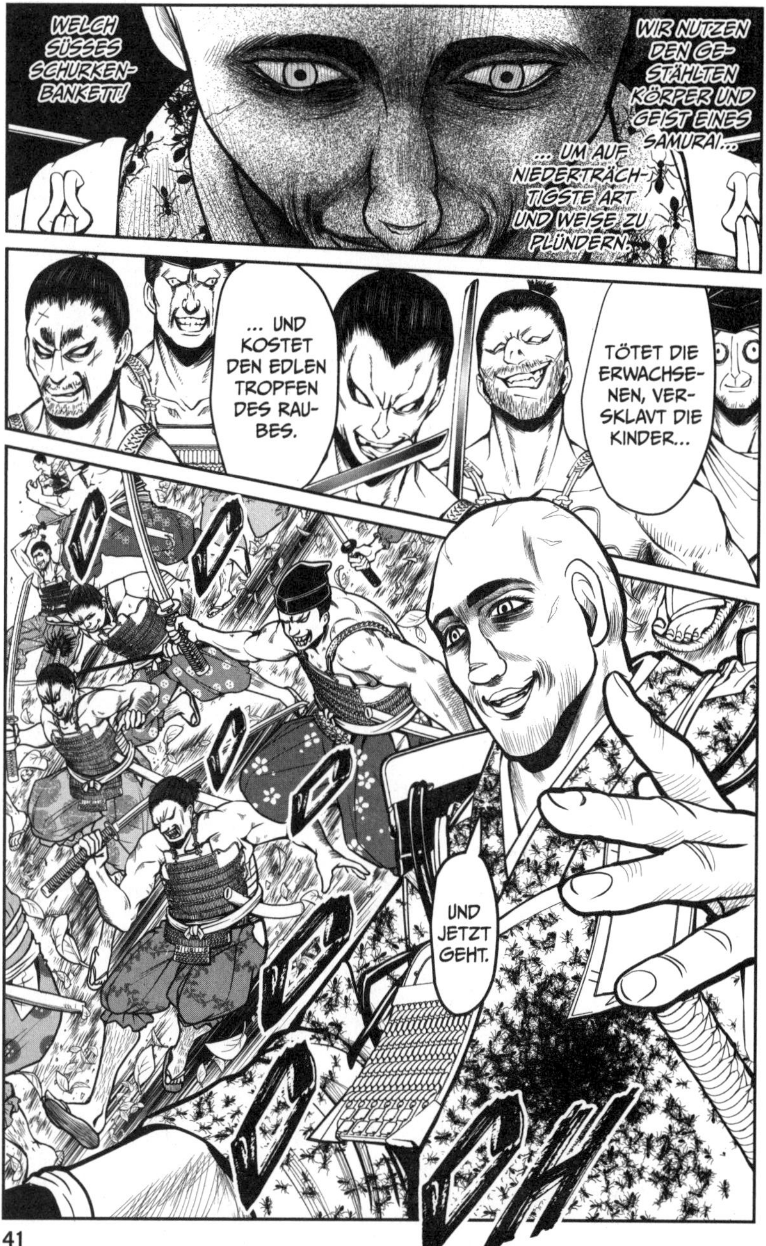
WIR NUTZEN DEN GE-STÄHLTEN KÖRPER UND GEIST EINES SAMURAI...
... UM AUF NIEDERTRÄCH-TIGSTE ART UND WEISE ZU PLÜNDERN.
WELCH SÜSSES SCHURKEN-BANKETT!
TÖTET DIE ERWACHSE-NEN, VER-SKLAVT DIE KINDER...
... UND KOSTET DEN EDLEN TROPFEN DES RAU-BES.
UND JETZT GEHT.

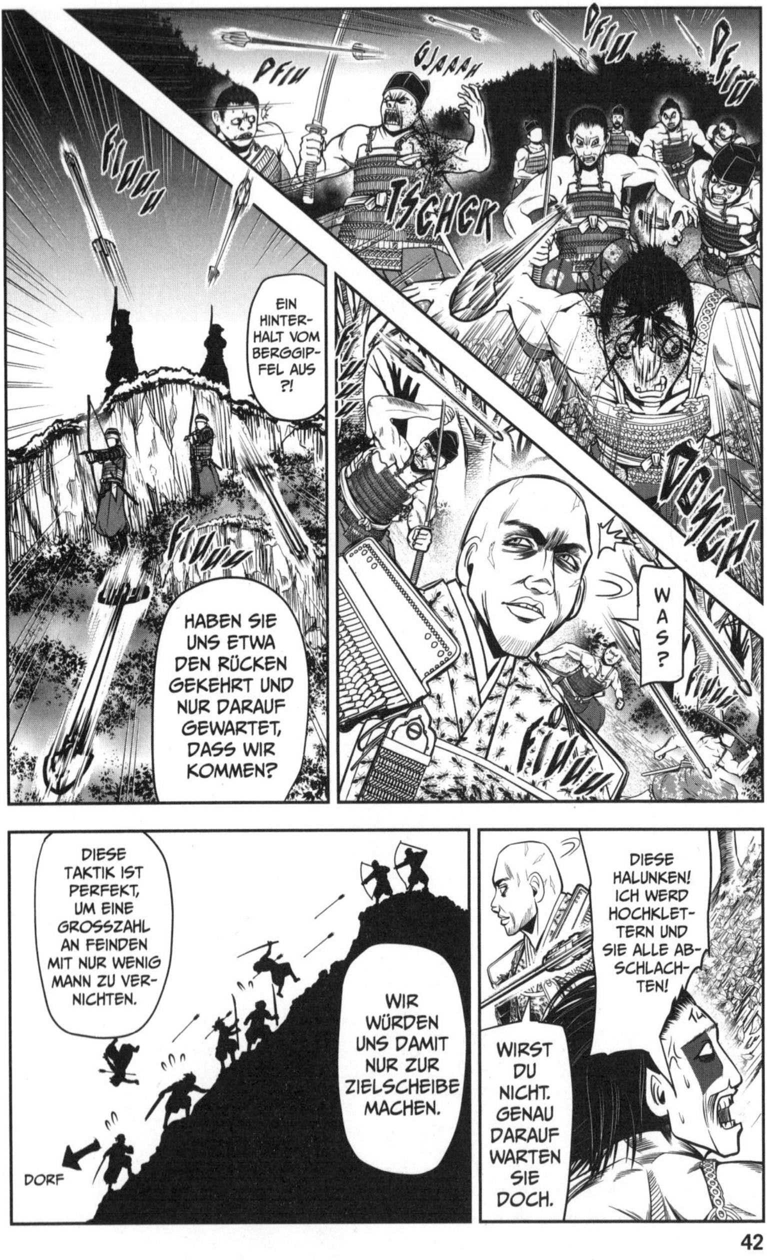
PFIU
GJAAAH
PFIU
PFIU
TSCHCK
FIUUU
DONCH
WAS?
FIUUU
FIUUU
EIN HINTERHALT VOM BERGGIPFEL AUS?!
FIUUU
HABEN SIE UNS ETWA DEN RÜCKEN GEKEHRT UND NUR DARAUF GEWARTET, DASS WIR KOMMEN?
DIESE HALUNKEN! ICH WERD HOCHKLETTERN UND SIE ALLE ABSCHLACHTEN!
WIRST DU NICHT. GENAU DARAUF WARTEN SIE DOCH.
DIESE TAKTIK IST PERFEKT, UM EINE GROSSZAHL AN FEINDEN MIT NUR WENIG MANN ZU VERNICHTEN.
WIR WÜRDEN UNS DAMIT NUR ZUR ZIELSCHEIBE MACHEN.
DORF

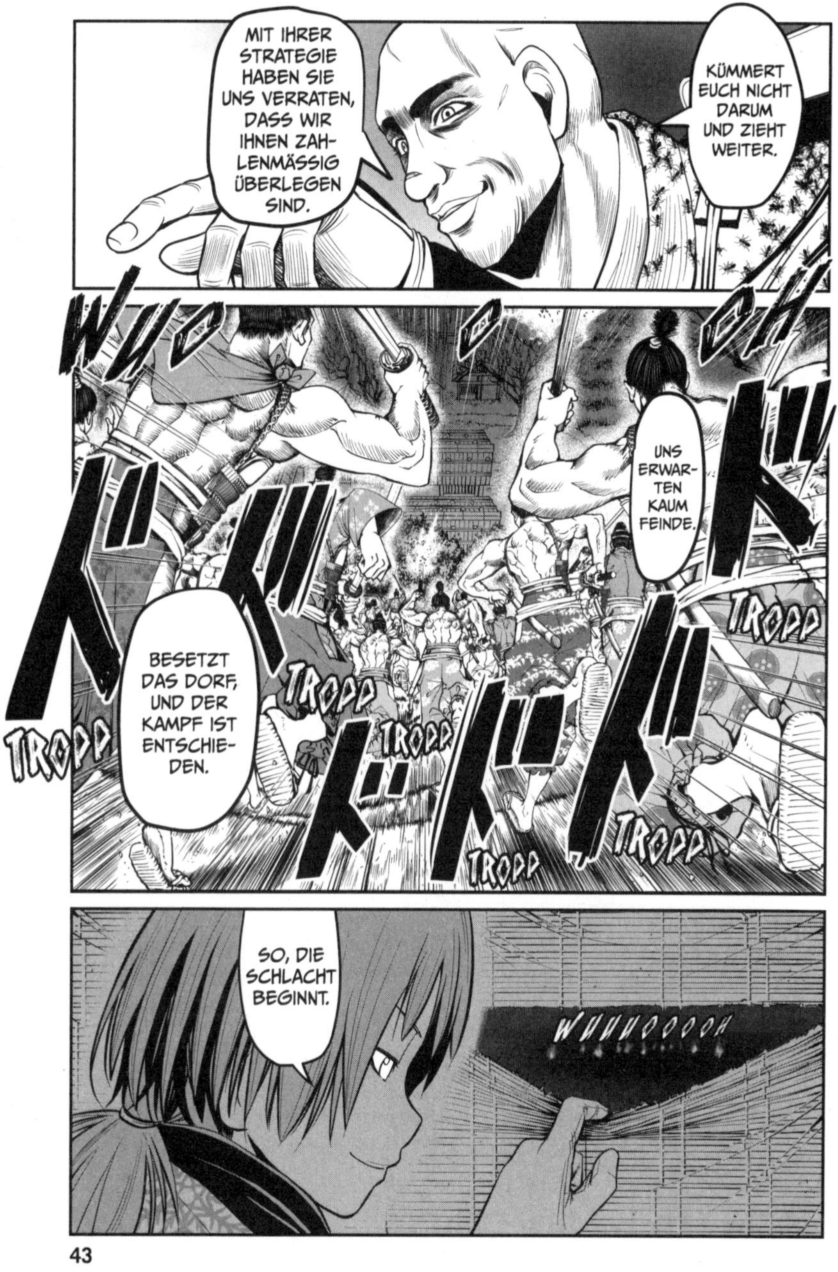
KÜMMERT EUCH NICHT DARUM UND ZIEHT WEITER.
MIT IHRER STRATEGIE HABEN SIE UNS VERRATEN, DASS WIR IHNEN ZAHLENMÄSSIG ÜBERLEGEN SIND.
UNS ERWARTEN KAUM FEINDE.
TROPP
BESETZT DAS DORF, UND DER KAMPF IST ENTSCHIEDEN.
TROPP
TROPP
TROPP
TROPP
TROPP
SO, DIE SCHLACHT BEGINNT.

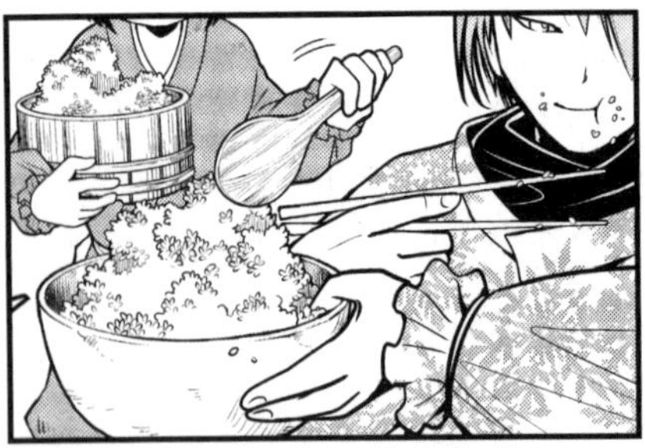

Ich habe mich einmal an ein Reisgericht aus 100 Prozent Hirse gewagt. Es war trocken, krümelig und von der Süße war ebenfalls kaum etwas zu merken. Sprich, wenn ich die Wahl habe, werde ich mich immer für Reis entscheiden. Ja, Hirse ist eigenartig im Geschmack und in der Textur, hat dafür aber nur wenig Kalorien. Ich kann mir vorstellen, dass sie mit den richtigen Gewürzen bzw. je nach Rezept eine hervorragende Zutat sein kann.

HIRSE

HALTBARER UND EINFACHER ANZUBAUEN ALS REIS. HOHER NÄHRWERT, DAFÜR NICHT GANZ SO LECKER. EINES DER WICHTIGSTEN NAHRUNGSMITTEL DES EINFACHEN VOLKES.

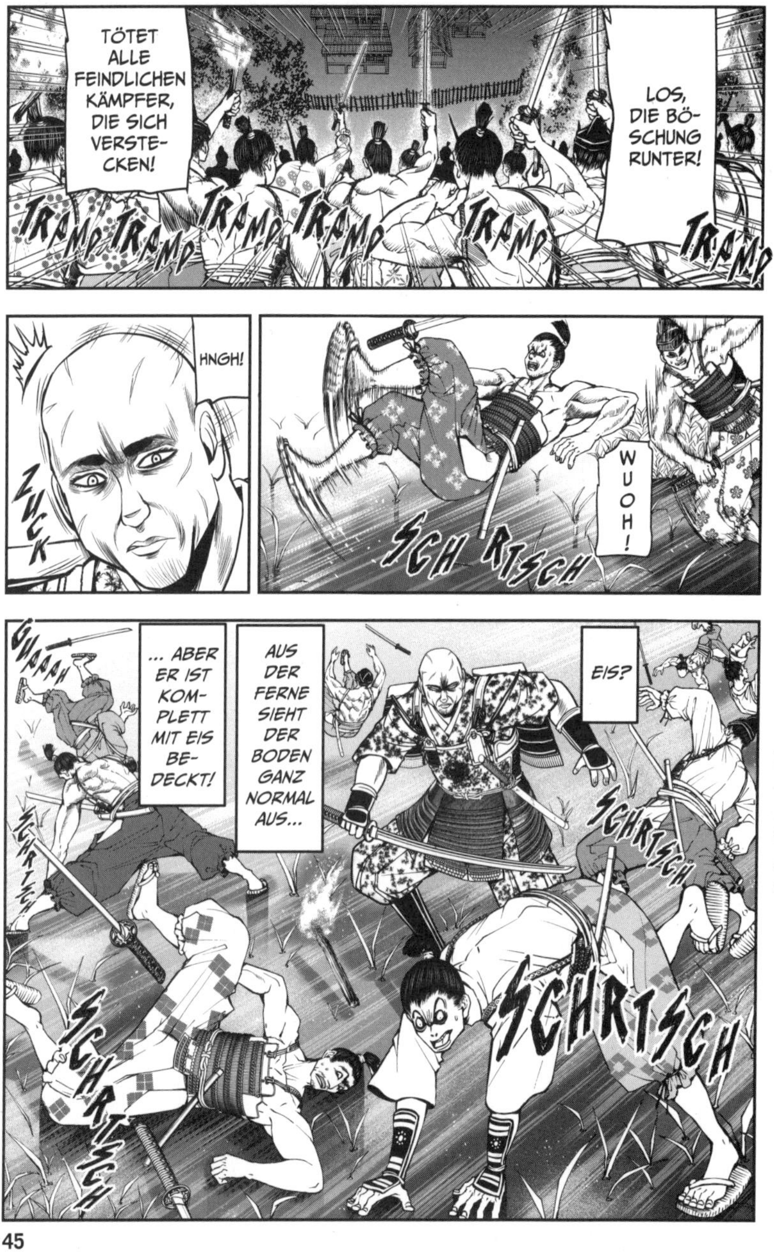
LOS, DIE BÖSCHUNG RUNTER!
TÖTET ALLE FEINDLICHEN KÄMPFER, DIE SICH VERSTECKEN!
TRAMP TRAMP TRAMP TRAMP TRAMP TRAMP
WUOH!
SCHRTSCH
HNGH!
ZUCK
EIS?
AUS DER FERNE SIEHT DER BODEN GANZ NORMAL AUS...
... ABER ER IST KOMPLETT MIT EIS BEDECKT!
SCHRTSCH
SCHRTSCH
SCHRTSCH
SCHRTSCH

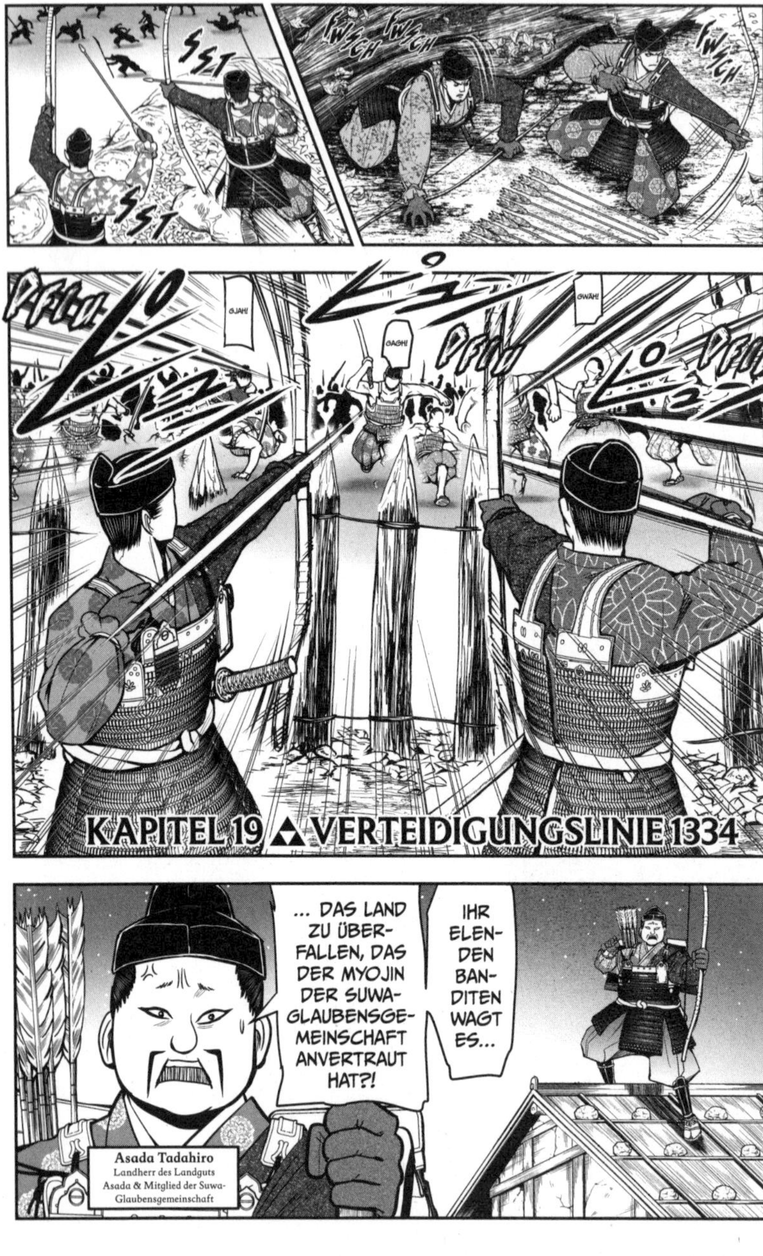
FWSCH
FWSCH
FWSCH
SST
SST
GWÄH!
GAGH!
GJAH!
KAPITEL 19 VERTEIDIGUNGSLINIE 1334
IHR ELENDEN BANDITEN WAGT ES...
... DAS LAND ZU ÜBERFALLEN, DAS DER MYOJIN DER SUWA-GLAUBENSGEMEINSCHAFT ANVERTRAUT HAT?!
Asada Tadahiro
Landherr des Landguts Asada & Mitglied der Suwa-Glaubensgemeinschaft

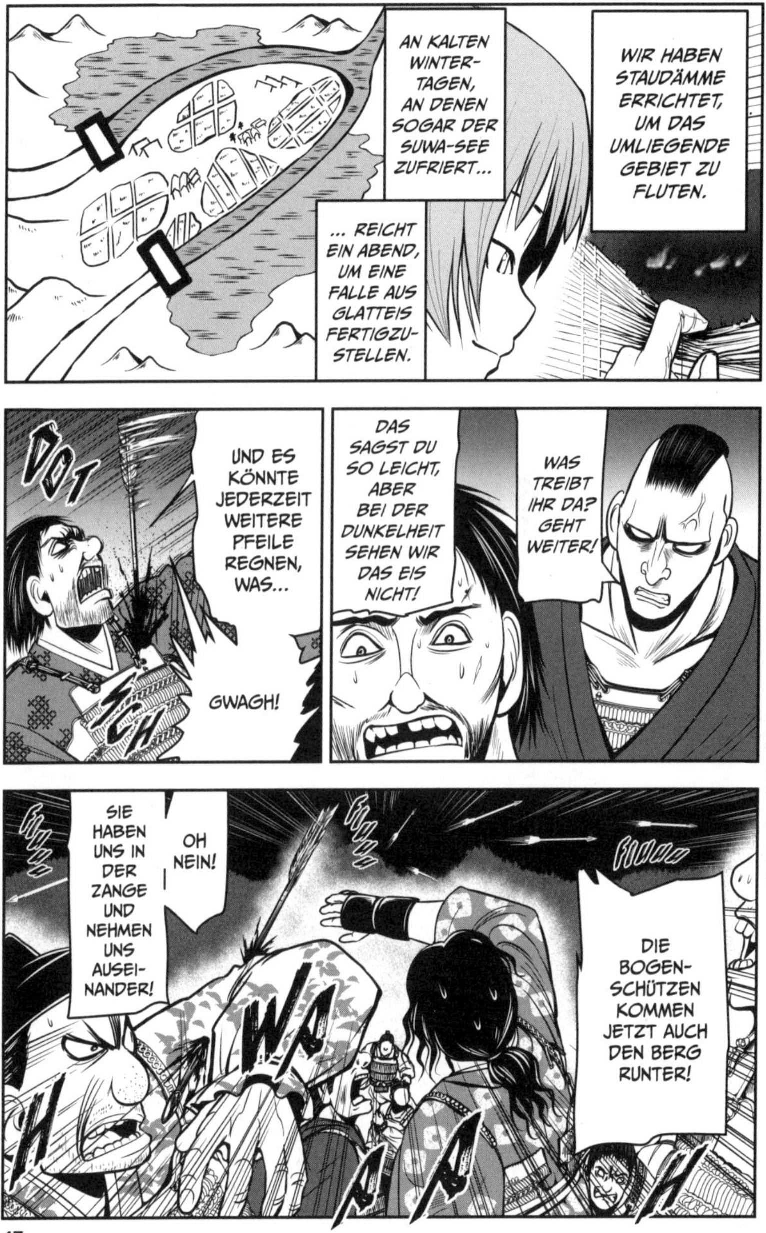

WIR HABEN STAUDÄMME ERRICHTET, UM DAS UMLIEGENDE GEBIET ZU FLUTEN.
AN KALTEN WINTER-TAGEN, AN DENEN SOGAR DER SUWA-SEE ZUFRIERT...
... REICHT EIN ABEND, UM EINE FALLE AUS GLATTEIS FERTIGZU-STELLEN.
WAS TREIBT IHR DA? GEHT WEITER!
DAS SAGST DU SO LEICHT, ABER BEI DER DUNKELHEIT SEHEN WIR DAS EIS NICHT!
DOT
UND ES KÖNNTE JEDERZEIT WEITERE PFEILE REGNEN, WAS...
SCH
GWAGH!
DIE BOGEN-SCHÜTZEN KOMMEN JETZT AUCH DEN BERG RUNTER!
OH NEIN!
SIE HABEN UNS IN DER ZANGE UND NEHMEN UNS AUSEI-NANDER!

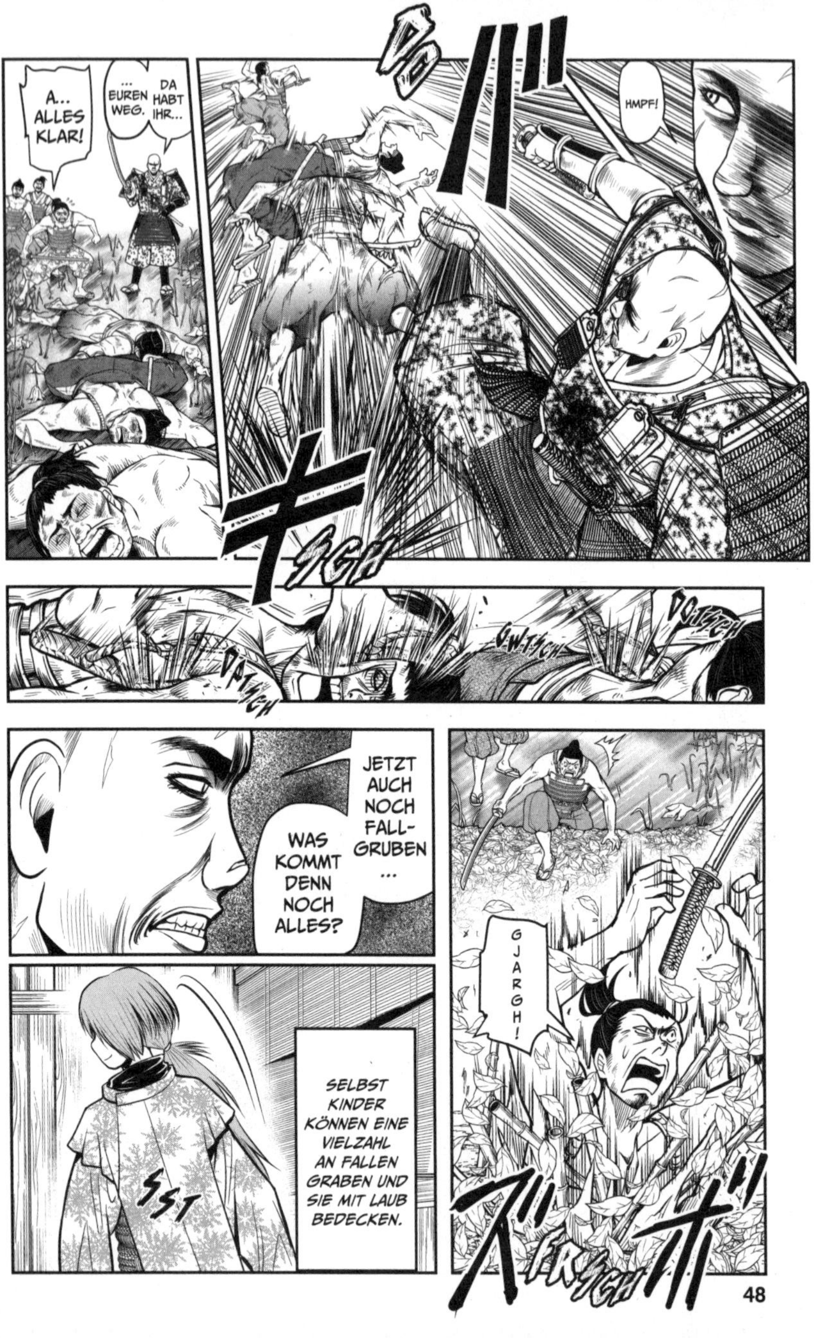
HMPF!
DA HABT IHR... EUREN WEG.
A... ALLES KLAR!
GJARGH!
JETZT AUCH NOCH FALLGRUBEN ...
WAS KOMMT DENN NOCH ALLES?
SELBST KINDER KÖNNEN EINE VIELZAHL AN FALLEN GRABEN UND SIE MIT LAUB BEDECKEN.
SST

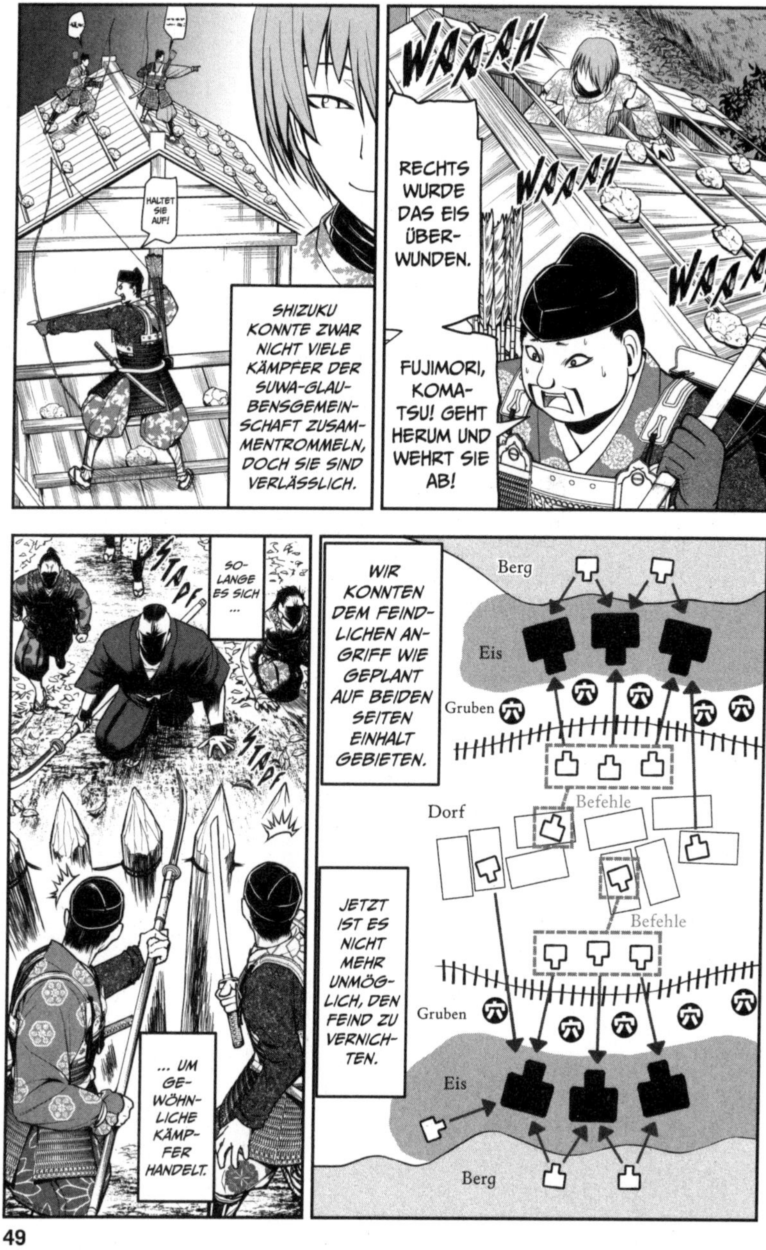
WAAAH
WAAAH
WAAAH
RECHTS WURDE DAS EIS ÜBERWUNDEN.
FUJIMORI, KOMATSU! GEHT HERUM UND WEHRT SIE AB!
HALTET SIE AUF!
SHIZUKU KONNTE ZWAR NICHT VIELE KÄMPFER DER SUWA-GLAUBENSGEMEINSCHAFT ZUSAMMENTROMMELN, DOCH SIE SIND VERLÄSSLICH.
WIR KONNTEN DEM FEINDLICHEN ANGRIFF WIE GEPLANT AUF BEIDEN SEITEN EINHALT GEBIETEN.
Berg
Eis
Gruben
Befehle
Dorf
Befehle
Gruben
Eis
Berg
JETZT IST ES NICHT MEHR UNMÖGLICH, DEN FEIND ZU VERNICHTEN.
SOLANGE ES SICH ...
STAPF
STAPF
... UM GEWÖHNLICHE KÄMPFER HANDELT.

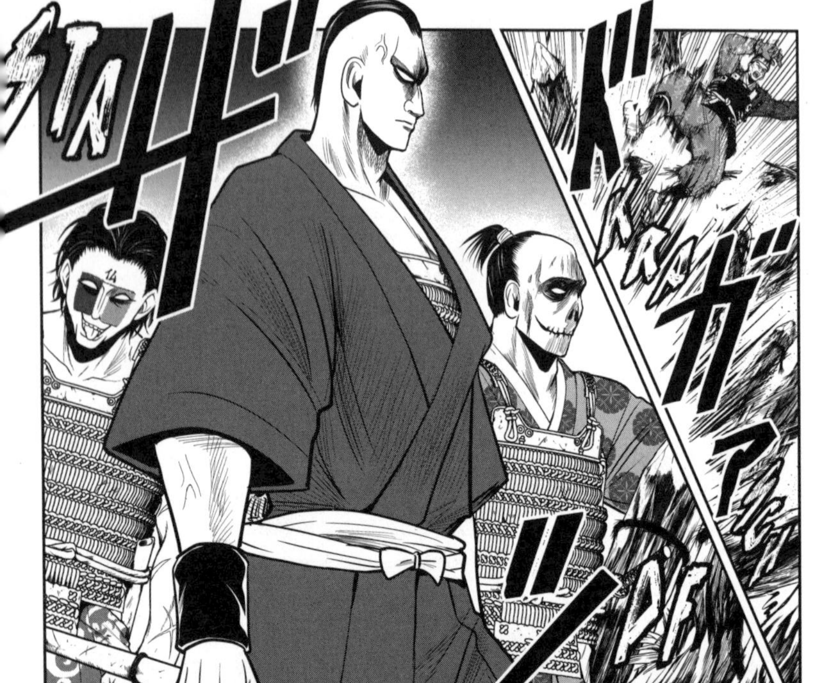

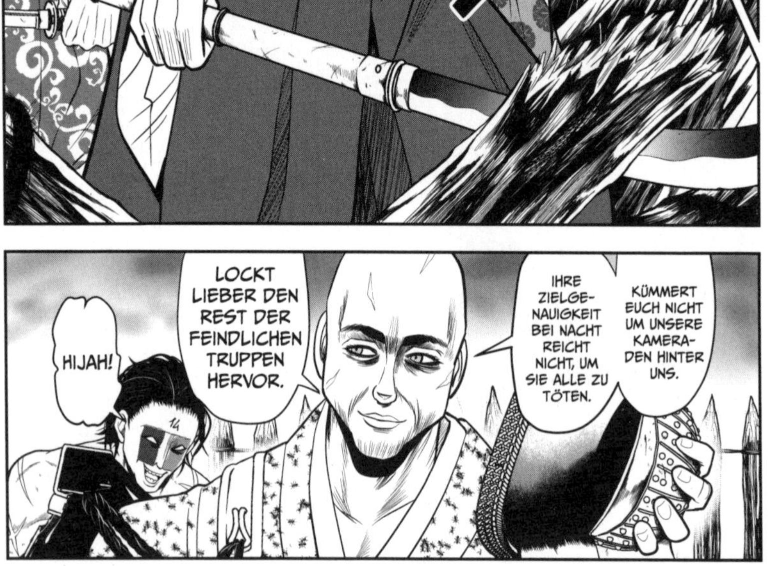
KÜMMERT EUCH NICHT UM UNSERE KAMERA-DEN HINTER UNS.
IHRE ZIELGE-NAUIGKEIT BEI NACHT REICHT NICHT, UM SIE ALLE ZU TÖTEN.
LOCKT LIEBER DEN REST DER FEINDLICHEN TRUPPEN HERVOR.
HIJAH!

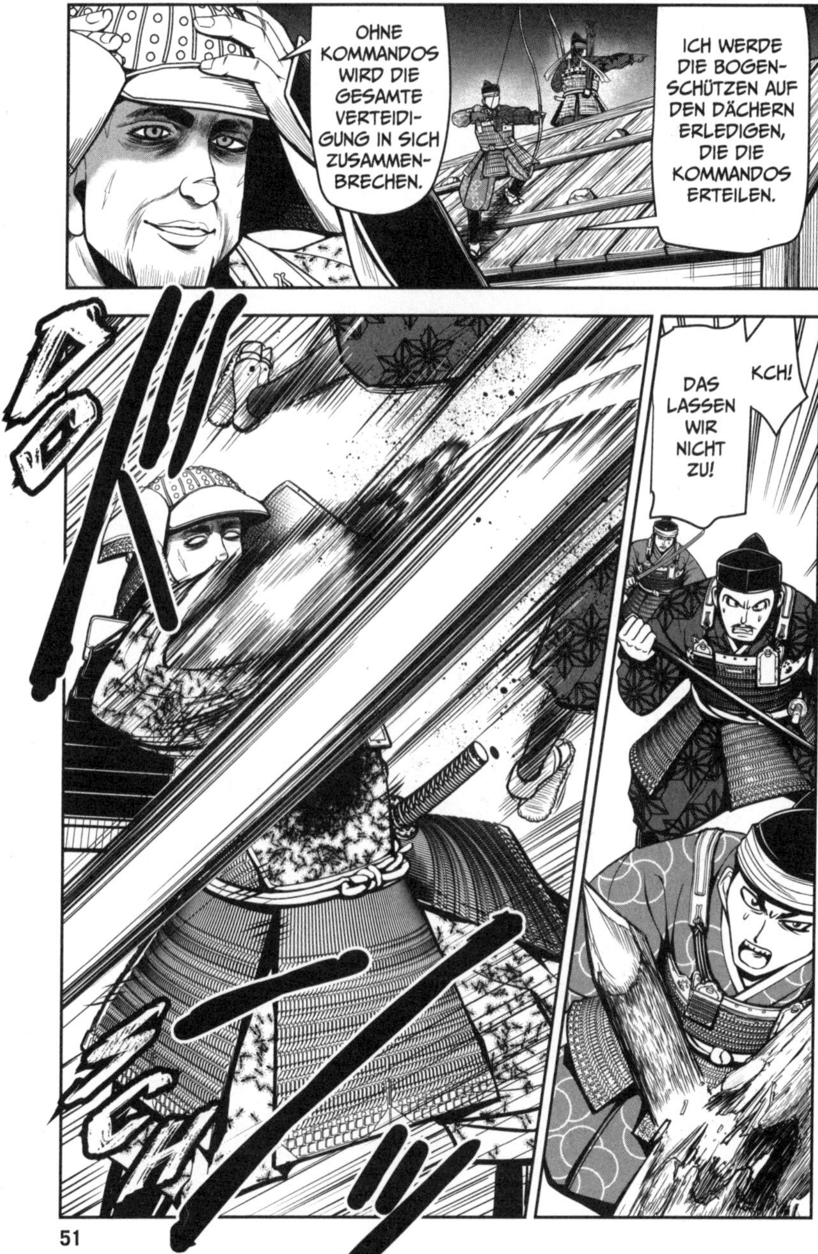
ICH WERDE DIE BOGEN-SCHÜTZEN AUF DEN DÄCHERN ERLEDIGEN, DIE DIE KOMMANDOS ERTEILEN.
OHNE KOMMANDOS WIRD DIE GESAMTE VERTEIDI-GUNG IN SICH ZUSAMMEN-BRECHEN.
KCH!
DAS LASSEN WIR NICHT ZU!

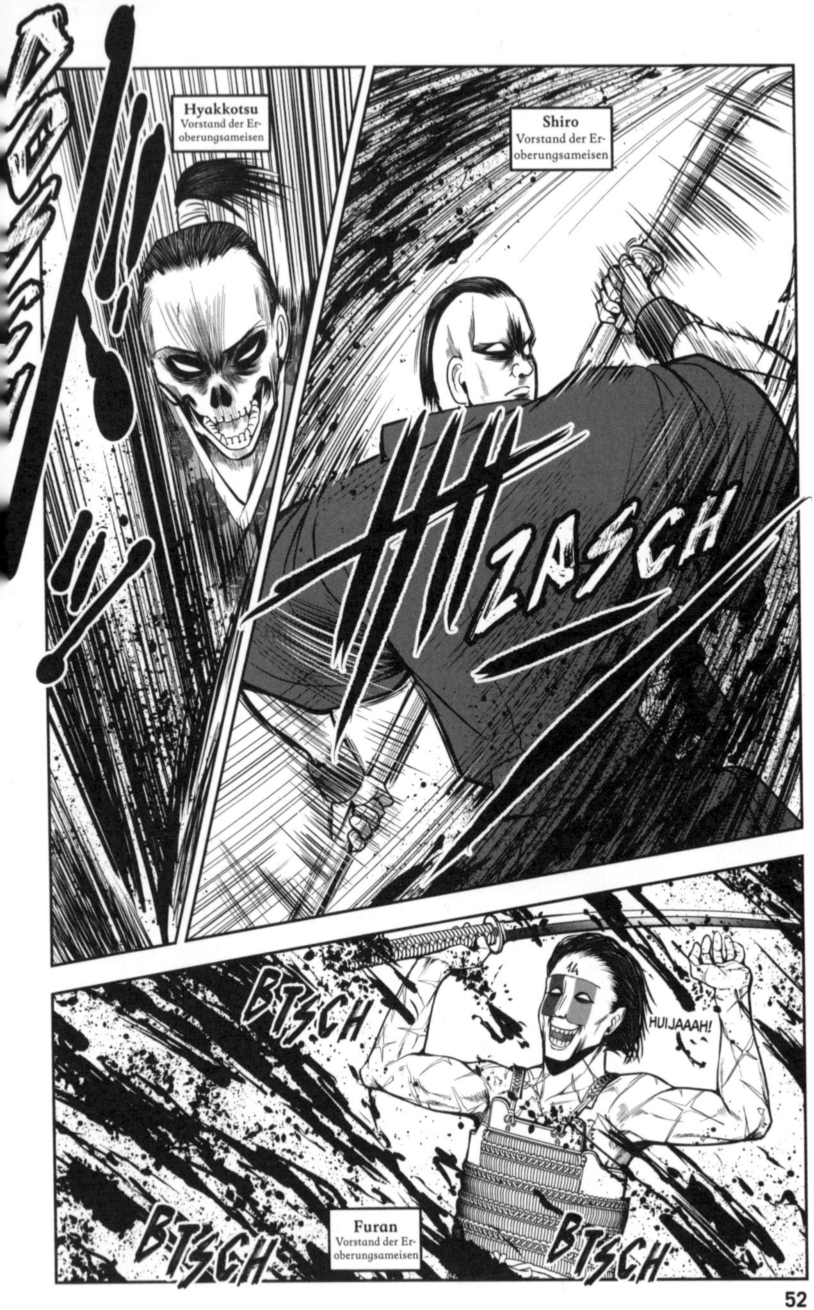
Shiro
Vorstand der Eroberungsameisen
ZASCH
Hyakkotsu
Vorstand der Eroberungsameisen
HUIJAAAH!
BTSCH
BTSCH
BTSCH
Furan
Vorstand der Eroberungsameisen

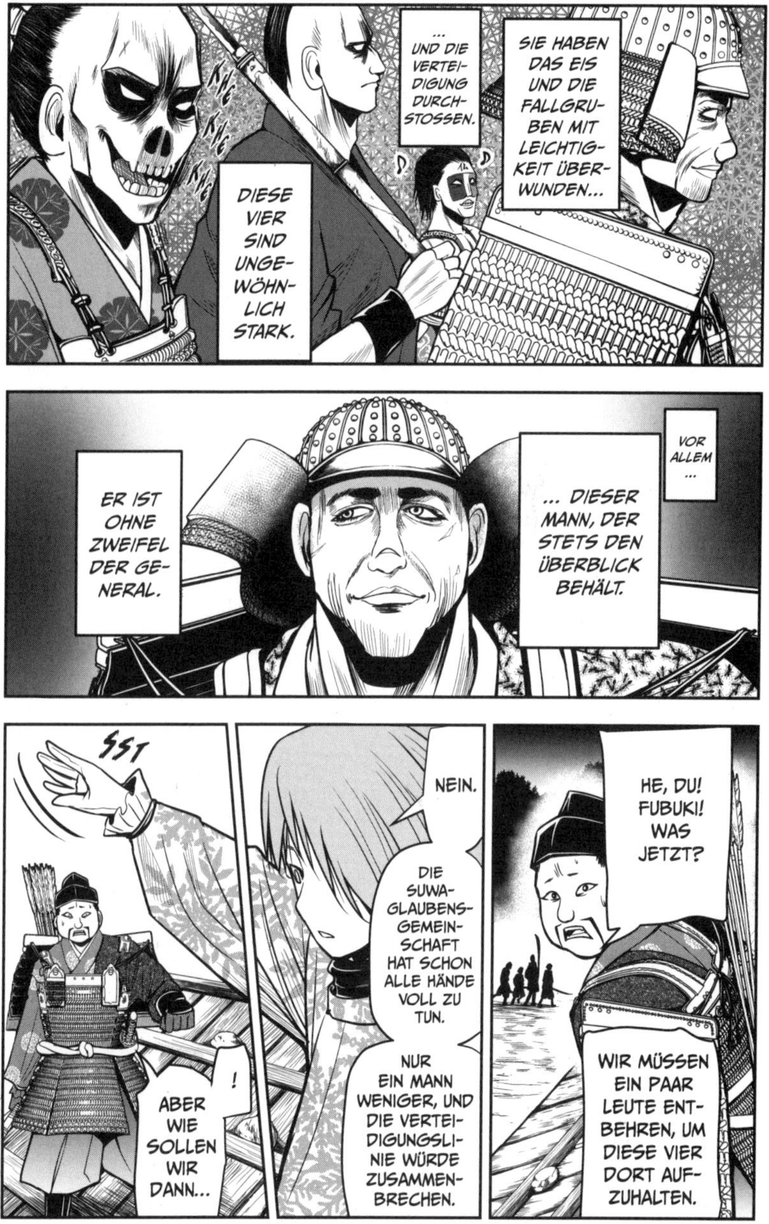
SIE HABEN DAS EIS UND DIE FALLGRUBEN MIT LEICHTIGKEIT ÜBERWUNDEN...
... UND DIE VERTEIDIGUNG DURCHSTOSSEN.
KHE KHE KHE
DIESE VIER SIND UNGEWÖHNLICH STARK.
VOR ALLEM ...
... DIESER MANN, DER STETS DEN ÜBERBLICK BEHÄLT.
ER IST OHNE ZWEIFEL DER GENERAL.
HE, DU! FUBUKI! WAS JETZT?
WIR MÜSSEN EIN PAAR LEUTE ENTBEHREN, UM DIESE VIER DORT AUFZUHALTEN.
NEIN.
DIE SUWA-GLAUBENSGEMEINSCHAFT HAT SCHON ALLE HÄNDE VOLL ZU TUN.
NUR EIN MANN WENIGER, UND DIE VERTEIDIGUNGSLINIE WÜRDE ZUSAMMENBRECHEN.
SST
!
ABER WIE SOLLEN WIR DANN...

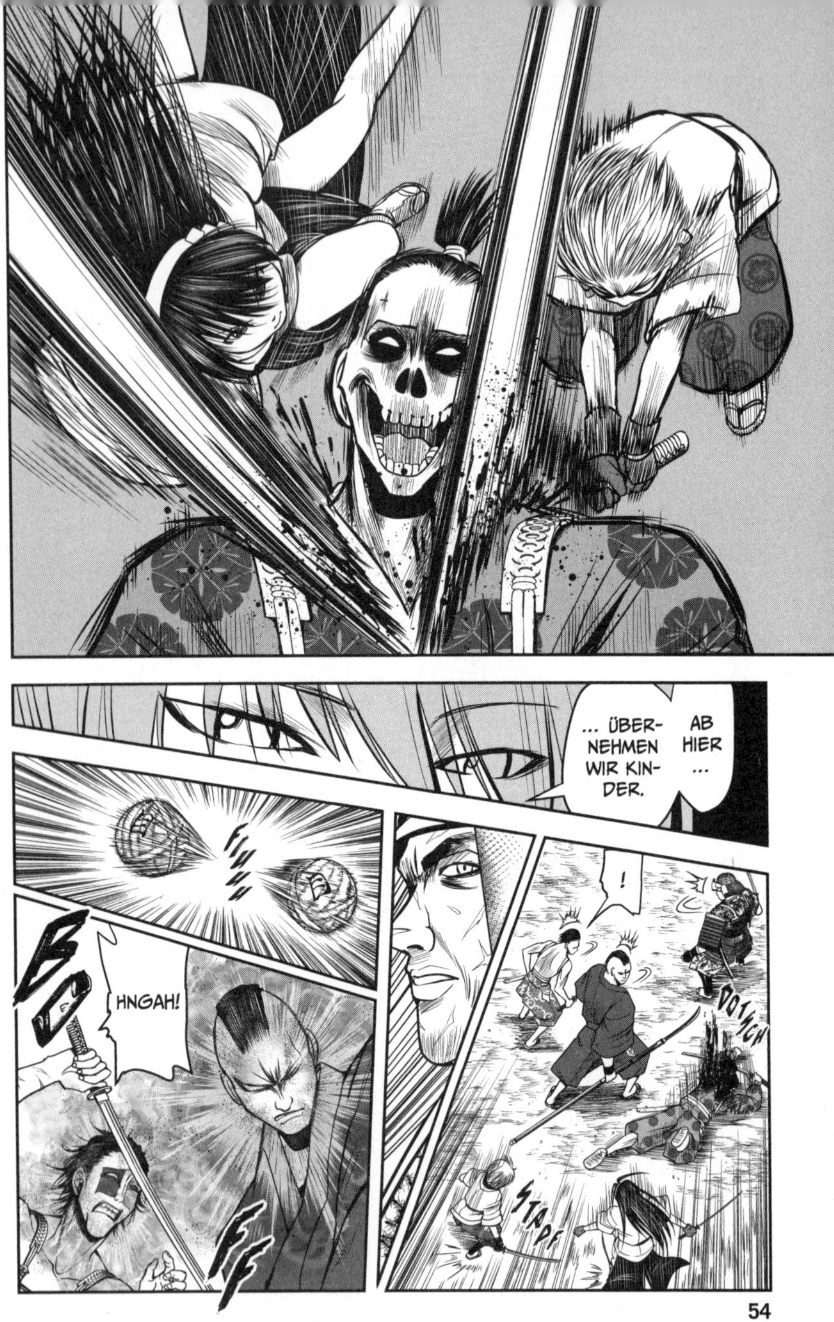
AB HIER ...
... ÜBERNEHMEN WIR KINDER.
FUUU
!
DOTSCH
STAPF
HNGAH!

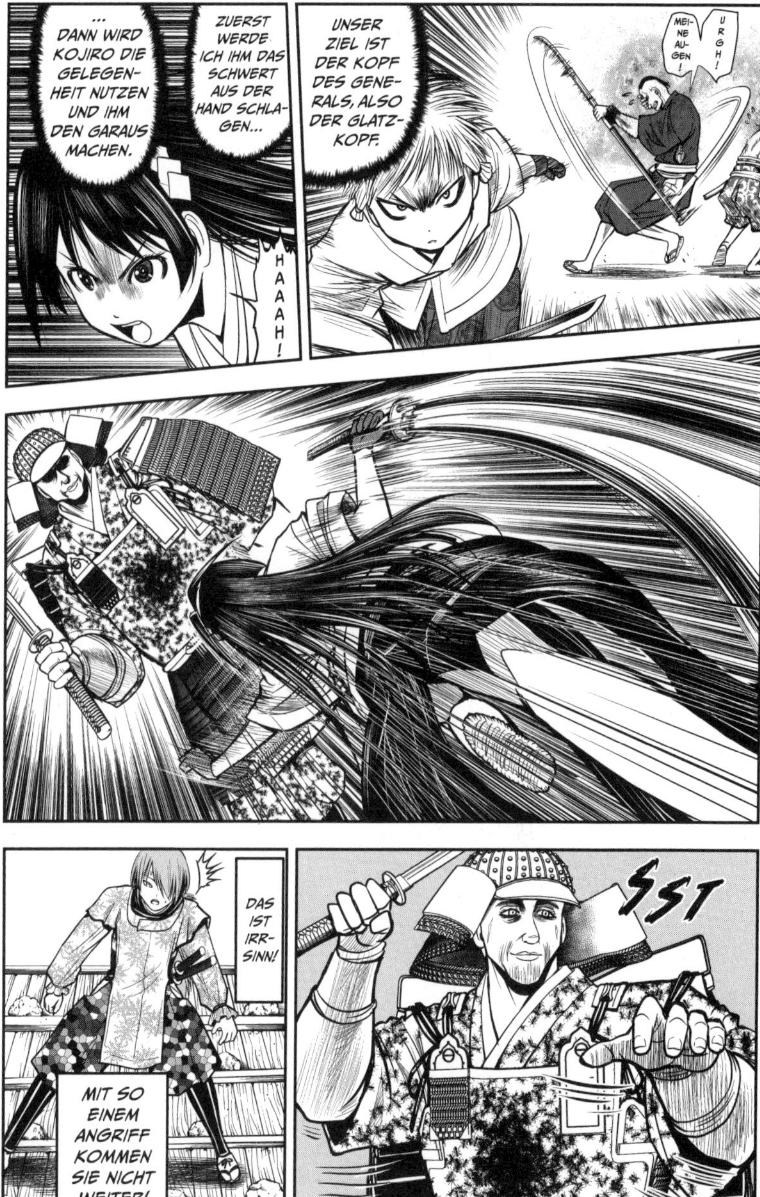

MEINE AUGEN!
URGH!
UNSER ZIEL IST DER KOPF DES GENERALS, ALSO DER GLATZKOPF.
ZUERST WERDE ICH IHM DAS SCHWERT AUS DER HAND SCHLAGEN...
... DANN WIRD KOJIRO DIE GELEGENHEIT NUTZEN UND IHM DEN GARAUS MACHEN.
HAAAAH!
SST
DAS IST IRRSINN!
MIT SO EINEM ANGRIFF KOMMEN SIE NICHT WEITER!

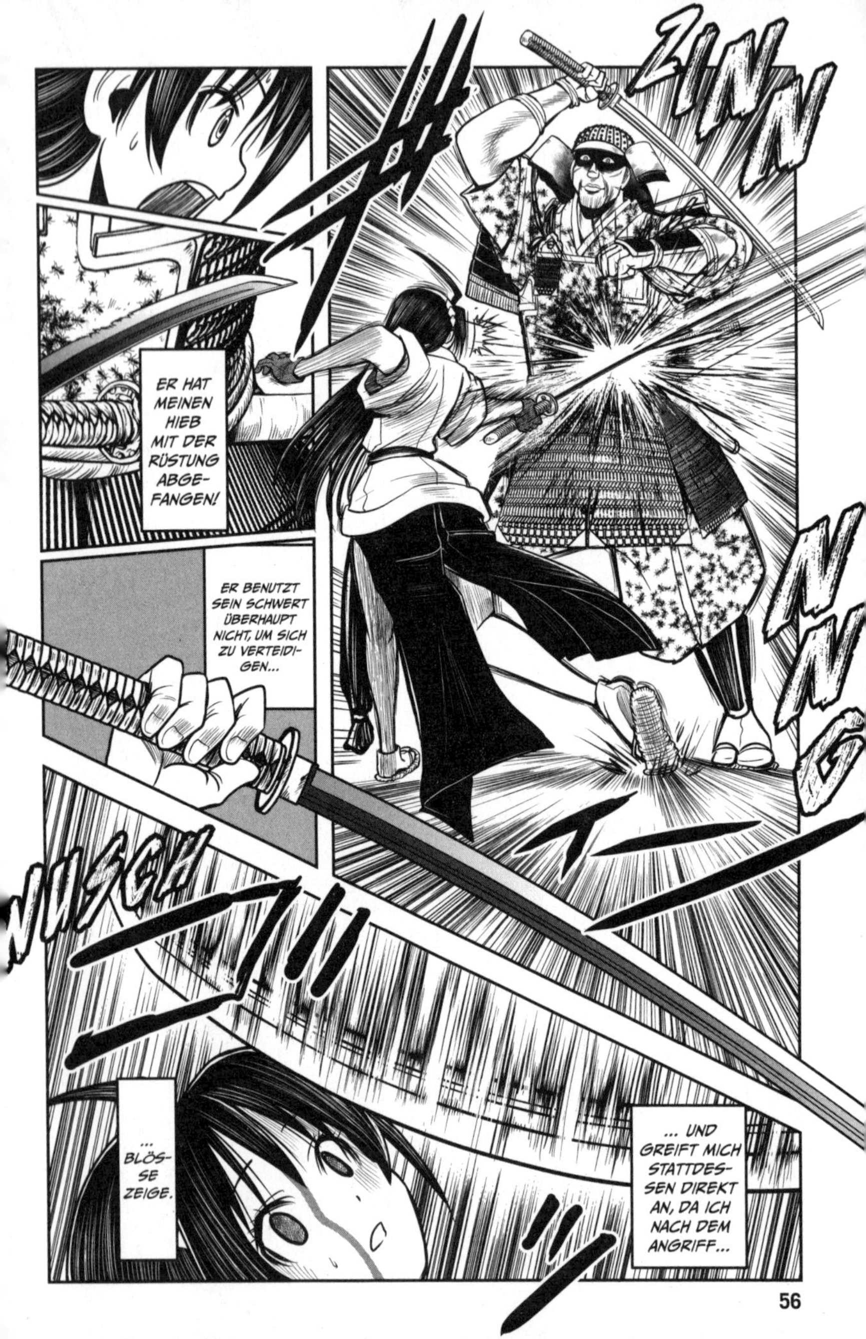
ZINNNG
ER HAT MEINEN HIEB MIT DER RÜSTUNG ABGEFANGEN!
ER BENUTZT SEIN SCHWERT ÜBERHAUPT NICHT, UM SICH ZU VERTEIDIGEN...
WUSCH
... UND GREIFT MICH STATTDESSEN DIREKT AN, DA ICH NACH DEM ANGRIFF...
... BLÖSSE ZEIGE.

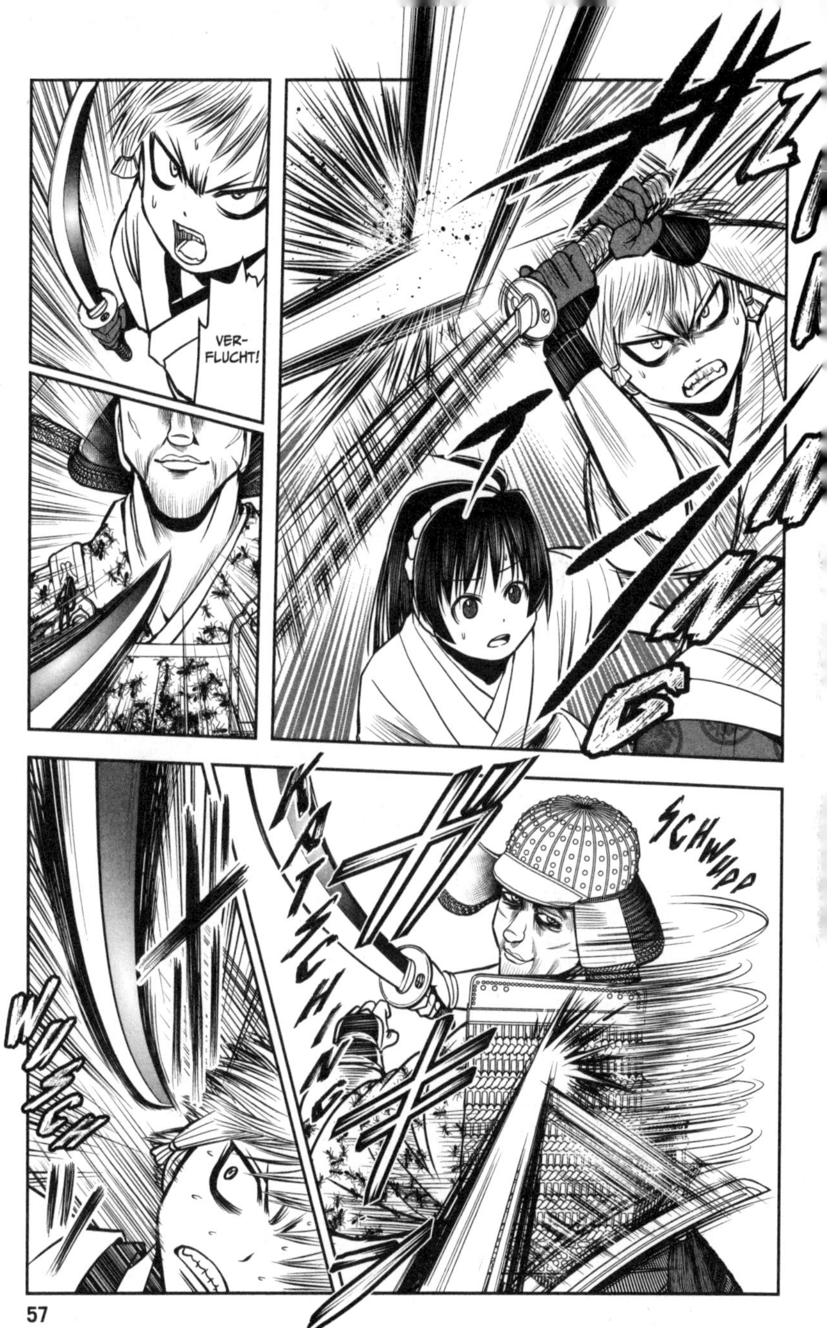
VER-
FLUCHT!
SCHWUPP

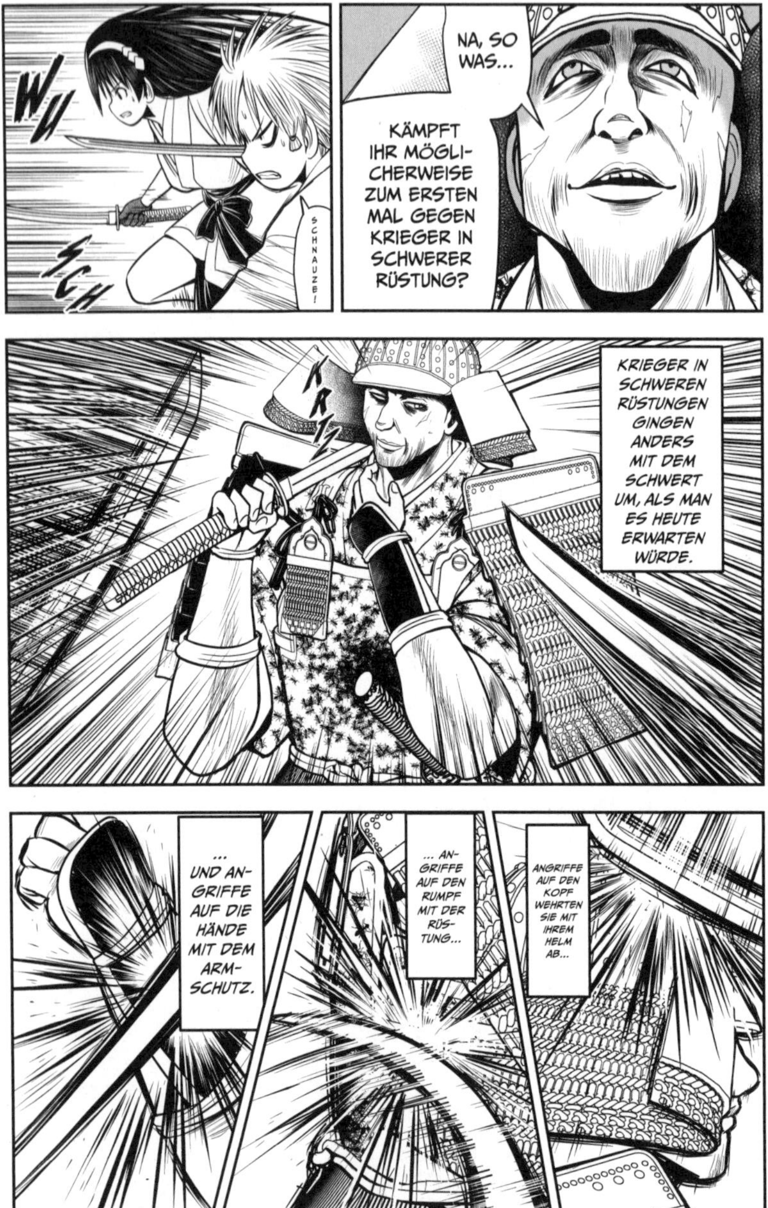
NA, SO WAS...
KÄMPFT IHR MÖGLICHERWEISE ZUM ERSTEN MAL GEGEN KRIEGER IN SCHWERER RÜSTUNG?
SCHNAUZE!
WU
SCH
KRIEGER IN SCHWEREN RÜSTUNGEN GINGEN ANDERS MIT DEM SCHWERT UM, ALS MAN ES HEUTE ERWARTEN WÜRDE.
KRIZ
ANGRIFFE AUF DEN KOPF WEHRTEN SIE MIT IHREM HELM AB...
... ANGRIFFE AUF DEN RUMPF MIT DER RÜSTUNG...
... UND ANGRIFFE AUF DIE HÄNDE MIT DEM ARMSCHUTZ.

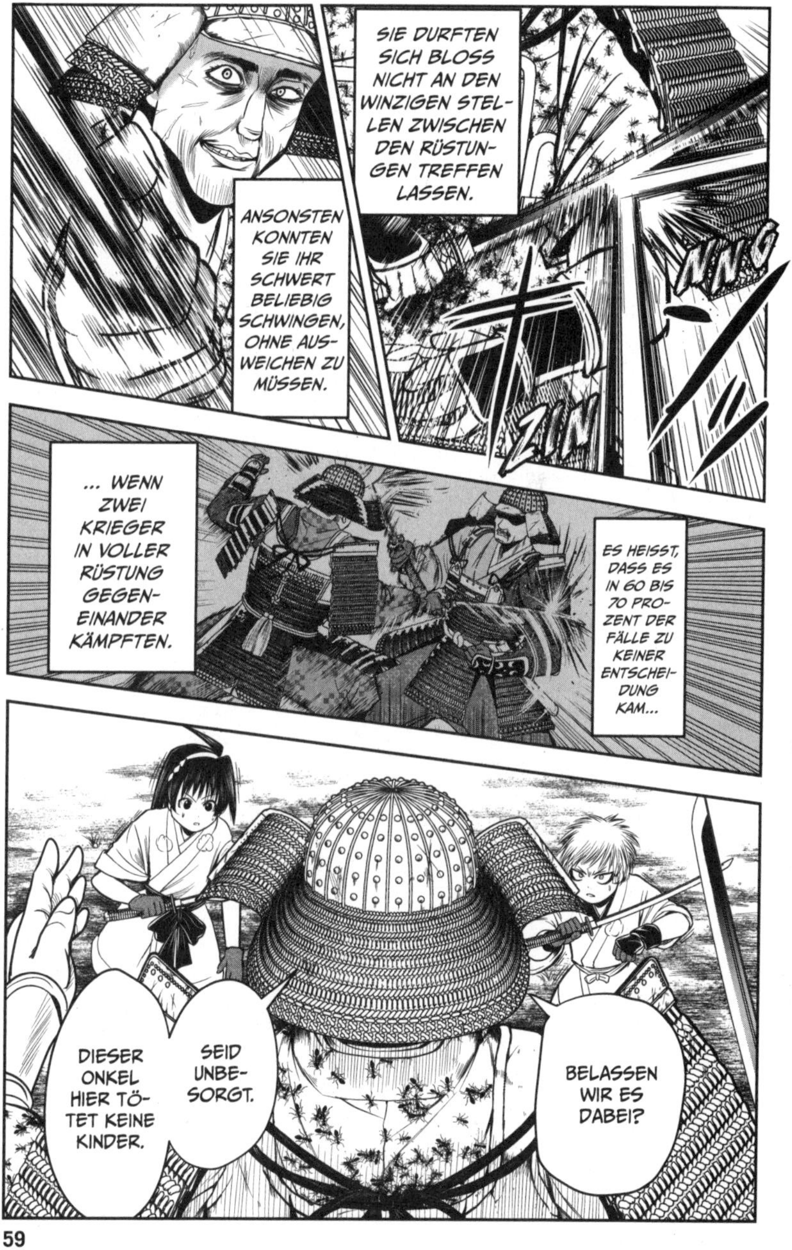
SIE DURFTEN SICH BLOSS NICHT AN DEN WINZIGEN STELLEN ZWISCHEN DEN RÜSTUNGEN TREFFEN LASSEN.
ANSONSTEN KONNTEN SIE IHR SCHWERT BELIEBIG SCHWINGEN, OHNE AUSWEICHEN ZU MÜSSEN.
NNG
ZIN
ES HEISST, DASS ES IN 60 BIS 70 PROZENT DER FÄLLE ZU KEINER ENTSCHEIDUNG KAM...
... WENN ZWEI KRIEGER IN VOLLER RÜSTUNG GEGENEINANDER KÄMPFTEN.
BELASSEN WIR ES DABEI?
SEID UNBESORGT.
DIESER ONKEL HIER TÖTET KEINE KINDER.

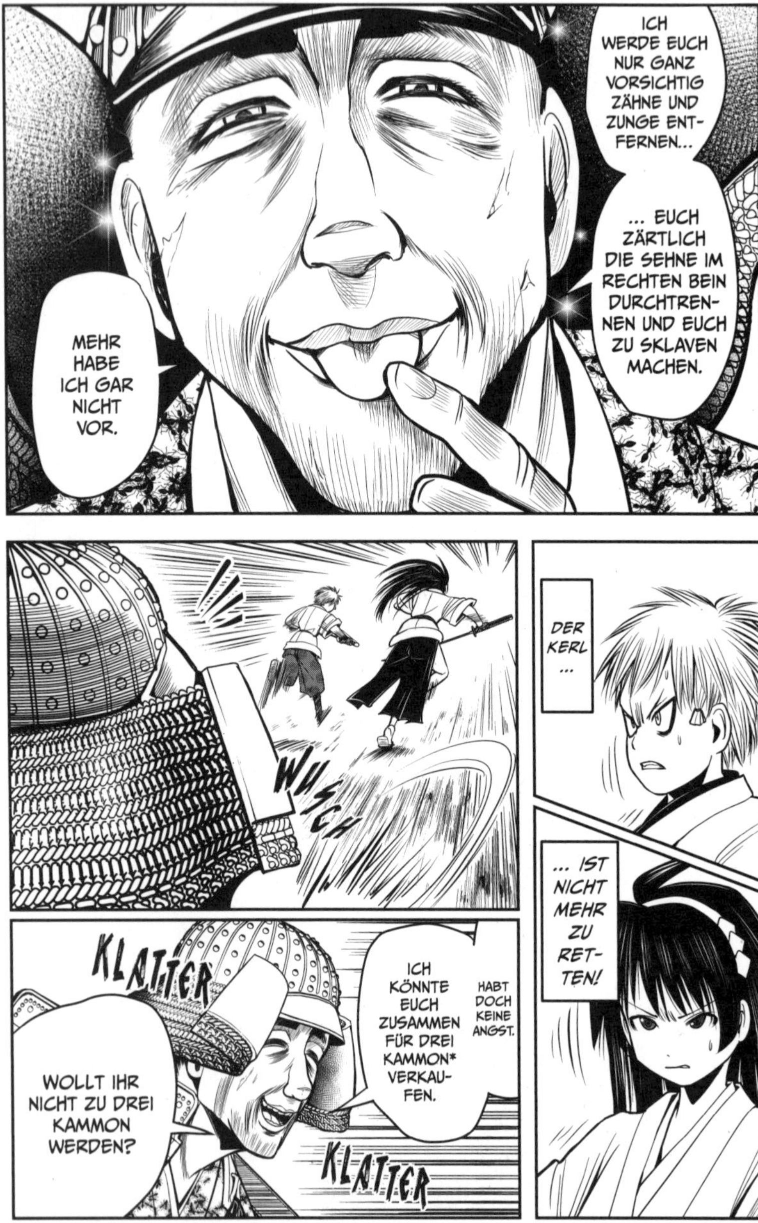

* DREI KAMMON = 150.000 YEN = CA. 1.000 EURO

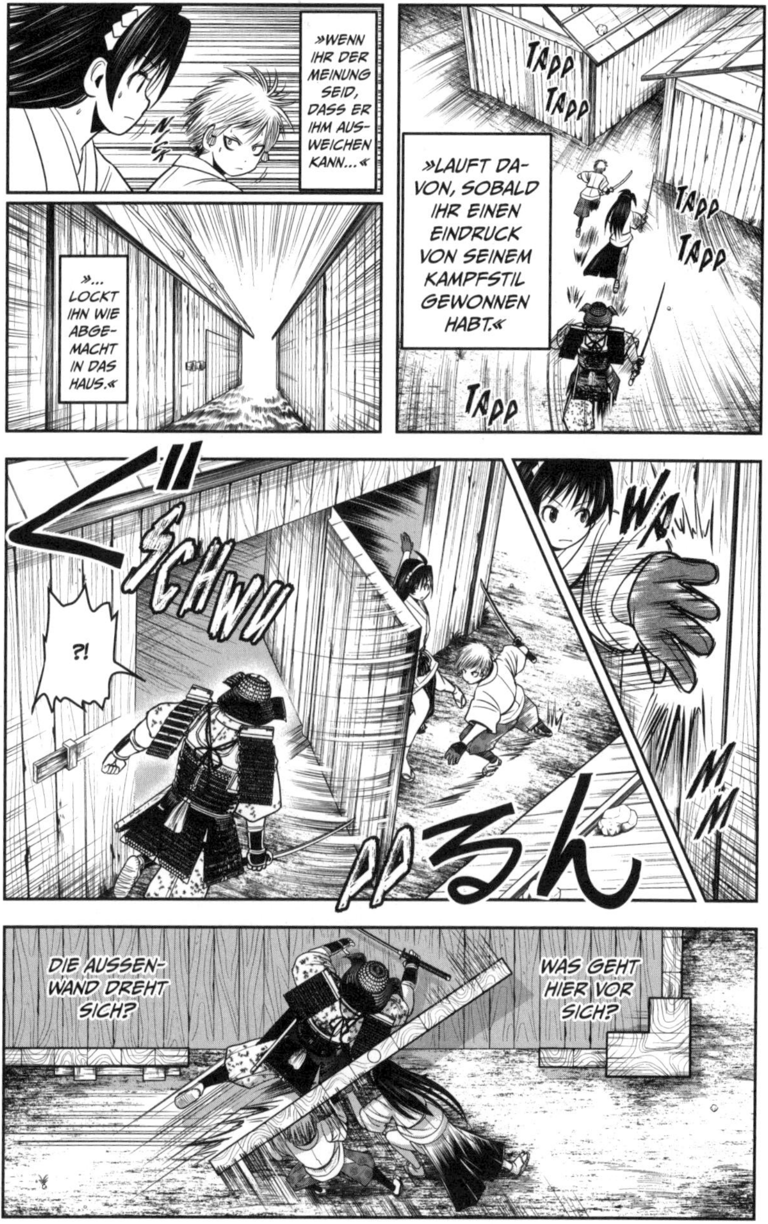
TAPP
TAPP
»LAUFT DAVON, SOBALD IHR EINEN EINDRUCK VON SEINEM KAMPFSTIL GEWONNEN HABT.«
TAPP
TAPP
TAPP
»WENN IHR DER MEINUNG SEID, DASS ER IHM AUSWEICHEN KANN...«
»... LOCKT IHN WIE ABGEMACHT IN DAS HAUS.«
WA
SCHWUU
?!
WAS GEHT HIER VOR SICH?
DIE AUSSENWAND DREHT SICH?

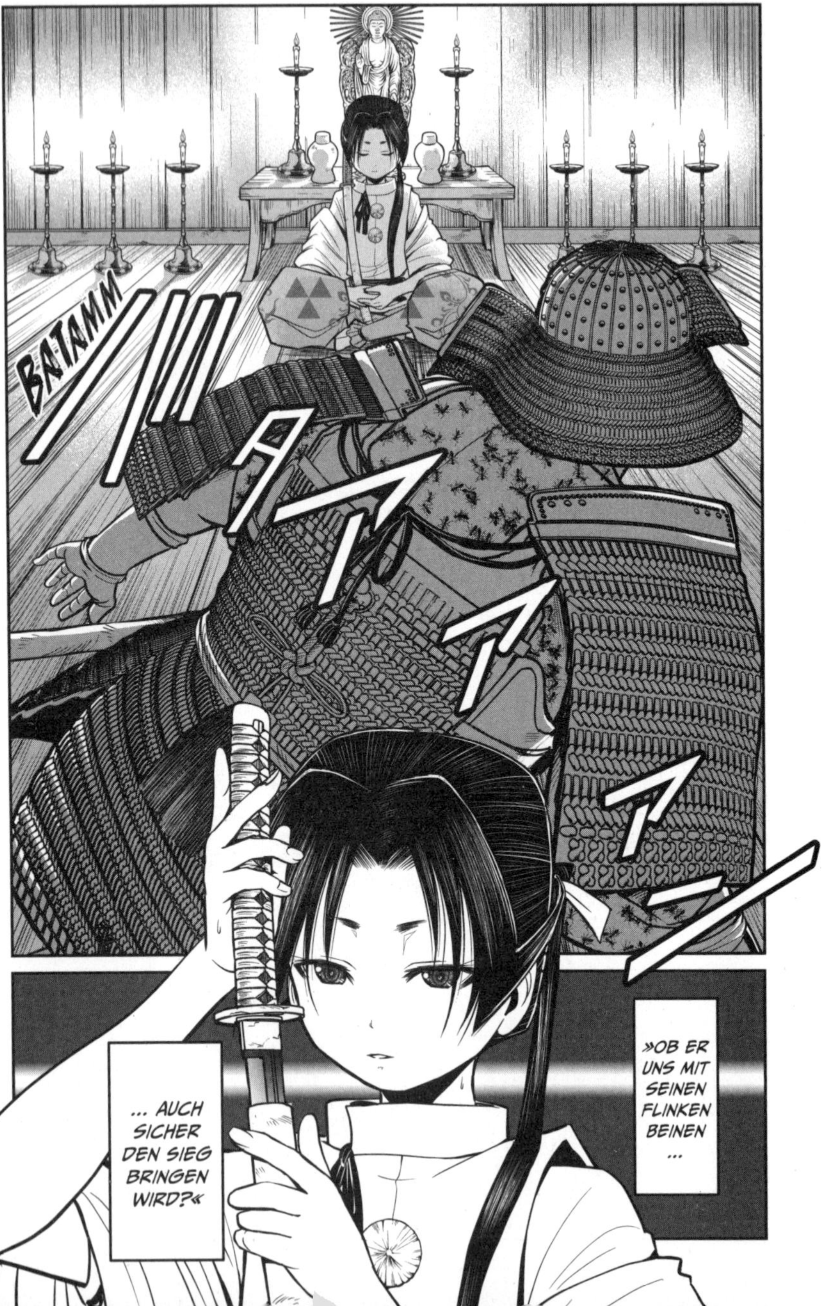
BATAMM
»OB ER UNS MIT SEINEN FLINKEN BEINEN ...
... AUCH SICHER DEN SIEG BRINGEN WIRD?«

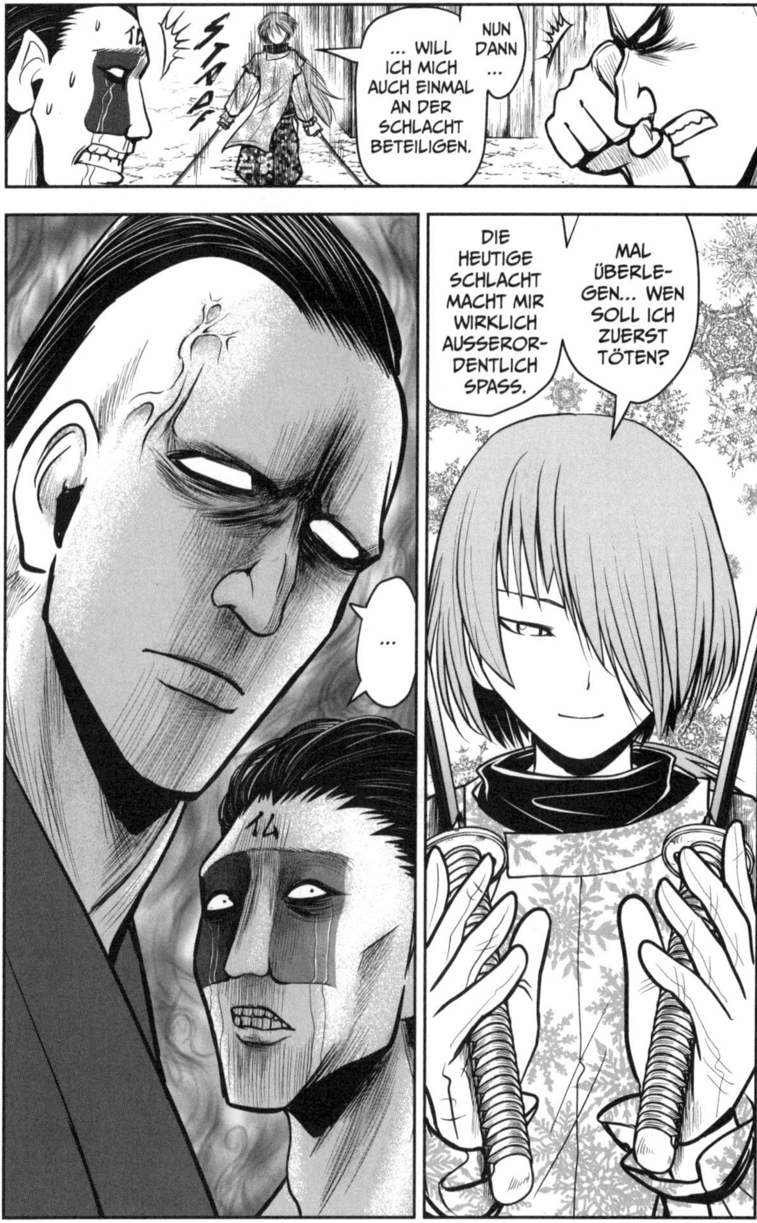
NUN DANN ...
... WILL ICH MICH AUCH EINMAL AN DER SCHLACHT BETEILIGEN.
STAPF
MAL ÜBERLEGEN... WEN SOLL ICH ZUERST TÖTEN?
DIE HEUTIGE SCHLACHT MACHT MIR WIRKLICH AUSSERORDENTLICH SPASS.
...

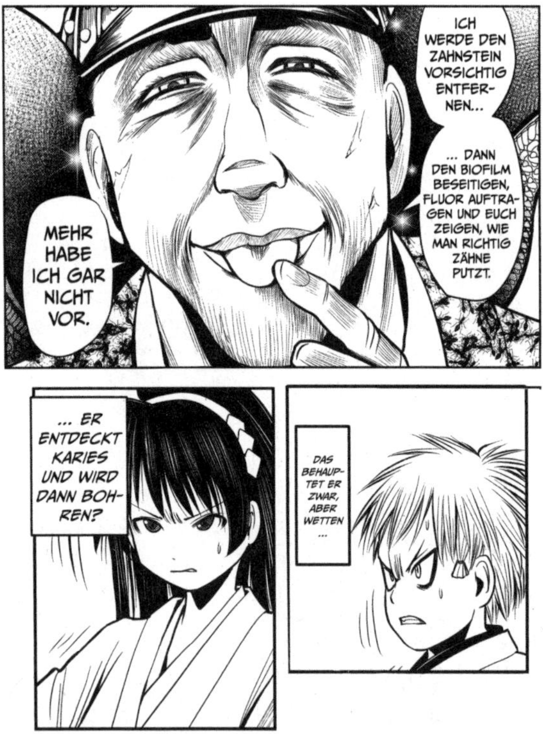
ICH WERDE DEN ZAHNSTEIN VORSICHTIG ENTFER-NEN...
... DANN DEN BIOFILM BESEITIGEN, FLUOR AUFTRA-GEN UND EUCH ZEIGEN, WIE MAN RICHTIG ZÄHNE PUTZT.
MEHR HABE ICH GAR NICHT VOR.
DAS BEHAUP-TET ER ZWAR, ABER WETTEN ...
... ER ENTDECKT KARIES UND WIRD DANN BOH-REN?

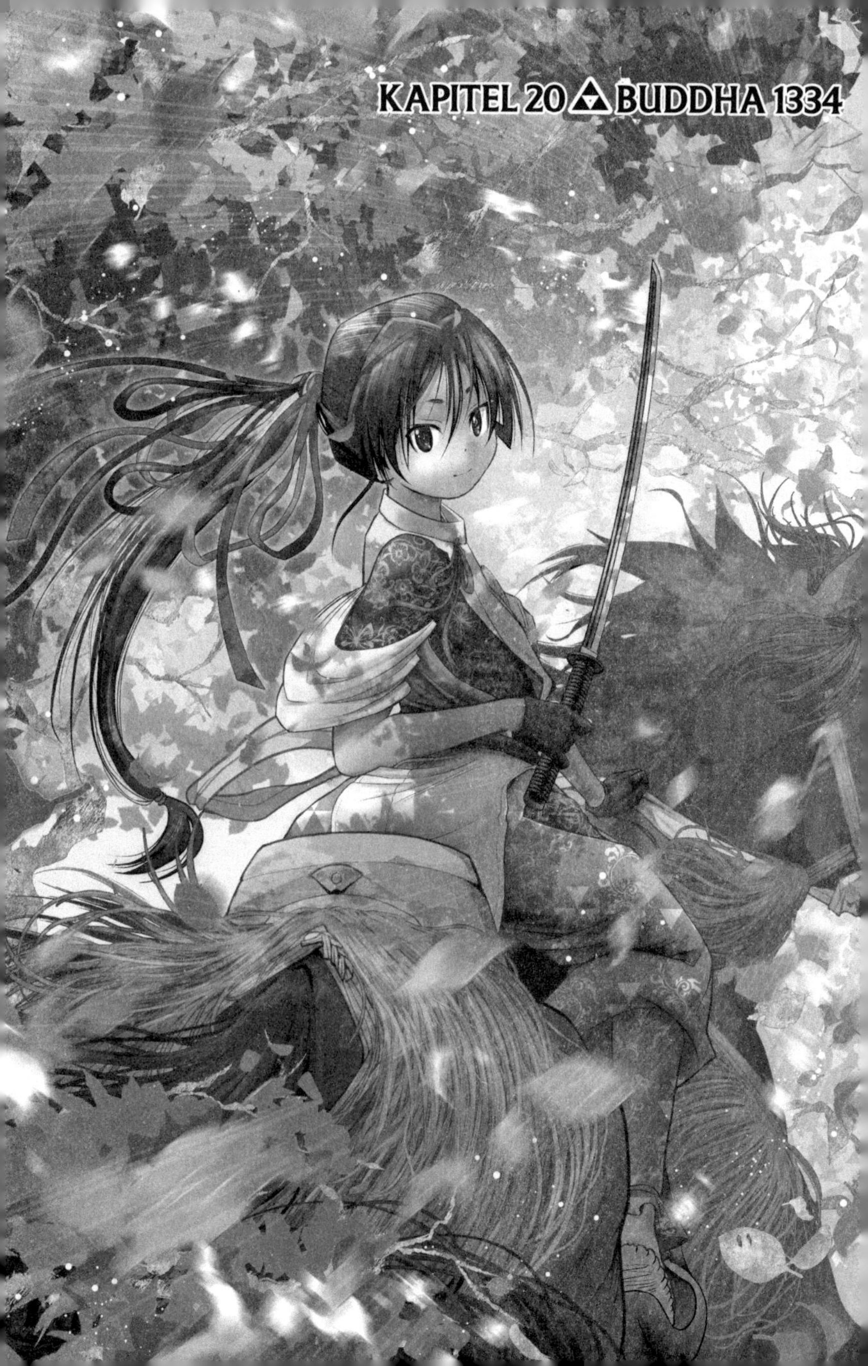
KAPITEL 20 BUDDHA 1334

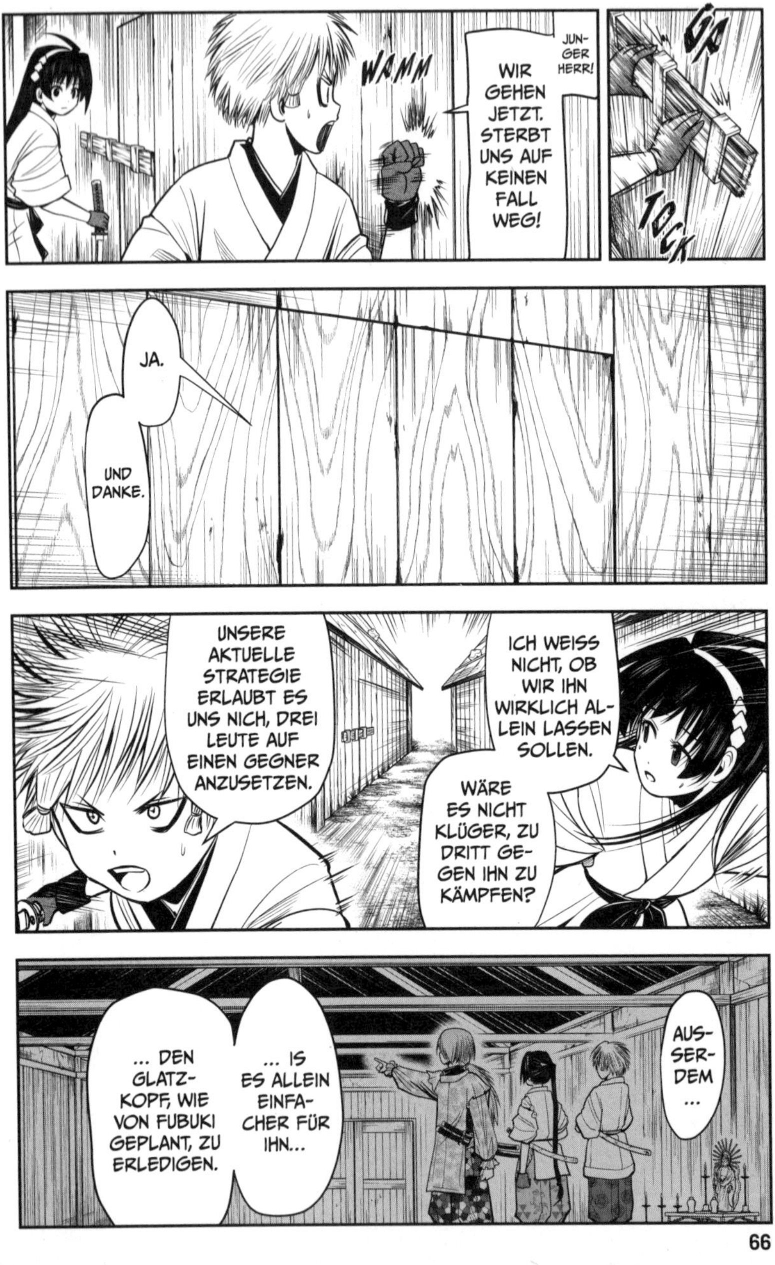
GA
TOCK
JUNGER HERR!
WIR GEHEN JETZT. STERBT UNS AUF KEINEN FALL WEG!
WAMM
JA.
UND DANKE.
ICH WEISS NICHT, OB WIR IHN WIRKLICH ALLEIN LASSEN SOLLEN.
WÄRE ES NICHT KLÜGER, ZU DRITT GEGEN IHN ZU KÄMPFEN?
UNSERE AKTUELLE STRATEGIE ERLAUBT ES UNS NICH, DREI LEUTE AUF EINEN GEGNER ANZUSETZEN.
AUSSERDEM …
… IS ES ALLEIN EINFACHER FÜR IHN…
… DEN GLATZKOPF, WIE VON FUBUKI GEPLANT, ZU ERLEDIGEN.

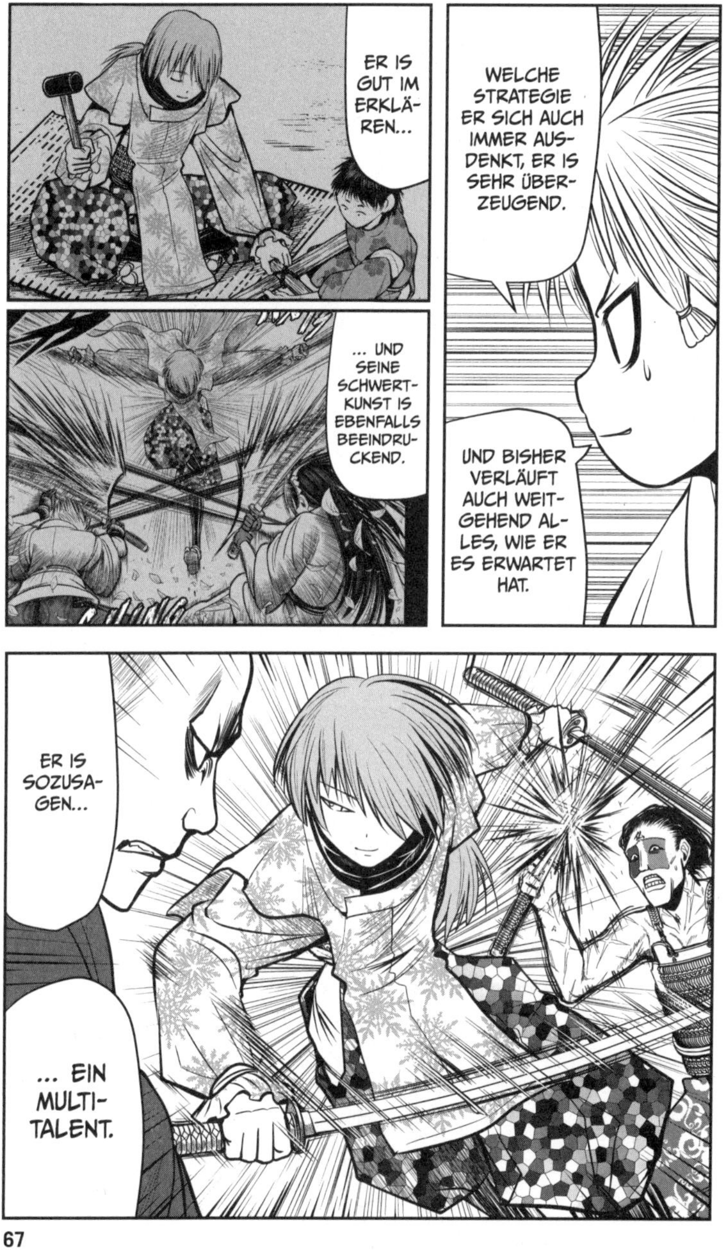
WELCHE STRATEGIE ER SICH AUCH IMMER AUSDENKT, ER IS SEHR ÜBERZEUGEND.
ER IS GUT IM ERKLÄREN...
UND BISHER VERLÄUFT AUCH WEITGEHEND ALLES, WIE ER ES ERWARTET HAT.
... UND SEINE SCHWERTKUNST IS EBENFALLS BEEINDRUCKEND.
ER IS SOZUSAGEN...
... EIN MULTITALENT.

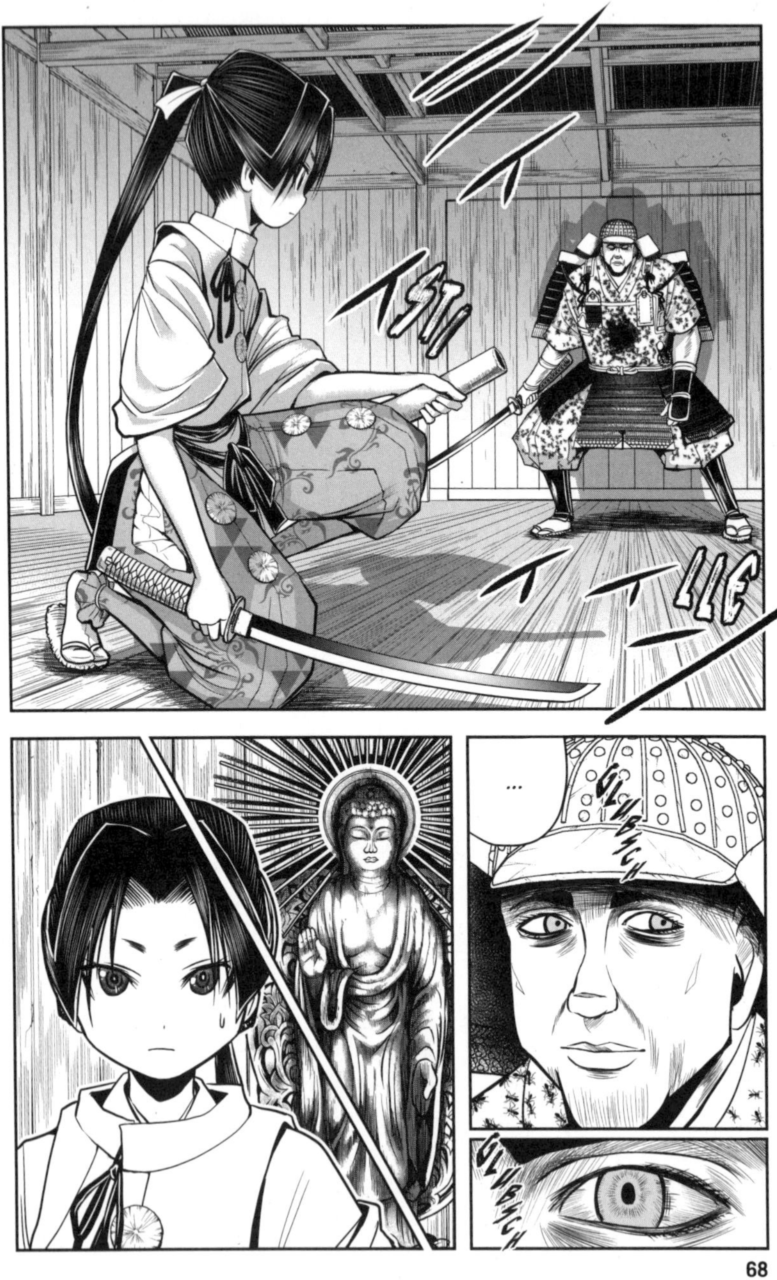
STI
LLE
...
GLUBSCH
GLUBSCH

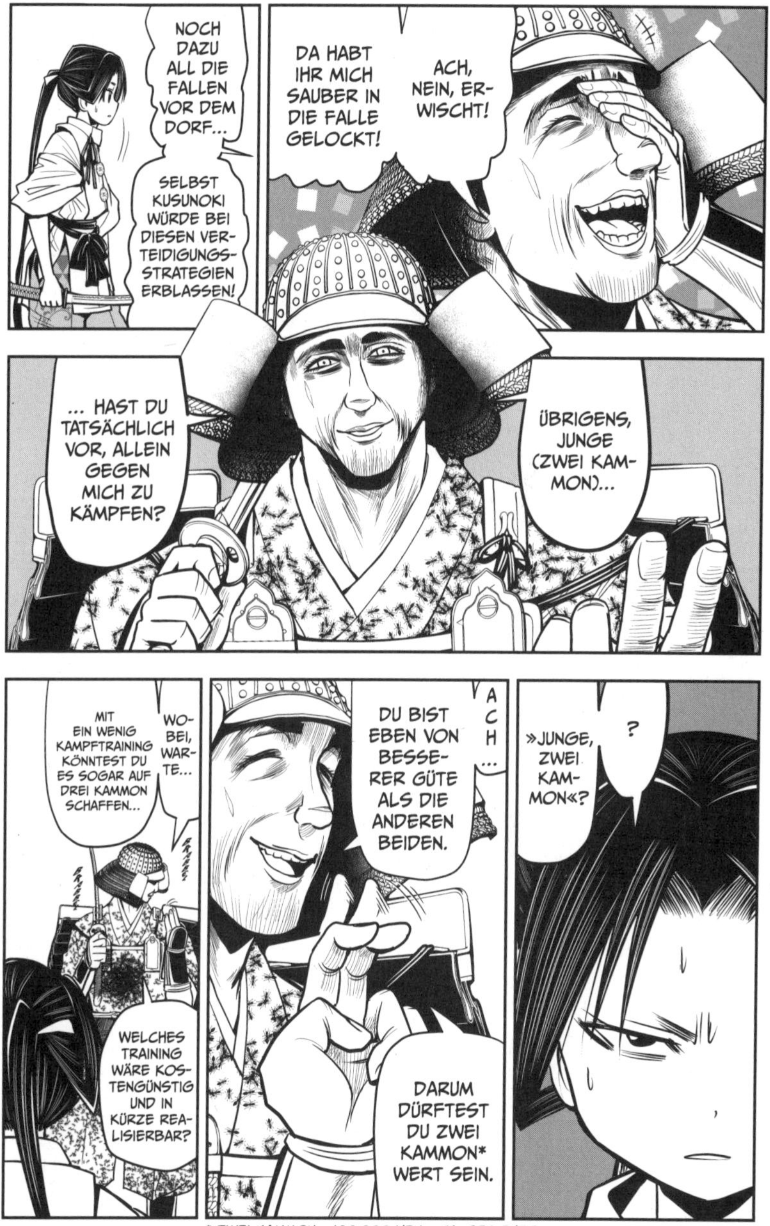

* ZWEI KAMMON = 100.000 YEN = CA. 650 EURO

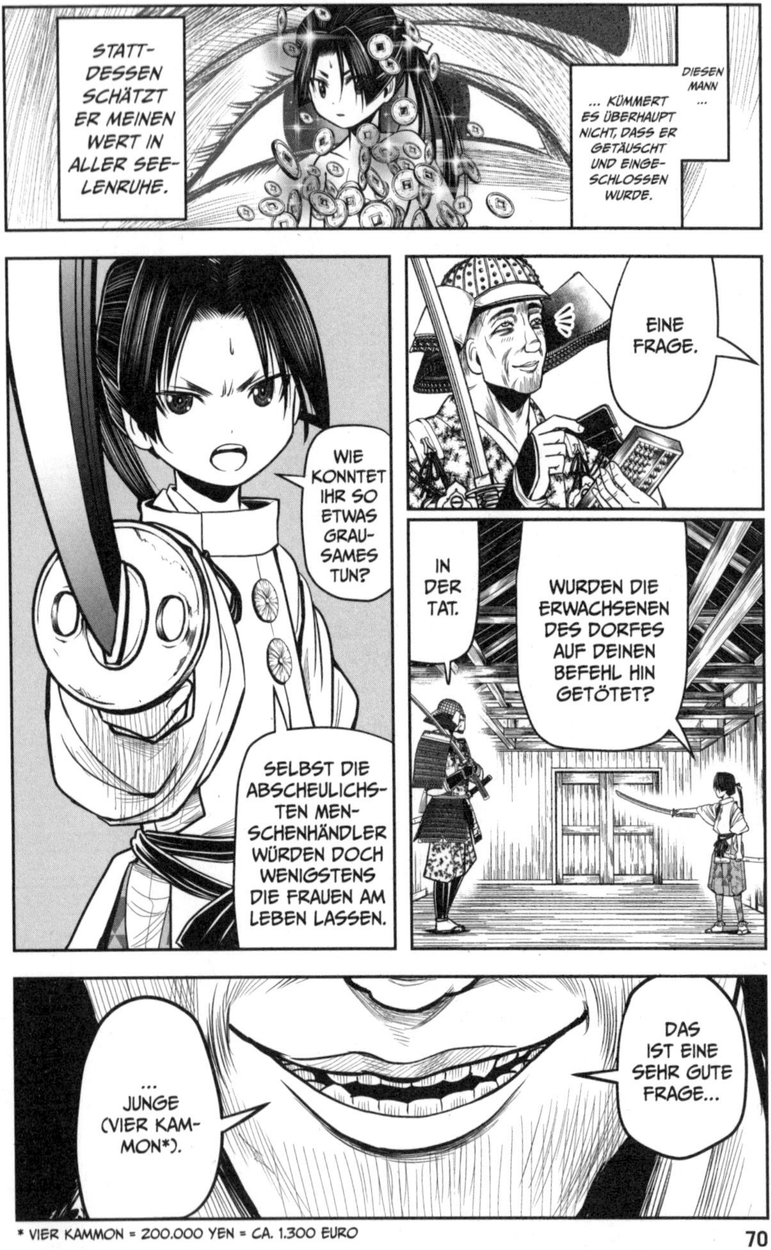

* VIER KAMMON = 200.000 YEN = CA. 1.300 EURO

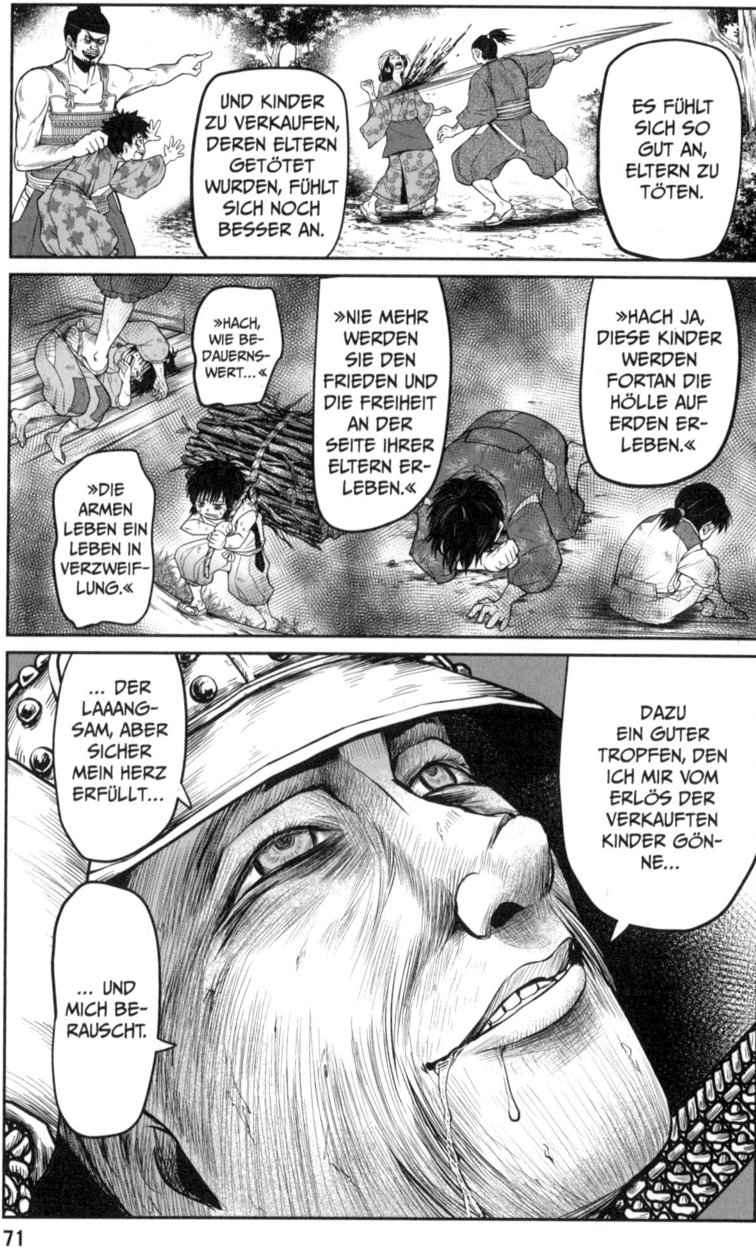
ES FÜHLT SICH SO GUT AN, ELTERN ZU TÖTEN.
UND KINDER ZU VERKAUFEN, DEREN ELTERN GETÖTET WURDEN, FÜHLT SICH NOCH BESSER AN.
»HACH JA, DIESE KINDER WERDEN FORTAN DIE HÖLLE AUF ERDEN ERLEBEN.«
»NIE MEHR WERDEN SIE DEN FRIEDEN UND DIE FREIHEIT AN DER SEITE IHRER ELTERN ERLEBEN.«
»HACH, WIE BEDAUERNSWERT...«
»DIE ARMEN LEBEN EIN LEBEN IN VERZWEIFLUNG.«
DAZU EIN GUTER TROPFEN, DEN ICH MIR VOM ERLÖS DER VERKAUFTEN KINDER GÖNNE...
... DER LAAANGSAM, ABER SICHER MEIN HERZ ERFÜLLT...
... UND MICH BERAUSCHT.

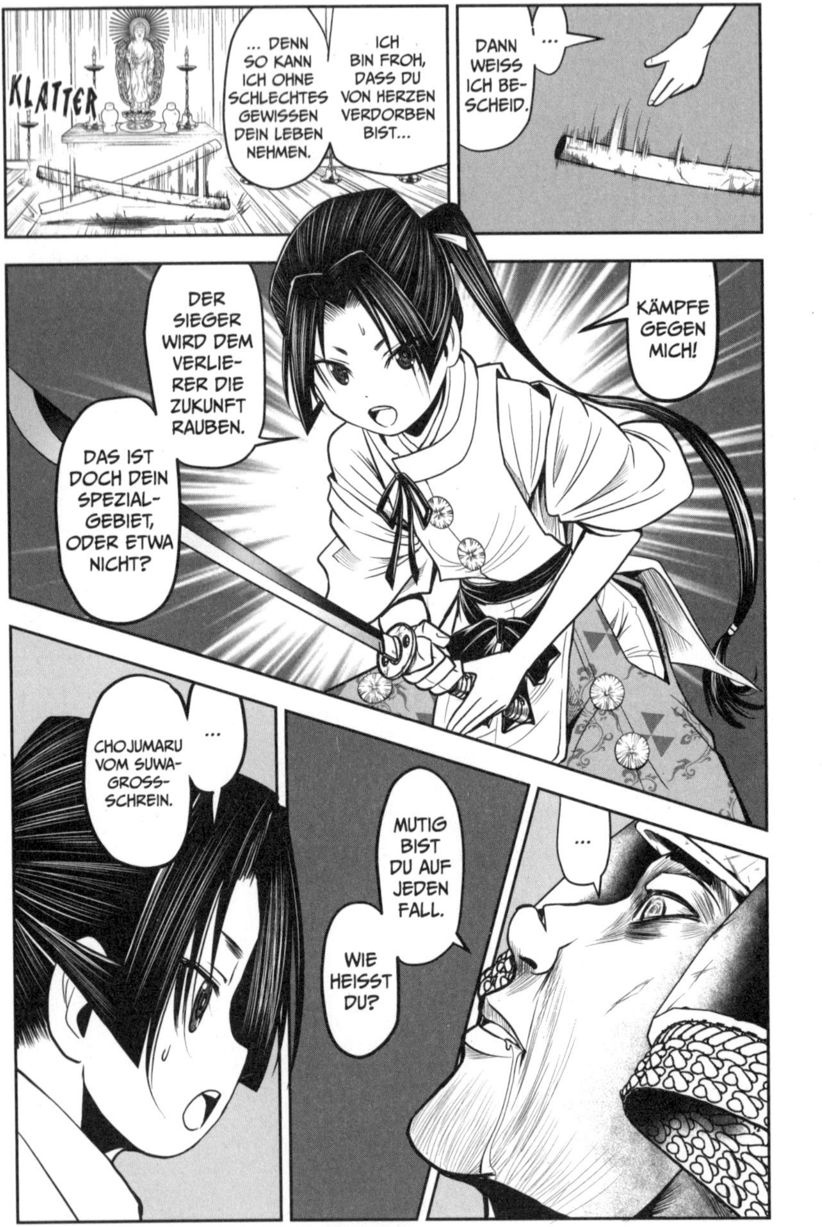
...
DANN WEISS ICH BESCHEID.
ICH BIN FROH, DASS DU VON HERZEN VERDORBEN BIST...
... DENN SO KANN ICH OHNE SCHLECHTES GEWISSEN DEIN LEBEN NEHMEN.
KLATTER
KÄMPFE GEGEN MICH!
DER SIEGER WIRD DEM VERLIERER DIE ZUKUNFT RAUBEN.
DAS IST DOCH DEIN SPEZIALGEBIET, ODER ETWA NICHT?
...
MUTIG BIST DU AUF JEDEN FALL.
WIE HEISST DU?
...
CHOJUMARU VOM SUWA-GROSS-SCHREIN.

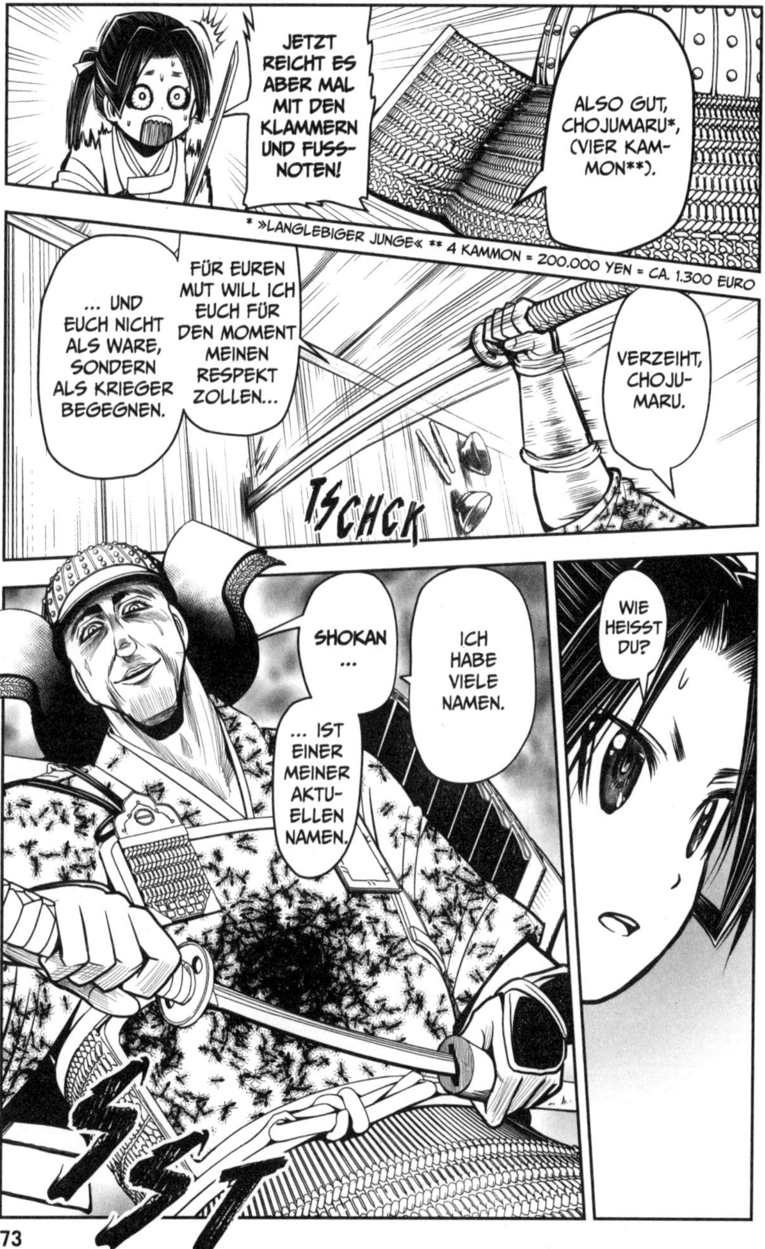
ALSO GUT, CHOJUMARU*, (VIER KAMMON**).
JETZT REICHT ES ABER MAL MIT DEN KLAMMERN UND FUSSNOTEN!
* »LANGLEBIGER JUNGE« ** 4 KAMMON = 200.000 YEN = CA. 1.300 EURO
VERZEIHT, CHOJUMARU.
FÜR EUREN MUT WILL ICH EUCH FÜR DEN MOMENT MEINEN RESPEKT ZOLLEN...
... UND EUCH NICHT ALS WARE, SONDERN ALS KRIEGER BEGEGNEN.
TSCHCK
WIE HEISST DU?
ICH HABE VIELE NAMEN.
SHOKAN ...
... IST EINER MEINER AKTUELLEN NAMEN.
SST

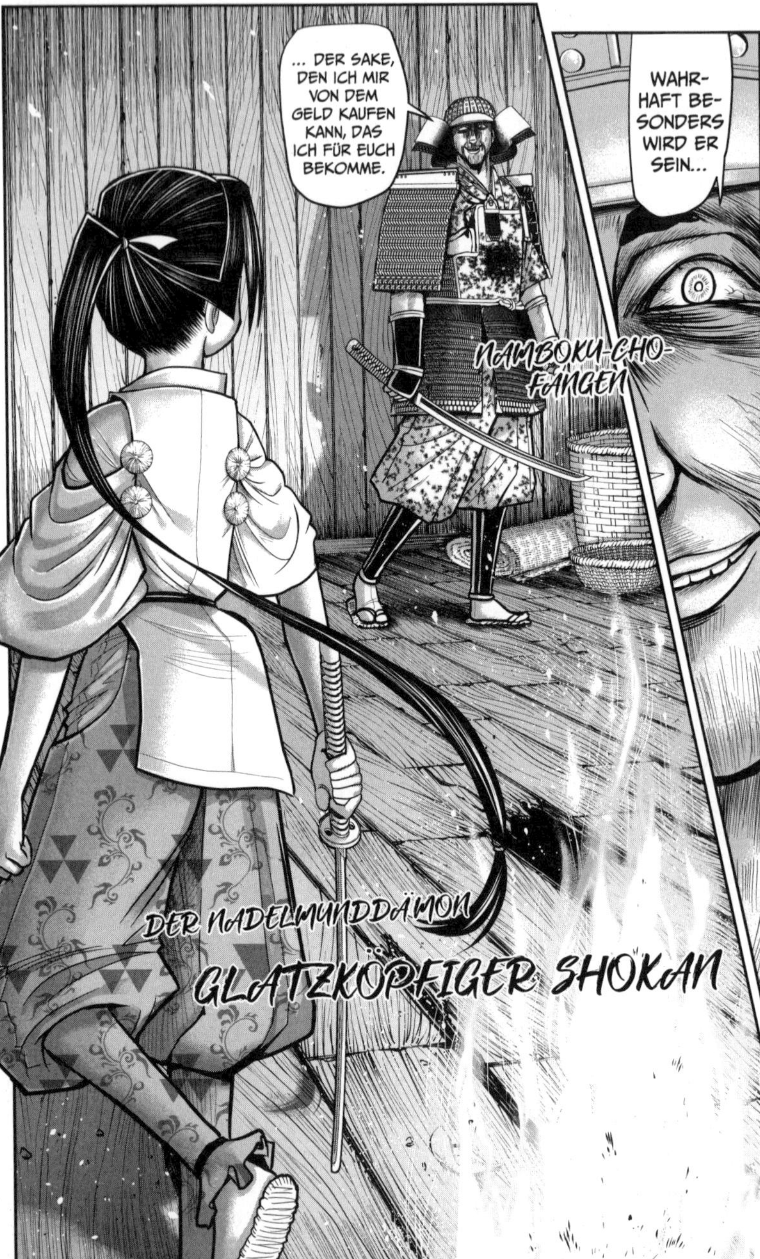
WAHRHAFT BESONDERS WIRD ER SEIN...
... DER SAKE, DEN ICH MIR VON DEM GELD KAUFEN KANN, DAS ICH FÜR EUCH BEKOMME.
NAMBOKU-CHO-FÄNGEN
DER NADELMUNDDÄMON
GLATZKÖPFIGER SHOKAN

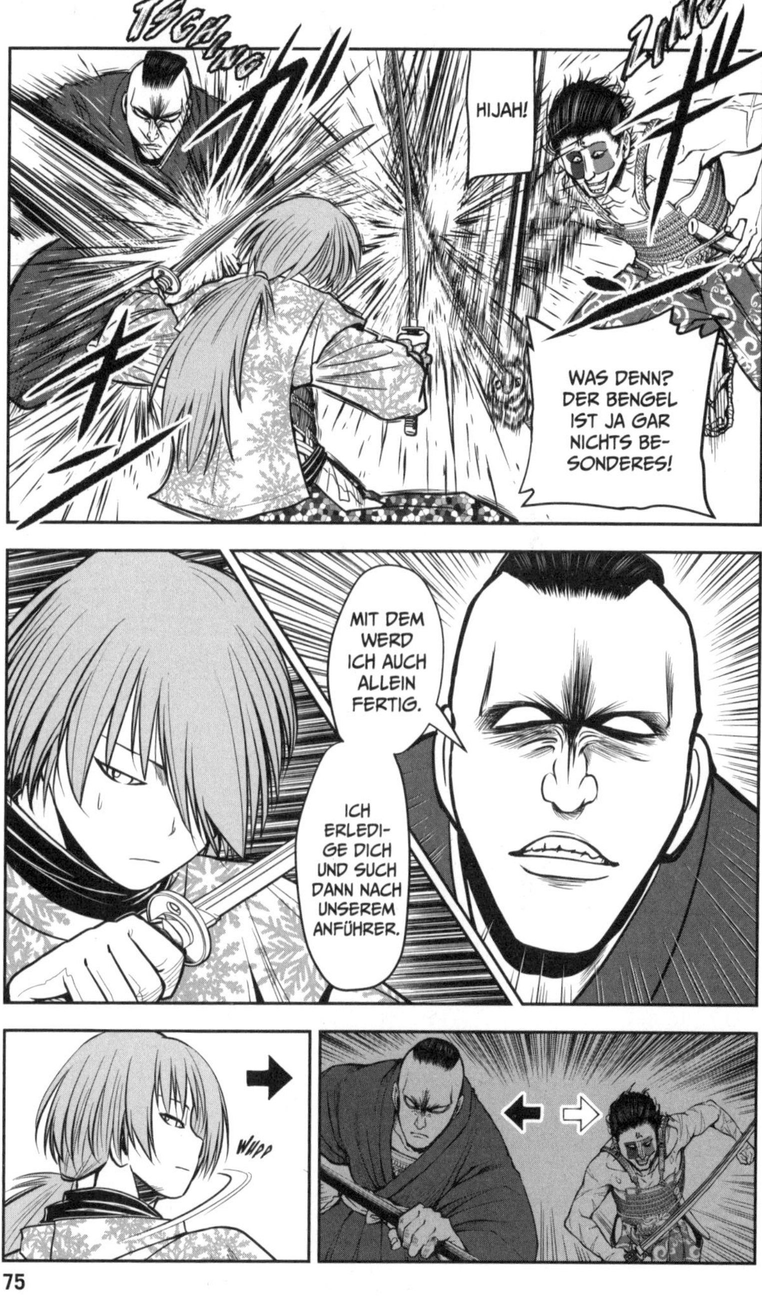
ZING
HIJAH!
TSCHING
WAS DENN? DER BENGEL IST JA GAR NICHTS BESONDERES!
MIT DEM WERD ICH AUCH ALLEIN FERTIG.
ICH ERLEDIGE DICH UND SUCH DANN NACH UNSEREM ANFÜHRER.
WUPP

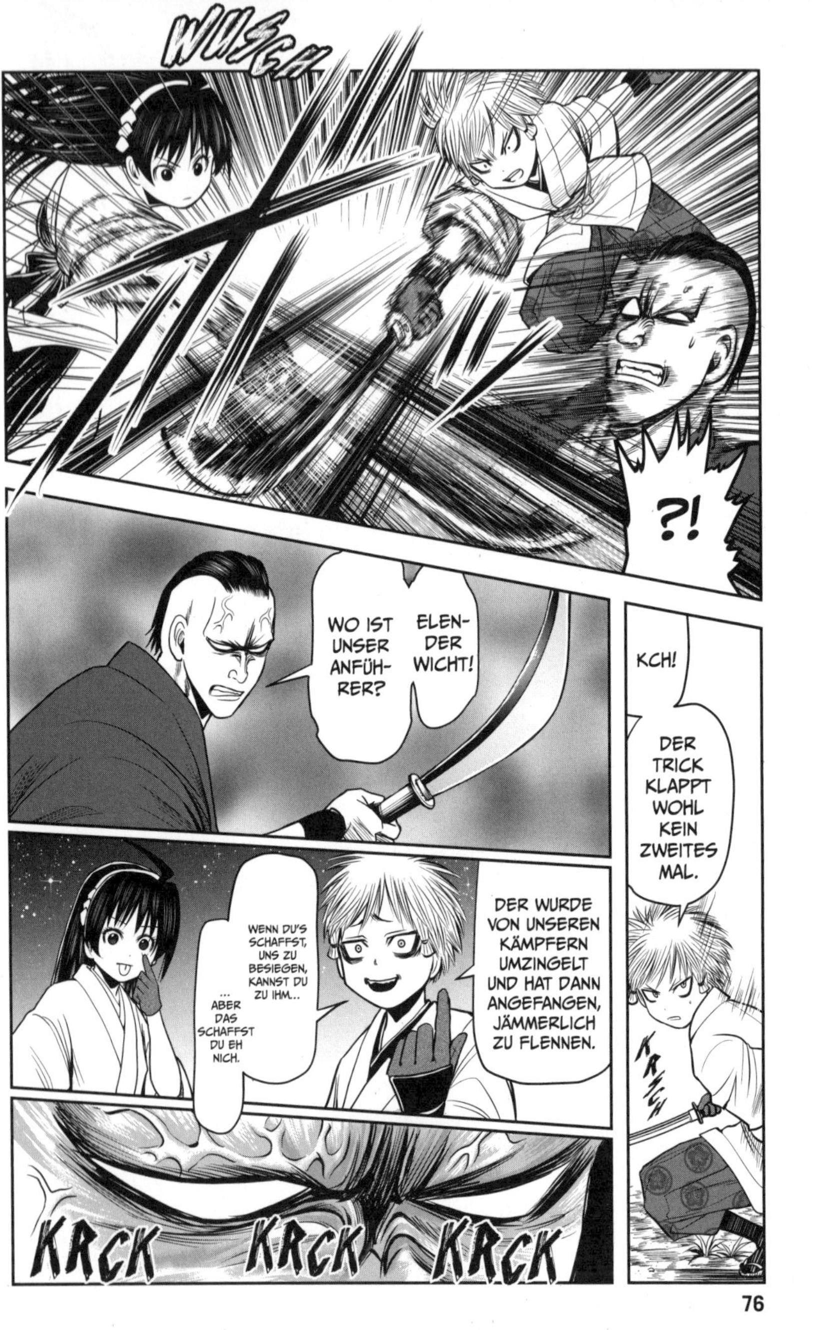

WUSCH
?!
KCH!
DER TRICK KLAPPT WOHL KEIN ZWEITES MAL.
ELENDER WICHT!
WO IST UNSER ANFÜHRER?
DER WURDE VON UNSEREN KÄMPFERN UMZINGELT UND HAT DANN ANGEFANGEN, JÄMMERLICH ZU FLENNEN.
WENN DU'S SCHAFFST, UNS ZU BESIEGEN, KANNST DU ZU IHM…
… ABER DAS SCHAFFST DU EH NICH.
KRCH
KRCK KRCK KRCK

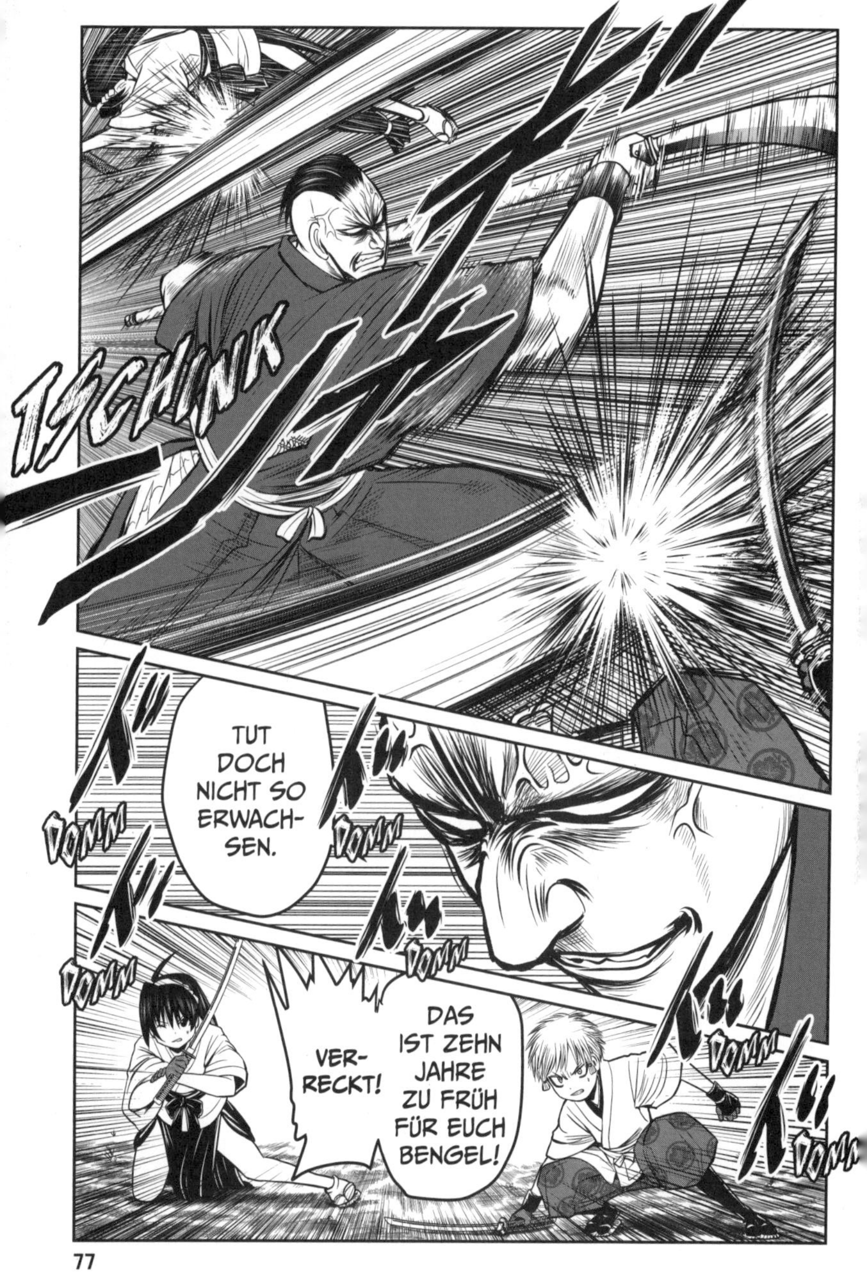
TSCHINK
TUT DOCH NICHT SO ERWACH-SEN.
DOMM DOMM DOMM DOMM
DOMM DOMM
DAS IST ZEHN JAHRE ZU FRÜH FÜR EUCH BENGEL!
VER-RECKT!

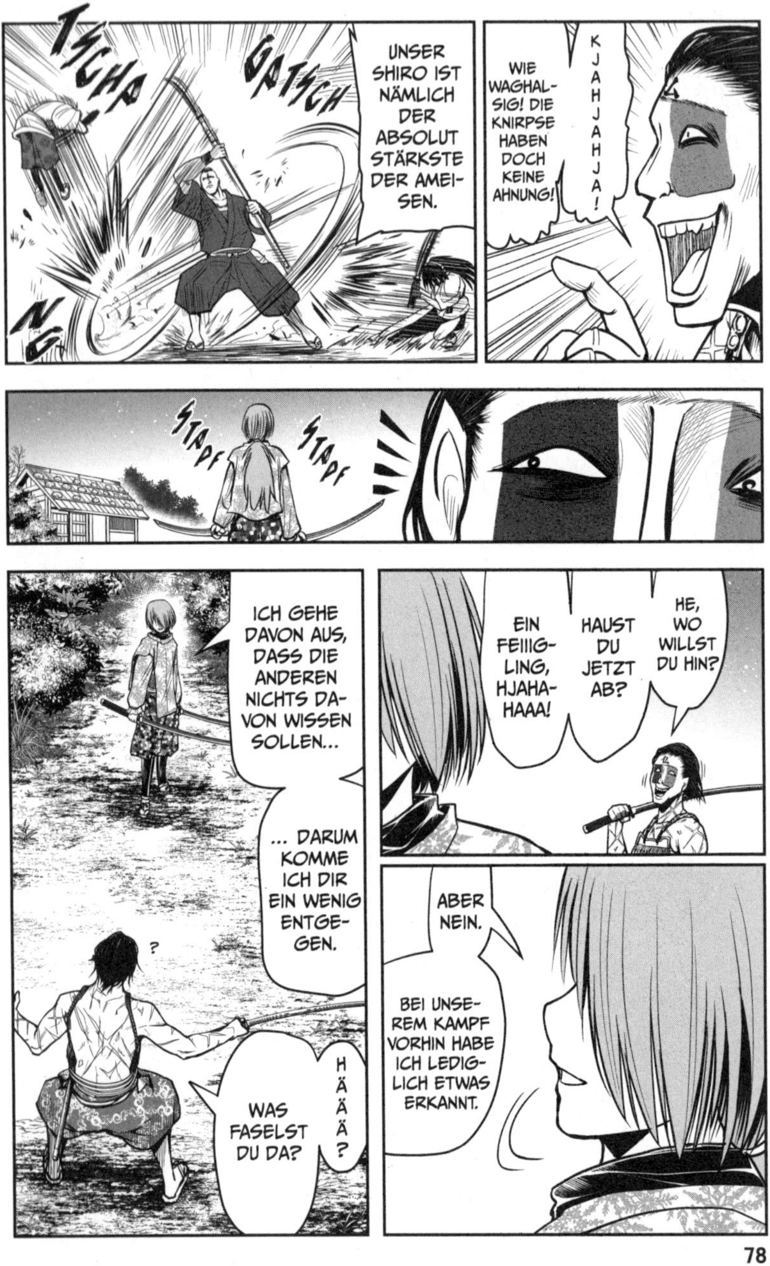
KJAHJAHJA!
WIE WAGHALSIG! DIE KNIRPSE HABEN DOCH KEINE AHNUNG!
UNSER SHIRO IST NÄMLICH DER ABSOLUT STÄRKSTE DER AMEISEN.
GATSCH
TSCHAP
NG
STAPF
STAPF
HE, WO WILLST DU HIN?
HAUST DU JETZT AB?
EIN FEIIIGLING, HJAHAHAAA!
ABER NEIN.
BEI UNSEREM KAMPF VORHIN HABE ICH LEDIGLICH ETWAS ERKANNT.
ICH GEHE DAVON AUS, DASS DIE ANDEREN NICHTS DAVON WISSEN SOLLEN...
... DARUM KOMME ICH DIR EIN WENIG ENTGEGEN.
?
HÄÄÄ?
WAS FASELST DU DA?

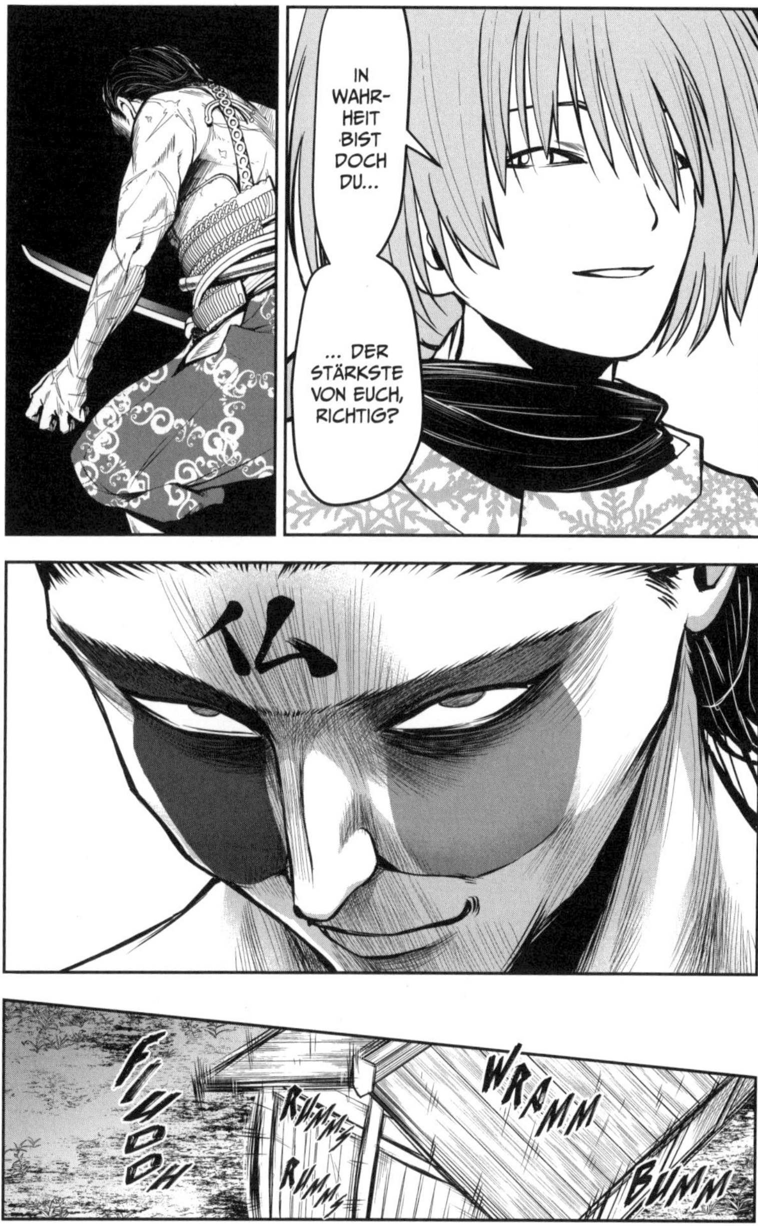
IN WAHRHEIT BIST DOCH DU...
... DER STÄRKSTE VON EUCH, RICHTIG?
WRAMM
BUMM
RUMMS
RUMMS
FUOOH

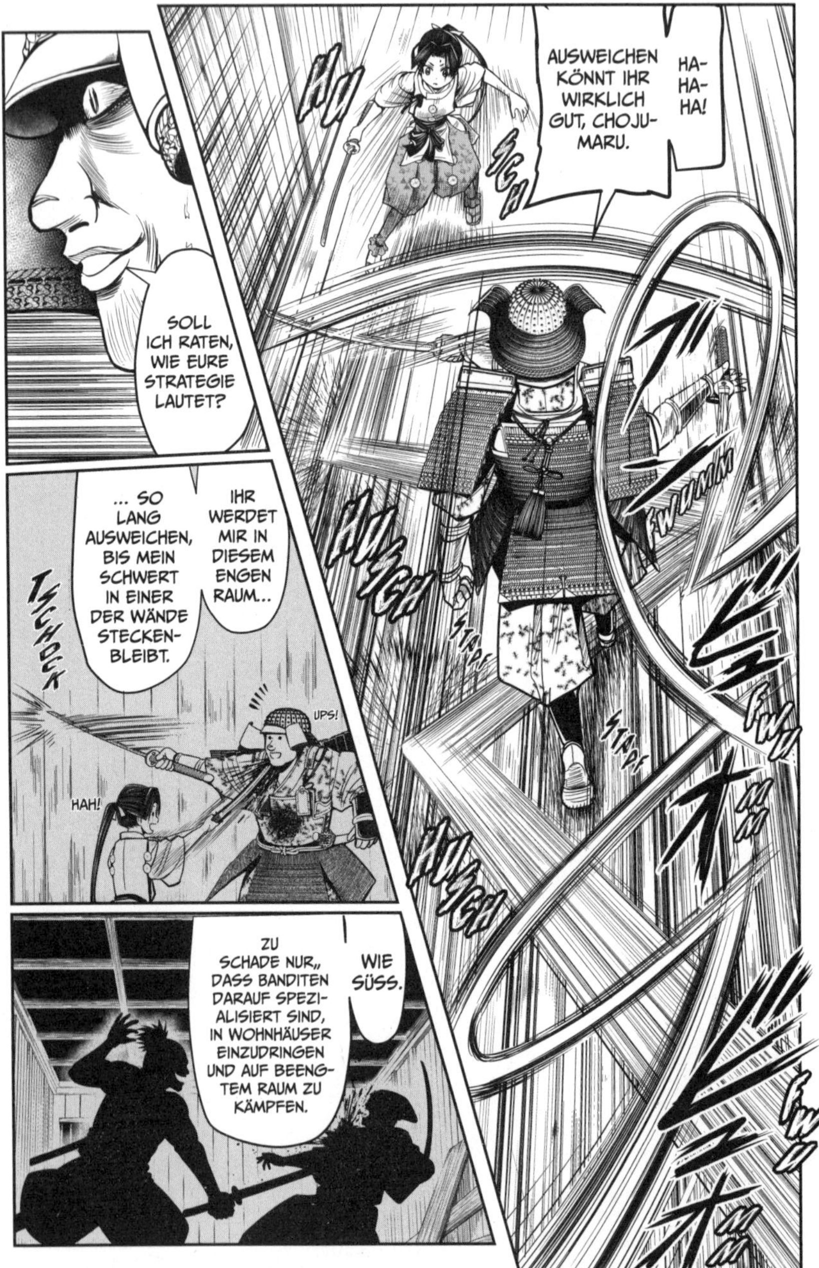
HA-HA-HA!
AUSWEICHEN KÖNNT IHR WIRKLICH GUT, CHOJUMARU.
SOLL ICH RATEN, WIE EURE STRATEGIE LAUTET?
IHR WERDET MIR IN DIESEM ENGEN RAUM…
… SO LANG AUSWEICHEN, BIS MEIN SCHWERT IN EINER DER WÄNDE STECKENBLEIBT.
UPS!
HAH!
WIE SÜSS.
ZU SCHADE NUR„ DASS BANDITEN DARAUF SPEZIALISIERT SIND, IN WOHNHÄUSER EINZUDRINGEN UND AUF BEENGTEM RAUM ZU KÄMPFEN.

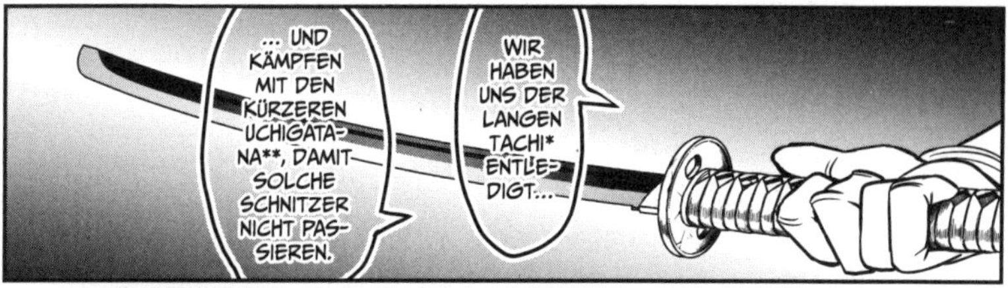

** »HIEBSCHWERT«, CA. 60 CM LANG * »LANGSCHWERT«, CA. 75 CM LANG

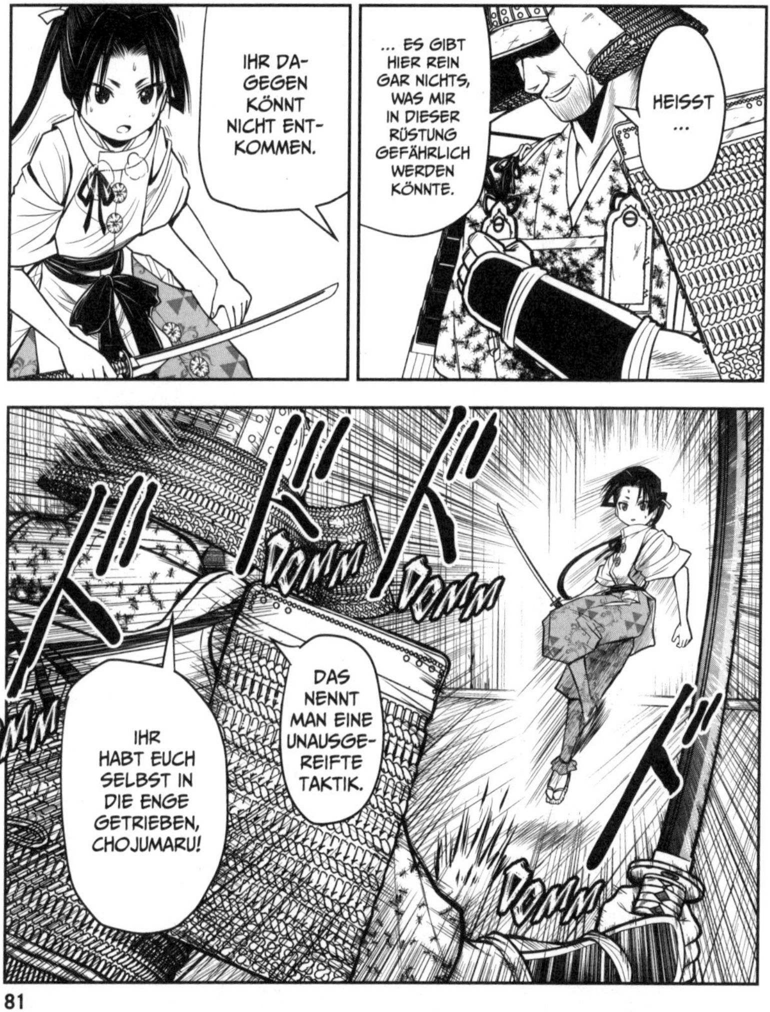

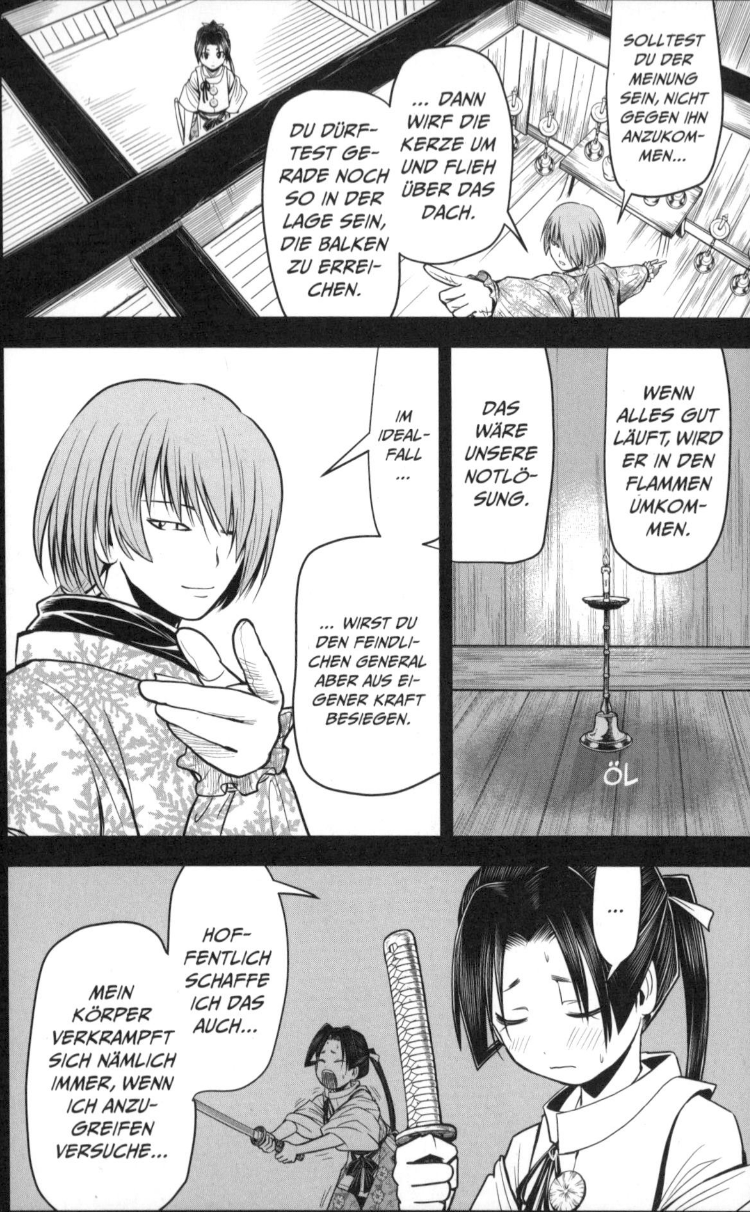
SOLLTEST DU DER MEINUNG SEIN, NICHT GEGEN IHN ANZUKOMMEN...
... DANN WIRF DIE KERZE UM UND FLIEH ÜBER DAS DACH.
DU DÜRFTEST GERADE NOCH SO IN DER LAGE SEIN, DIE BALKEN ZU ERREICHEN.
WENN ALLES GUT LÄUFT, WIRD ER IN DEN FLAMMEN ÜMKOMMEN.
DAS WÄRE UNSERE NOTLÖSUNG.
ÖL
IM IDEALFALL ...
... WIRST DU DEN FEINDLICHEN GENERAL ABER AUS EIGENER KRAFT BESIEGEN.
...
HOFFENTLICH SCHAFFE ICH DAS AUCH...
MEIN KÖRPER VERKRAMPFT SICH NÄMLICH IMMER, WENN ICH ANZUGREIFEN VERSUCHE...

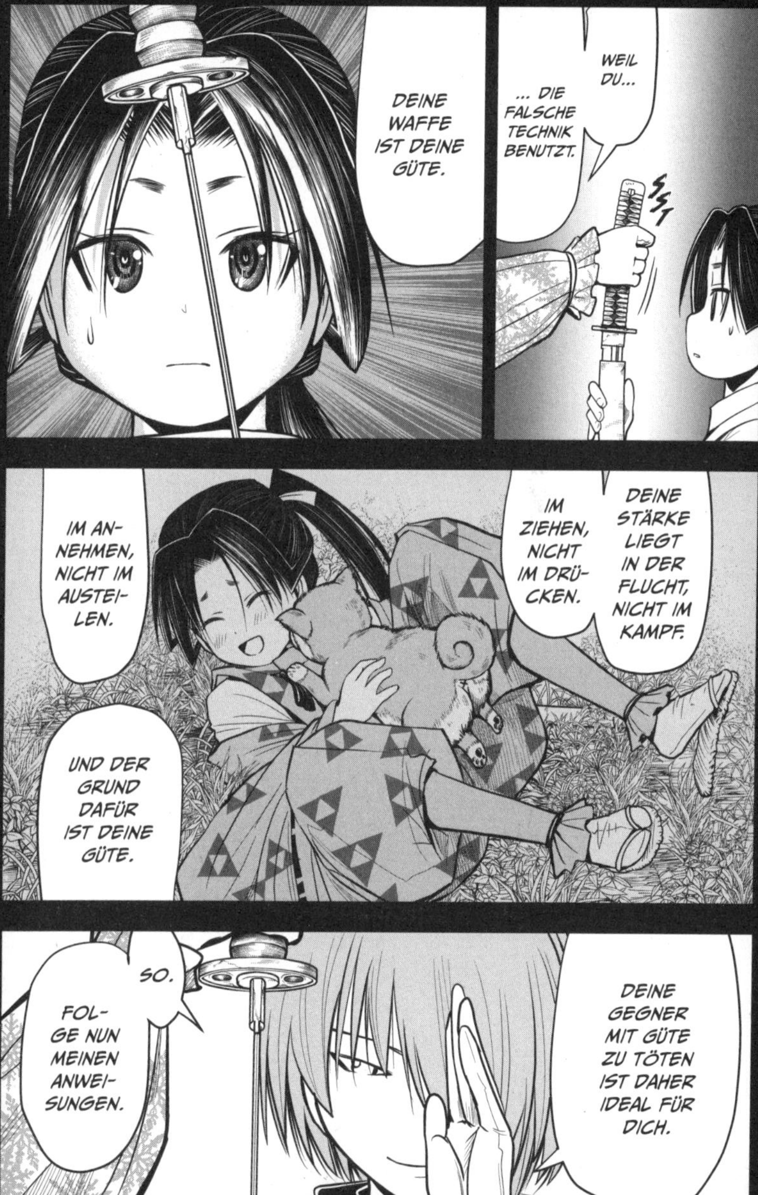
WEIL DU...
... DIE FALSCHE TECHNIK BENUTZT.
DEINE WAFFE IST DEINE GÜTE.
DEINE STÄRKE LIEGT IN DER FLUCHT, NICHT IM KAMPF.
IM ZIEHEN, NICHT IM DRÜCKEN.
IM ANNEHMEN, NICHT IM AUSTEILEN.
UND DER GRUND DAFÜR IST DEINE GÜTE.
DEINE GEGNER MIT GÜTE ZU TÖTEN IST DAHER IDEAL FÜR DICH.
SO.
FOLGE NUN MEINEN ANWEISUNGEN.

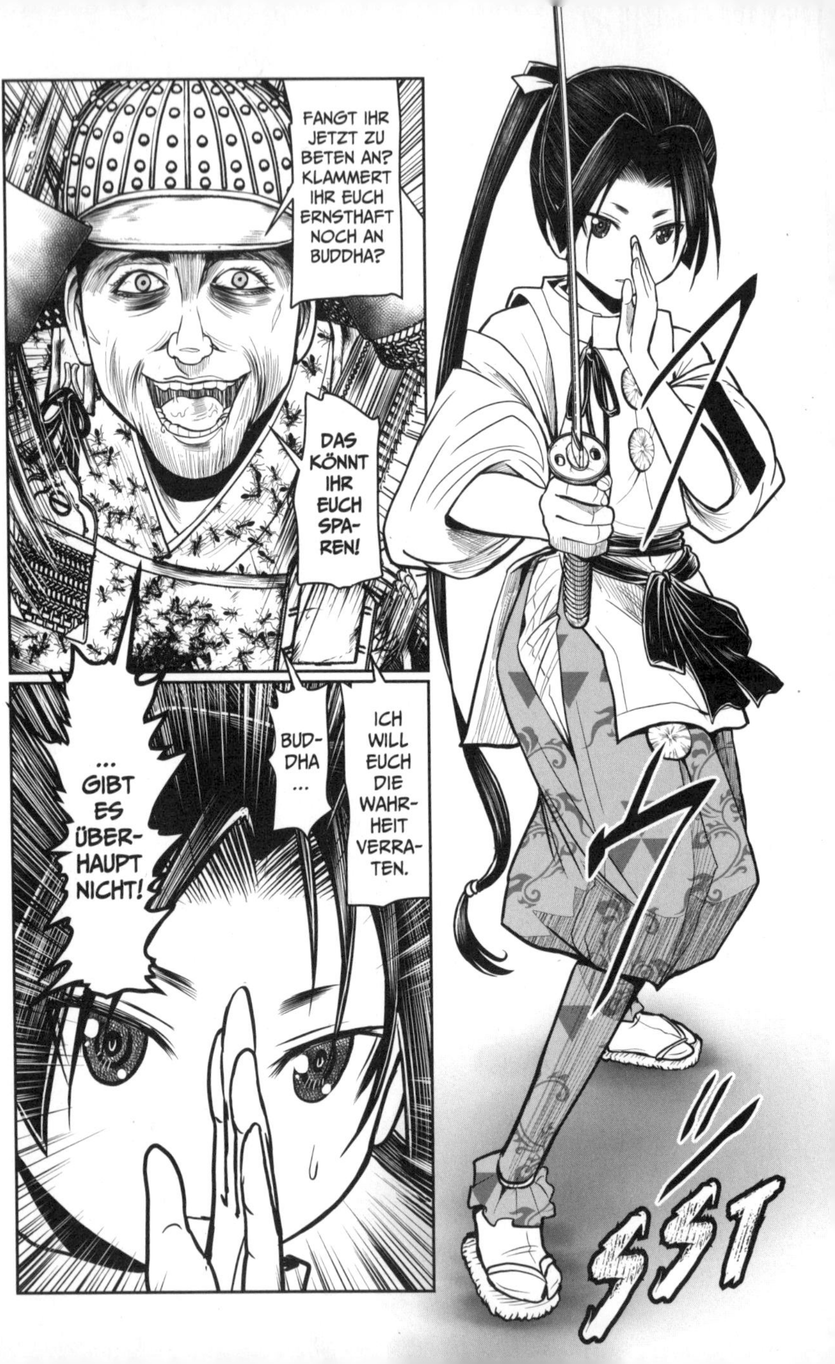
FANGT IHR JETZT ZU BETEN AN? KLAMMERT IHR EUCH ERNSTHAFT NOCH AN BUDDHA?
DAS KÖNNT IHR EUCH SPA-REN!
ICH WILL EUCH DIE WAHR-HEIT VERRA-TEN.
BUD-DHA ...
... GIBT ES ÜBER-HAUPT NICHT!
SST

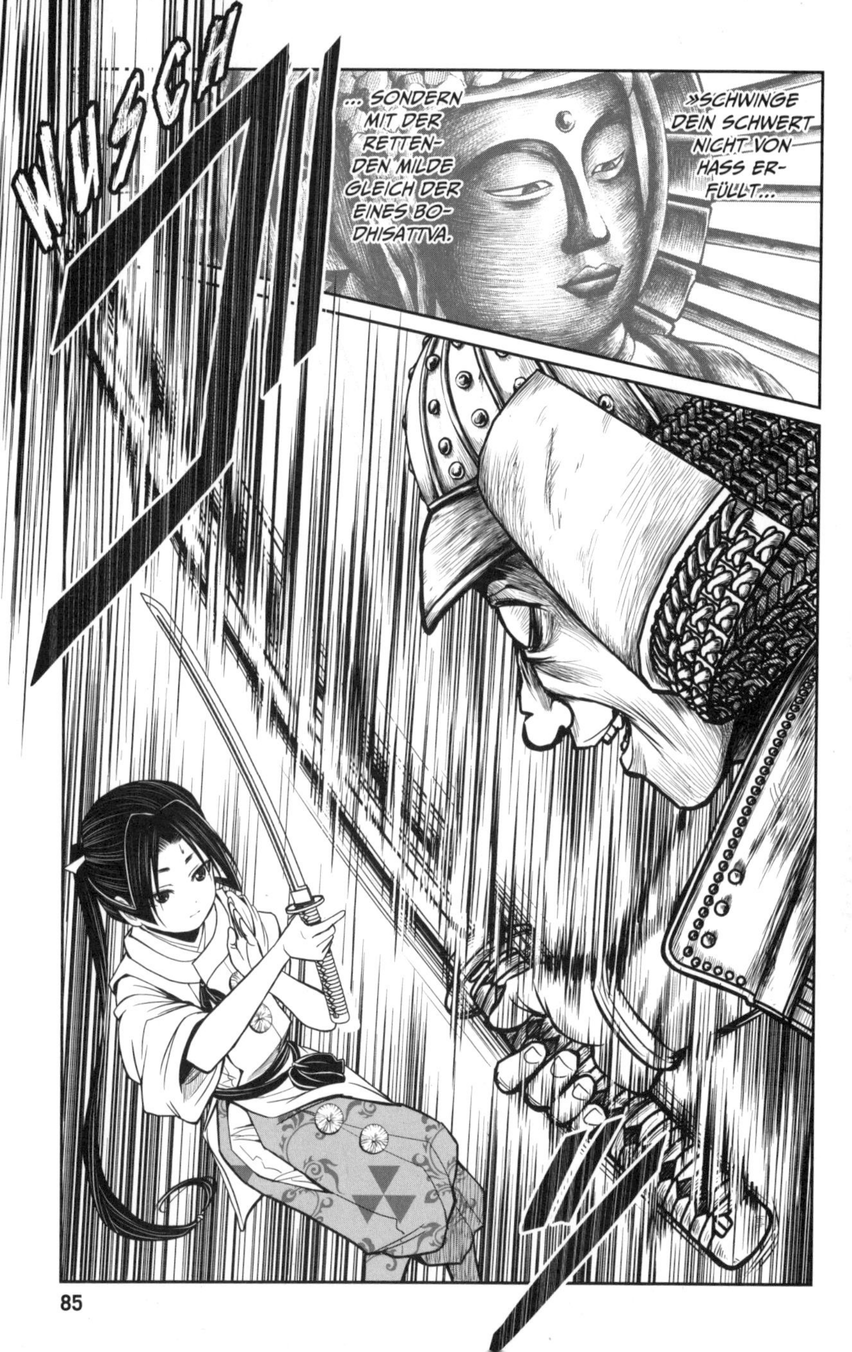
WUSCH
»SCHWINGE DEIN SCHWERT NICHT VON HASS ERFÜLLT…
… SONDERN MIT DER RETTENDEN MILDE GLEICH DER EINES BODHISATTVA.

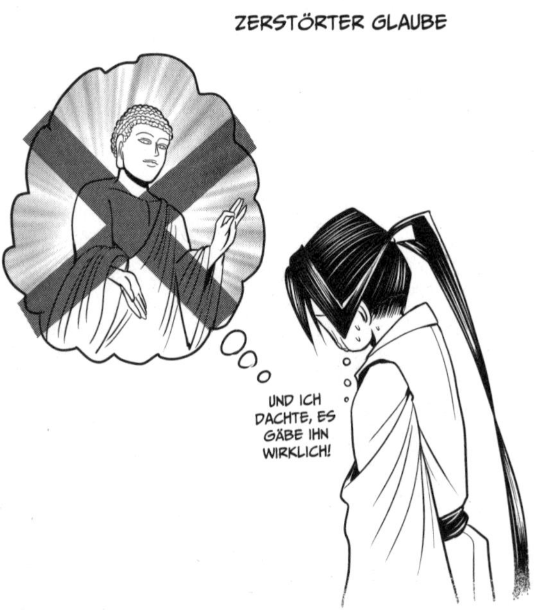
ZERSTÖRTER GLAUBE
UND ICH DACHTE, ES GÄBE IHN WIRKLICH!

KAPITEL 21 ▲ BLUTUNG 1334

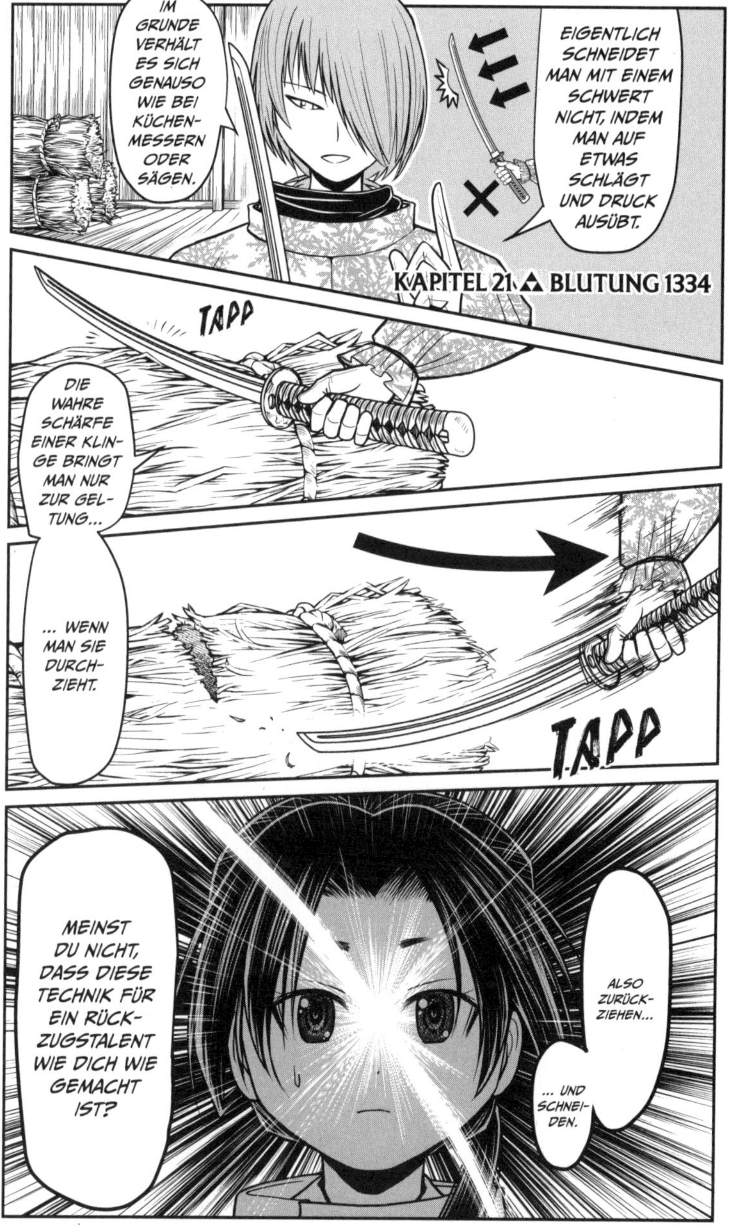

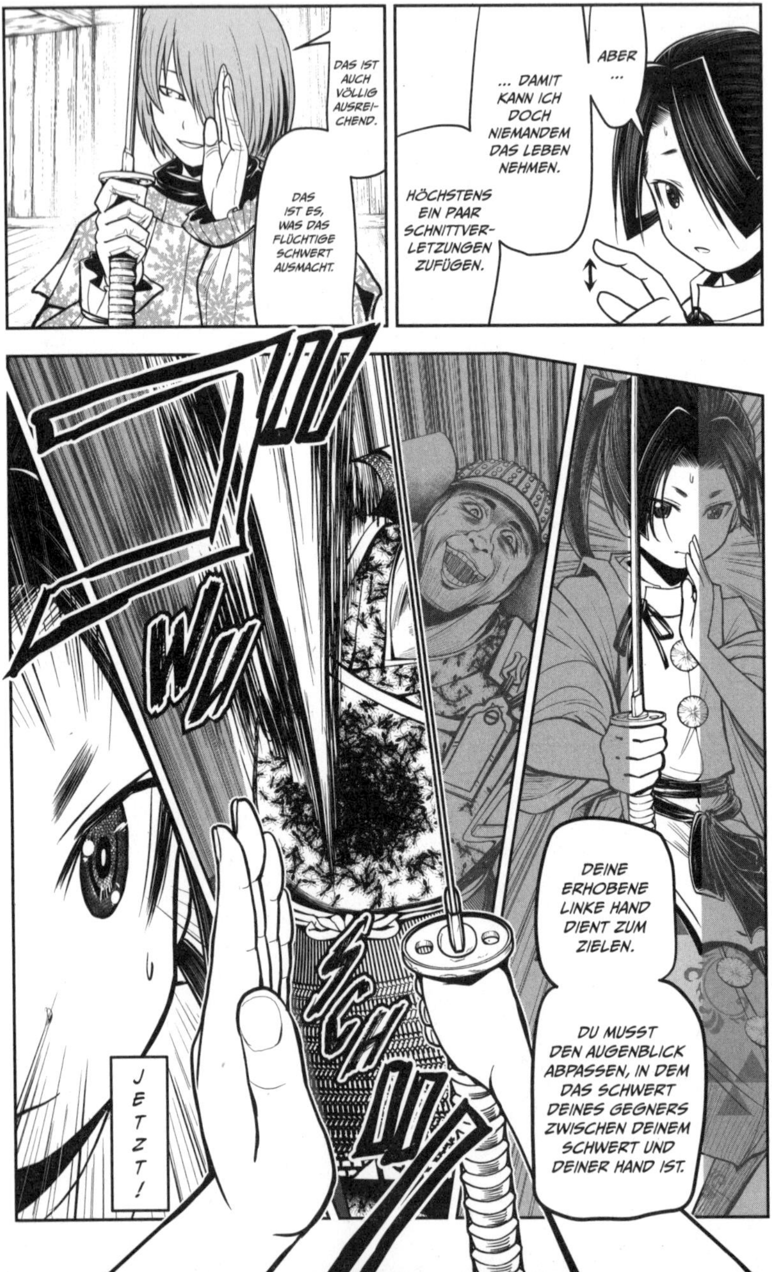

ABER ...
... DAMIT KANN ICH DOCH NIEMANDEM DAS LEBEN NEHMEN.
HÖCHSTENS EIN PAAR SCHNITTVERLETZUNGEN ZUFÜGEN.
DAS IST AUCH VÖLLIG AUSREICHEND.
DAS IST ES, WAS DAS FLÜCHTIGE SCHWERT AUSMACHT.
DEINE ERHOBENE LINKE HAND DIENT ZUM ZIELEN.
DU MUSST DEN AUGENBLICK ABPASSEN, IN DEM DAS SCHWERT DEINES GEGNERS ZWISCHEN DEINEM SCHWERT UND DEINER HAND IST.
JETZT!

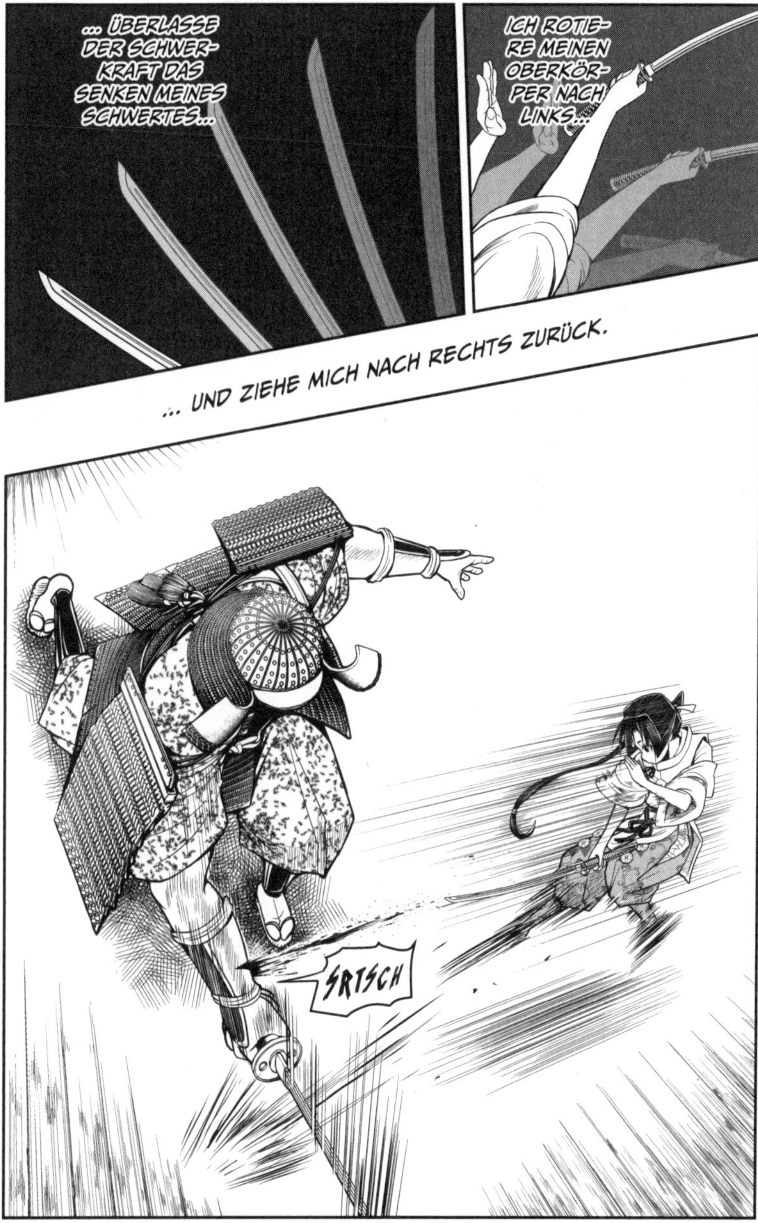
ICH ROTIERE MEINEN OBERKÖRPER NACH LINKS ...
... ÜBERLASSE DER SCHWERKRAFT DAS SENKEN MEINES SCHWERTES ...
... UND ZIEHE MICH NACH RECHTS ZURÜCK.
SRTSCH

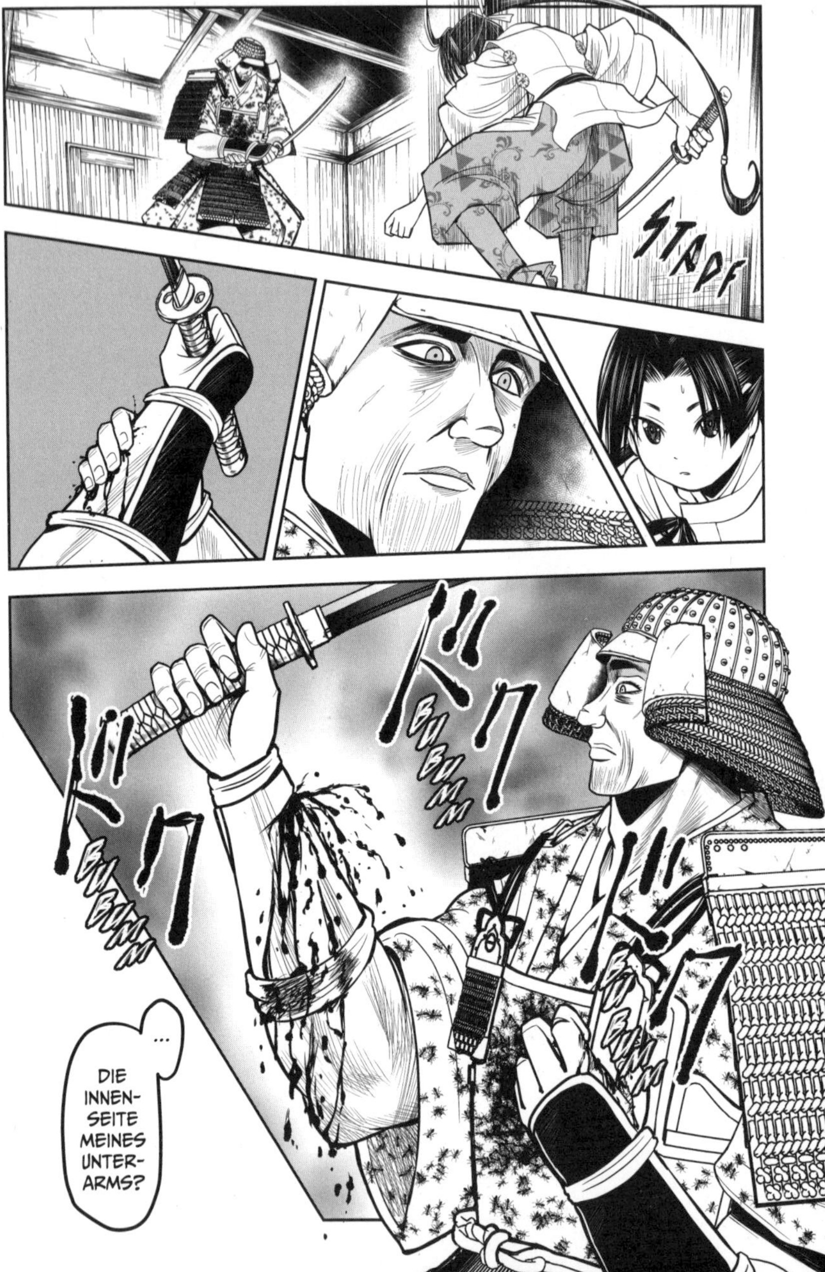

STAPF
ドク
BUBUMM
ドク
BUBUMM
ドク
BUBUMM
...
DIE INNEN-SEITE MEINES UNTER-ARMS?

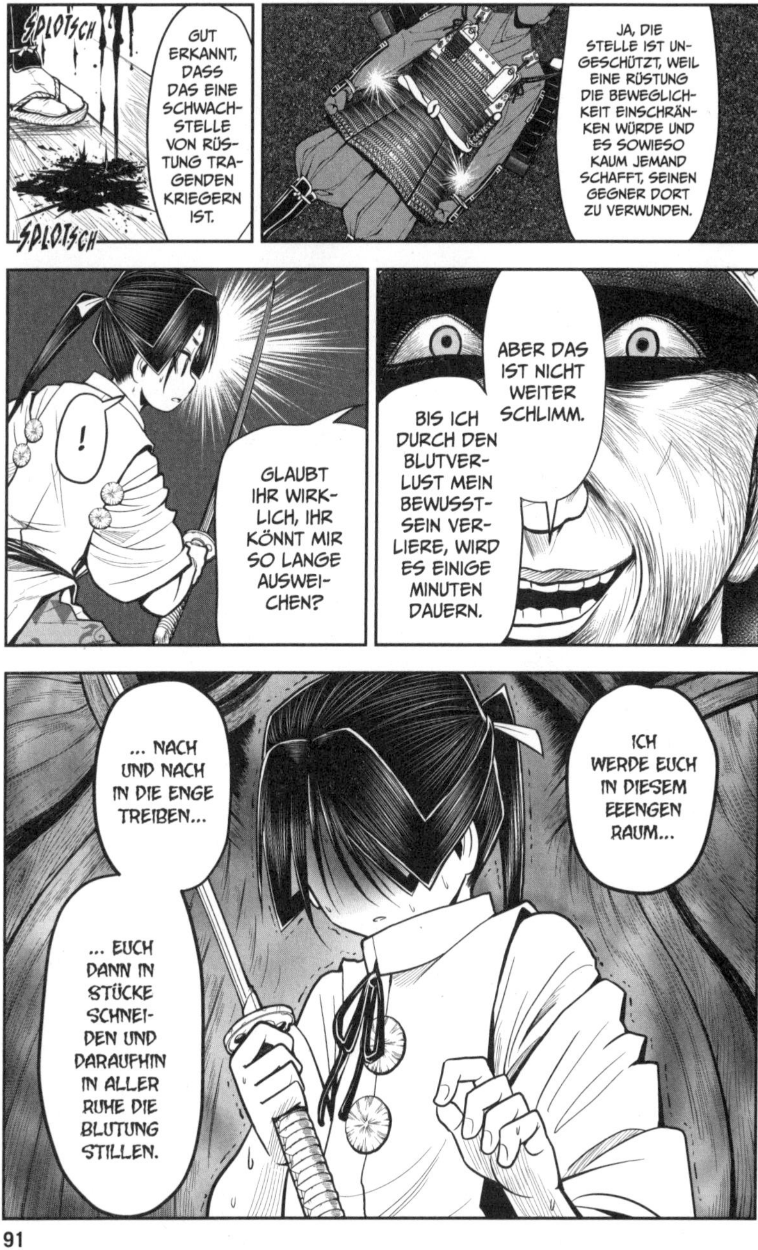
SPLOTSCH
SPLOTSCH
GUT ERKANNT, DASS DAS EINE SCHWACHSTELLE VON RÜSTUNG TRAGENDEN KRIEGERN IST.
JA, DIE STELLE IST UNGESCHÜTZT, WEIL EINE RÜSTUNG DIE BEWEGLICHKEIT EINSCHRÄNKEN WÜRDE UND ES SOWIESO KAUM JEMAND SCHAFFT, SEINEN GEGNER DORT ZU VERWUNDEN.
ABER DAS IST NICHT WEITER SCHLIMM.
BIS ICH DURCH DEN BLUTVERLUST MEIN BEWUSSTSEIN VERLIERE, WIRD ES EINIGE MINUTEN DAUERN.
!
GLAUBT IHR WIRKLICH, IHR KÖNNT MIR SO LANGE AUSWEICHEN?
ICH WERDE EUCH IN DIESEM EEENGEN RAUM...
... NACH UND NACH IN DIE ENGE TREIBEN...
... EUCH DANN IN STÜCKE SCHNEIDEN UND DARAUFHIN IN ALLER RUHE DIE BLUTUNG STILLEN.

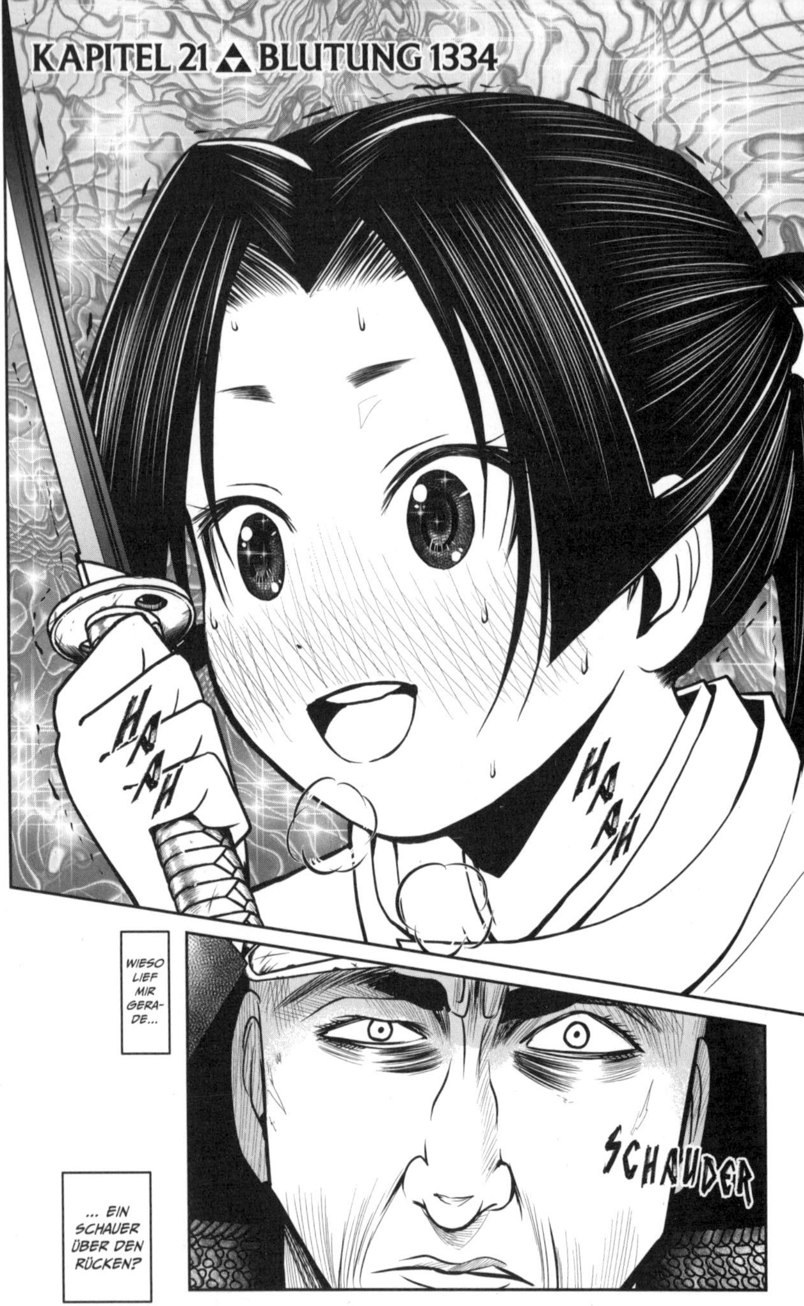
KAPITEL 21 BLUTUNG 1334
HAPH
HAPH
WIESO LIEF MIR GERADE...
SCHAUDER
... EIN SCHAUER ÜBER DEN RÜCKEN?

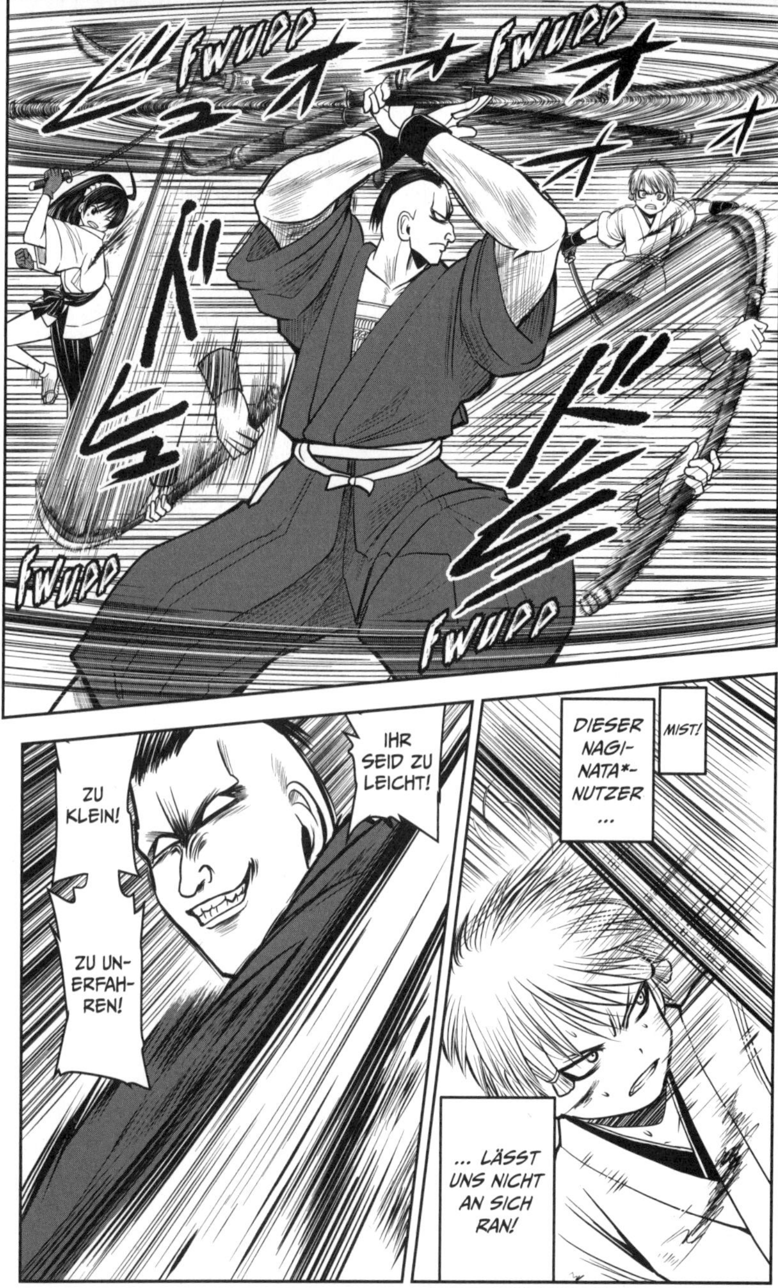

* »NIEDERMÄHENDES SCHWERT«, STANGENWAFFE (CA. 2–2,5 M, DAVON 45–100 CM KLINGE)

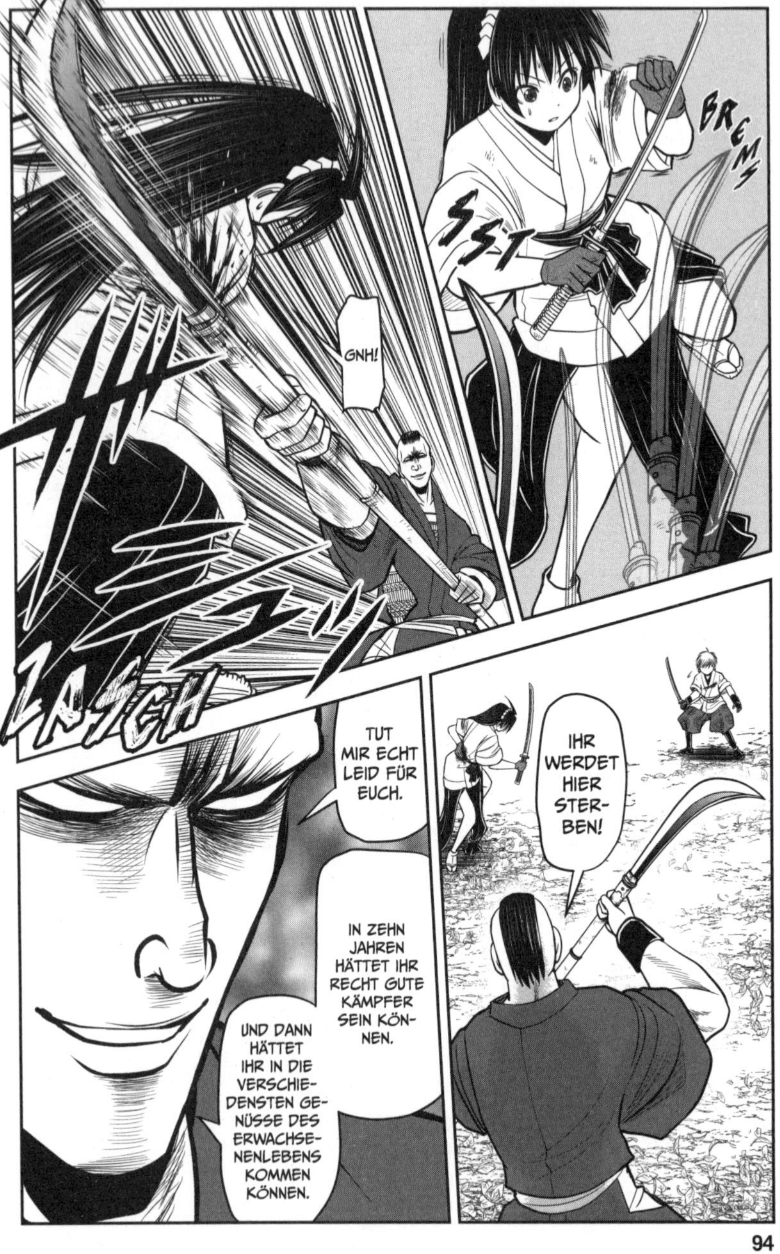
BREMS
SST
GNH!
ZASCH
IHR WERDET HIER STERBEN!
TUT MIR ECHT LEID FÜR EUCH.
IN ZEHN JAHREN HÄTTET IHR RECHT GUTE KÄMPFER SEIN KÖNNEN.
UND DANN HÄTTET IHR IN DIE VERSCHIEDENSTEN GENÜSSE DES ERWACHSENENLEBENS KOMMEN KÖNNEN.

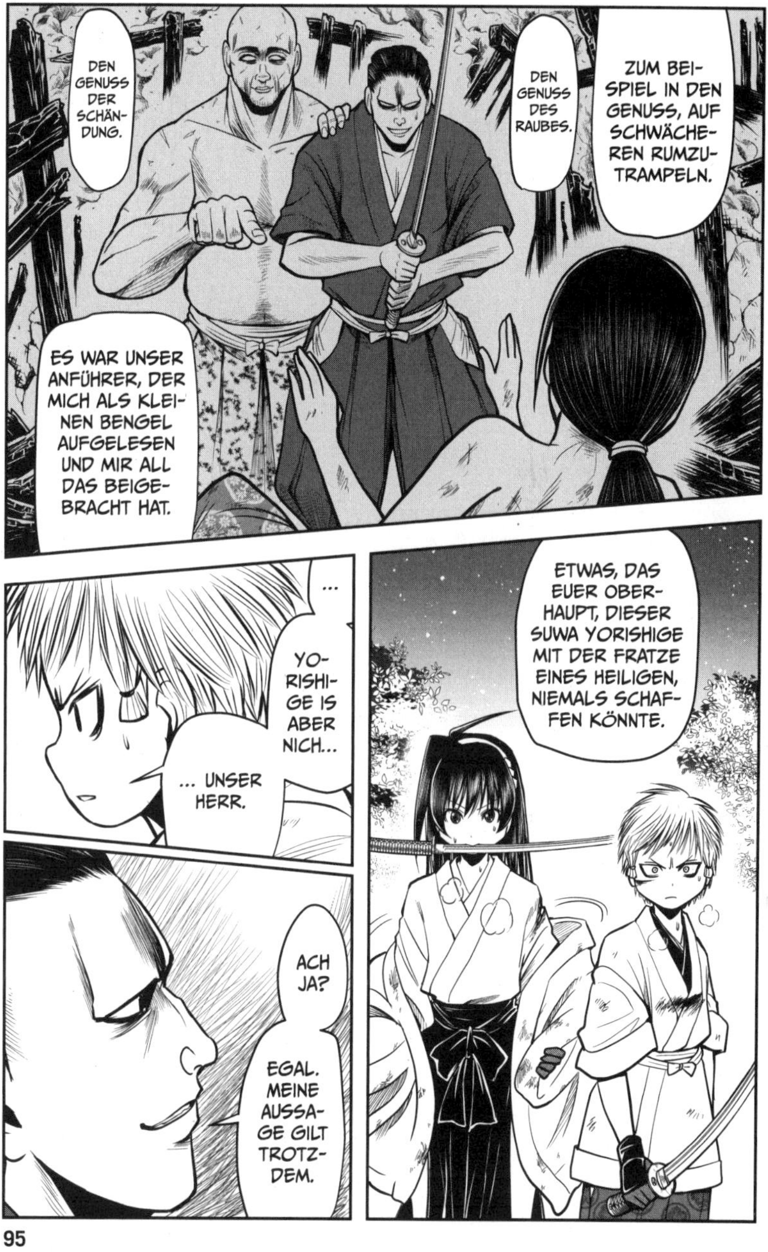

ZUM BEI-SPIEL IN DEN GENUSS, AUF SCHWÄCHE-REN RUMZU-TRAMPELN.
DEN GENUSS DES RAUBES.
DEN GENUSS DER SCHÄN-DUNG.
ES WAR UNSER ANFÜHRER, DER MICH ALS KLEI-NEN BENGEL AUFGELESEN UND MIR ALL DAS BEIGE-BRACHT HAT.
ETWAS, DAS EUER OBER-HAUPT, DIESER SUWA YORISHIGE MIT DER FRATZE EINES HEILIGEN, NIEMALS SCHAF-FEN KÖNNTE.
...
YO-RISHI-GE IS ABER NICH...
... UNSER HERR.
ACH JA?
EGAL. MEINE AUSSA-GE GILT TROTZ-DEM.

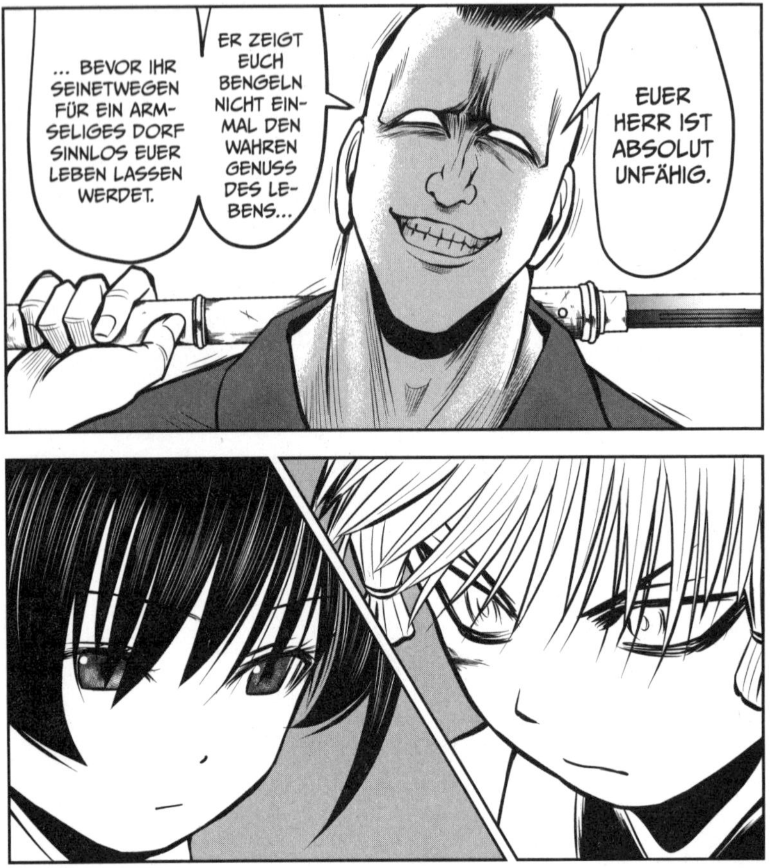

EUER HERR IST ABSOLUT UNFÄHIG.
ER ZEIGT EUCH BENGELN NICHT EINMAL DEN WAHREN GENUSS DES LEBENS...
... BEVOR IHR SEINETWEGEN FÜR EIN ARMSELIGES DORF SINNLOS EUER LEBEN LASSEN WERDET.
KEINE WIDERWORTE?
HAB ICH ALSO INS SCHWARZE GETROFFEN?
TJA, DA IST WAS DRAN.
UNSER HERR IS STÄNDIG AUF DER FLUCHT, HAT KEINE AHNUNG VON DER WELT UND IS AUSSERDEM VIEL ZU GUTHERZIG.

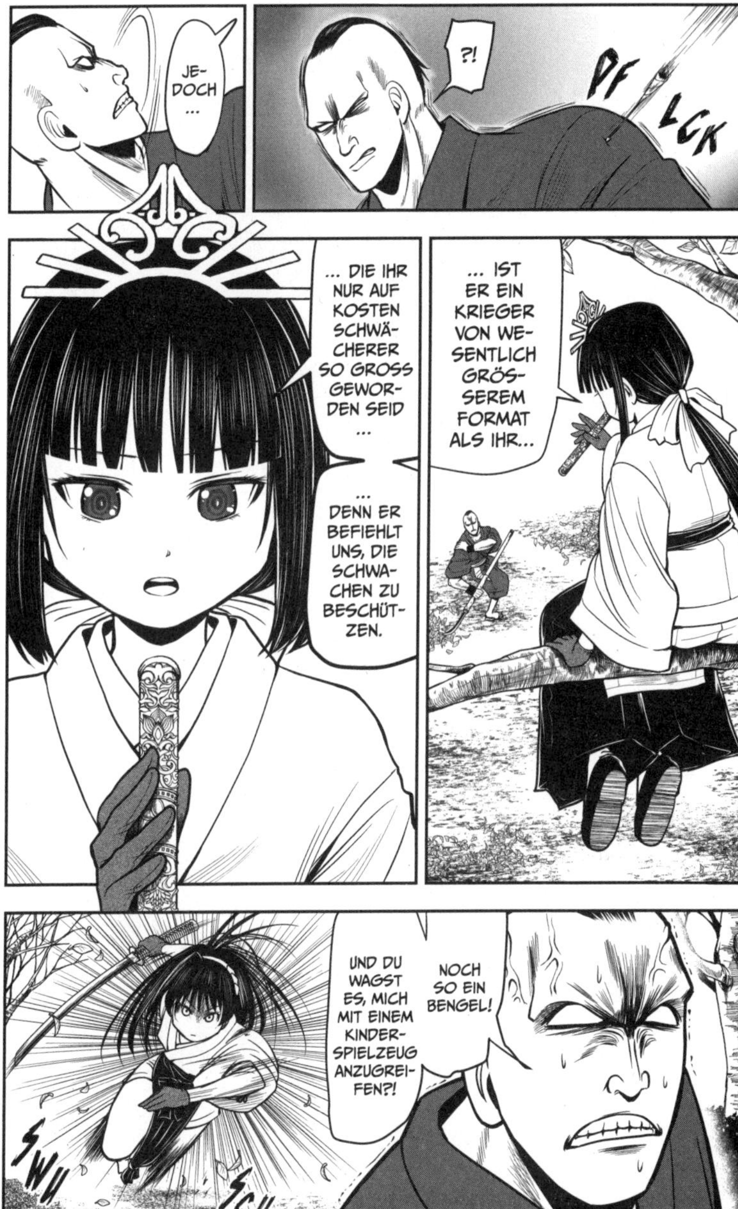
?!
PFLCK
JE-DOCH ...
... IST ER EIN KRIEGER VON WESENTLICH GRÖSSEREM FORMAT ALS IHR...
... DIE IHR NUR AUF KOSTEN SCHWÄCHERER SO GROSS GEWORDEN SEID ...
... DENN ER BEFIEHLT UNS, DIE SCHWACHEN ZU BESCHÜTZEN.
NOCH SO EIN BENGEL!
UND DU WAGST ES, MICH MIT EINEM KINDERSPIELZEUG ANZUGREIFEN?!
SWUSCH

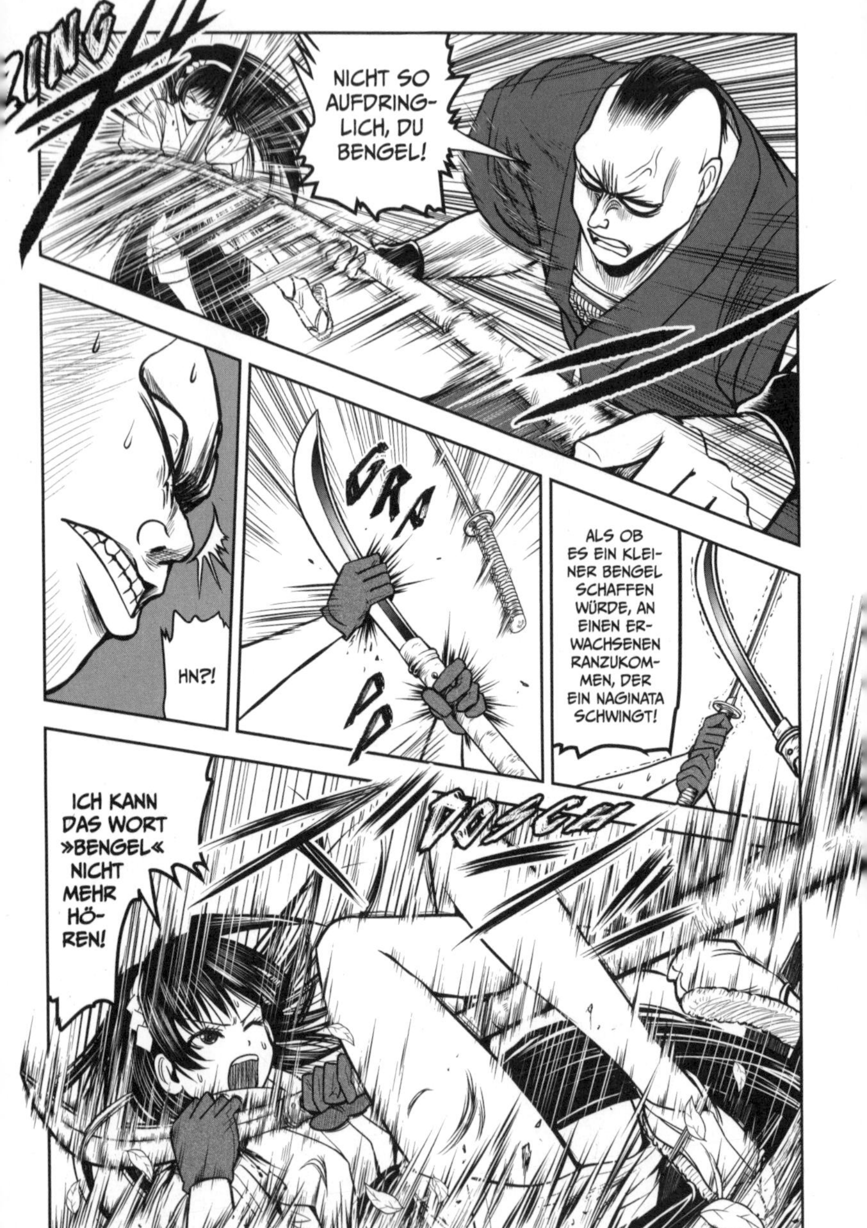
ZING
NICHT SO AUFDRING-LICH, DU BENGEL!
ALS OB ES EIN KLEI-NER BENGEL SCHAFFEN WÜRDE, AN EINEN ER-WACHSENEN RANZUKOM-MEN, DER EIN NAGINATA SCHWINGT!
GRAPP
HN?!
DOSCH
ICH KANN DAS WORT »BENGEL« NICHT MEHR HÖ-REN!

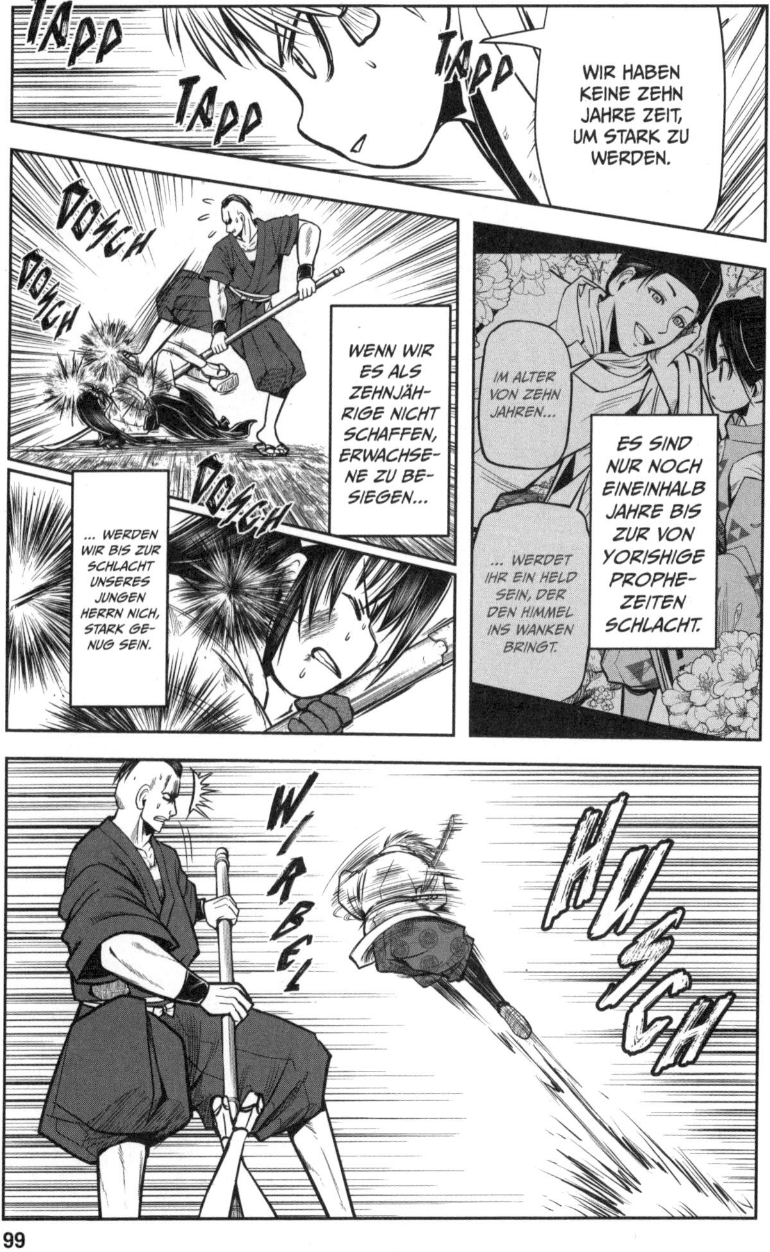
TAPP
TAPP
TAPP
WIR HABEN KEINE ZEHN JAHRE ZEIT, UM STARK ZU WERDEN.
IM ALTER VON ZEHN JAHREN...
ES SIND NUR NOCH EINEINHALB JAHRE BIS ZUR VON YORISHIGE PROPHEZEITEN SCHLACHT.
... WERDET IHR EIN HELD SEIN, DER DEN HIMMEL INS WANKEN BRINGT.
DONCH
DONCH
WENN WIR ES ALS ZEHNJÄHRIGE NICHT SCHAFFEN, ERWACHSENE ZU BESIEGEN...
DONCH
... WERDEN WIR BIS ZUR SCHLACHT UNSERES JUNGEN HERRN NICH, STARK GENUG SEIN.
HUSCH
WIRBEL

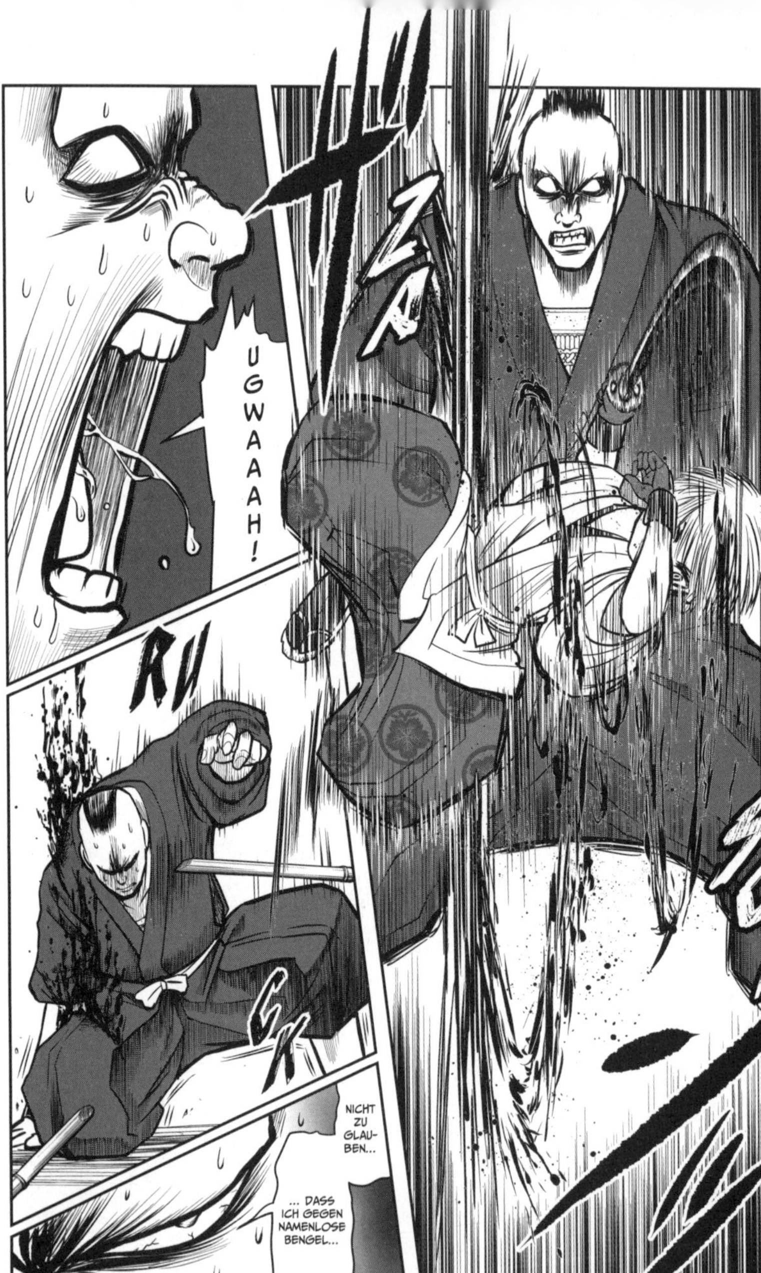
HYU
ZA
UGWAAAAH!
SCH
ZH
RU
CK
NICHT ZU GLAUBEN...
... DASS ICH GEGEN NAMENLOSE BENGEL...

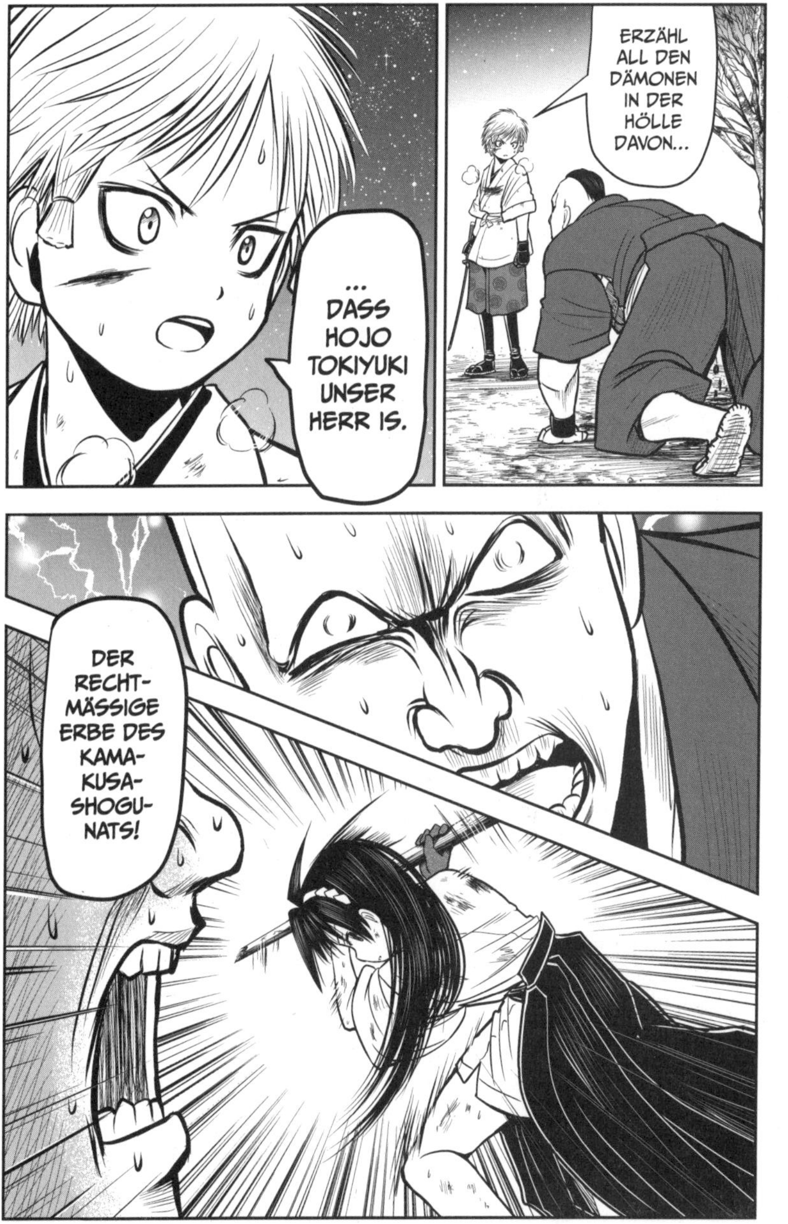
ERZÄHL ALL DEN DÄMONEN IN DER HÖLLE DAVON...
... DASS HOJO TOKIYUKI UNSER HERR IS.
DER RECHT-MÄSSIGE ERBE DES KAMA-KUSA-SHOGU-NATS!

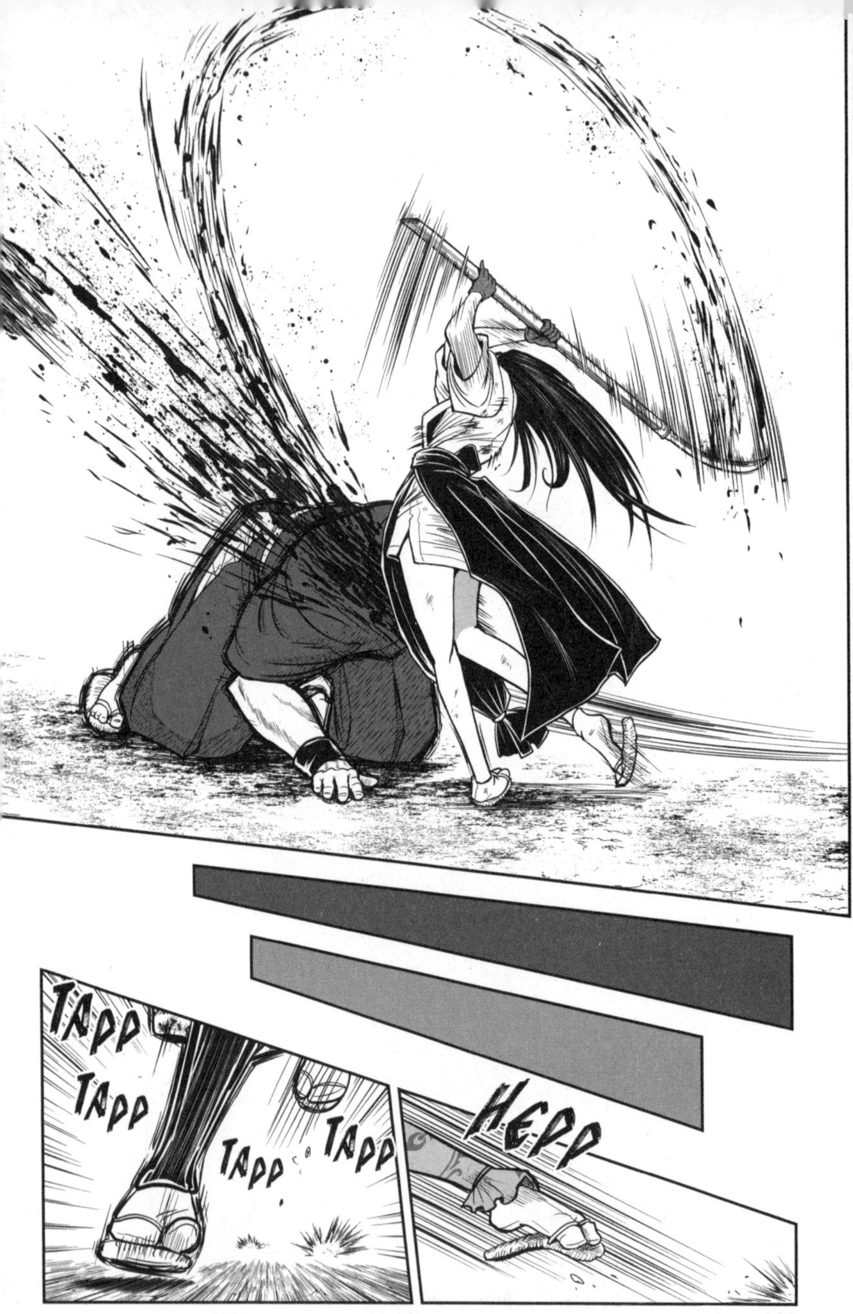
TAPP
TAPP
TAPP
TAPP
HEPP

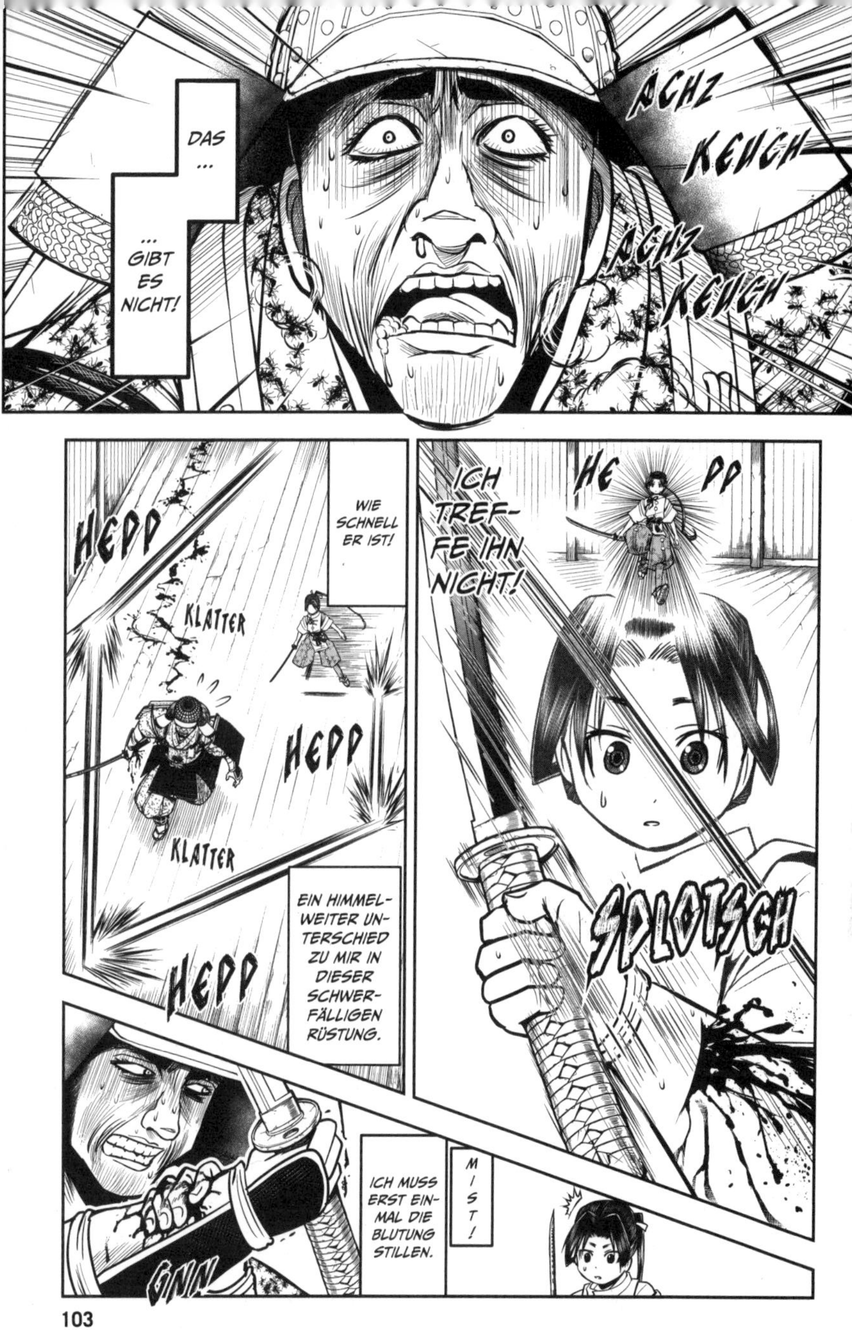
ÄCHZ KEUCH
ÄCHZ KEUCH
DAS …
… GIBT ES NICHT!
HE PP
ICH TREFFE IHN NICHT!
SPLOTSCH
WIE SCHNELL ER IST!
HEPP
KLATTER
HEPP
KLATTER
HEPP
EIN HIMMELWEITER UNTERSCHIED ZU MIR IN DIESER SCHWERFÄLLIGEN RÜSTUNG.
MIST!
ICH MUSS ERST EINMAL DIE BLUTUNG STILLEN.
GNN

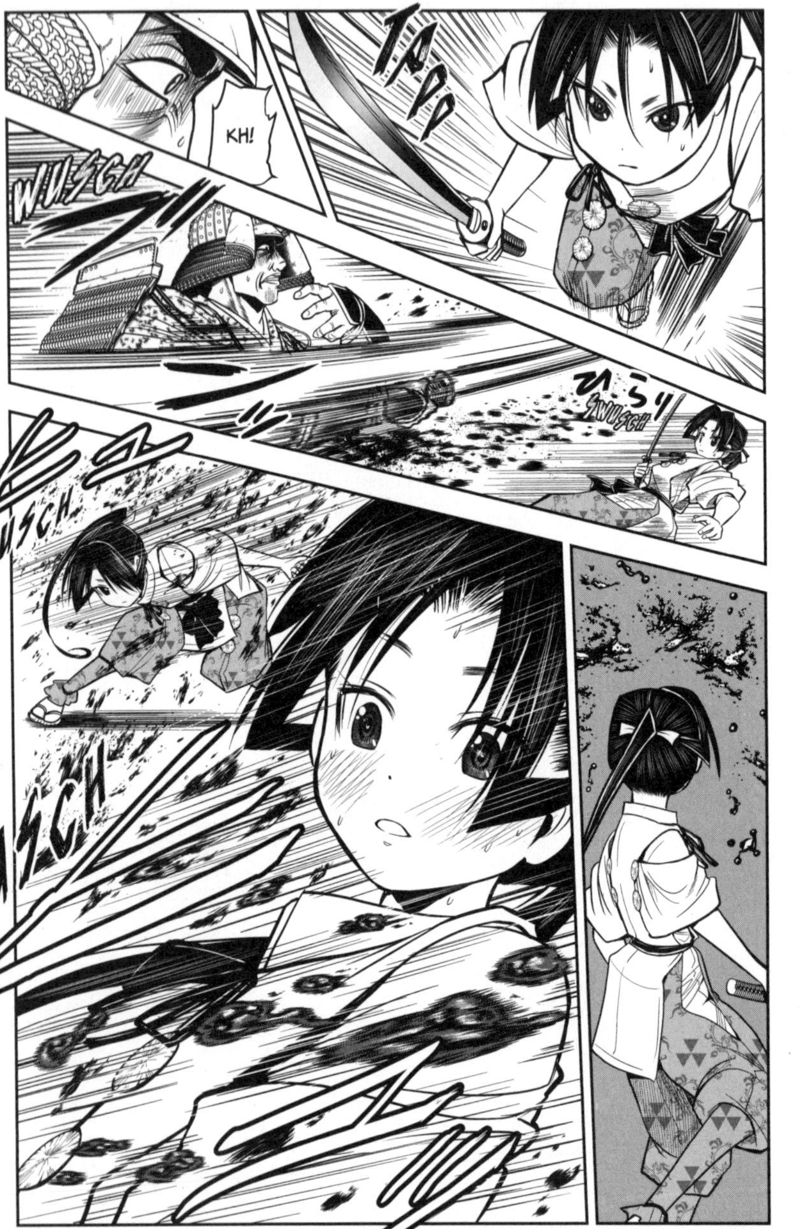
TAPP
KH!
WUSCH
ひらり
SWUSCH
HUSCH
HUSCH

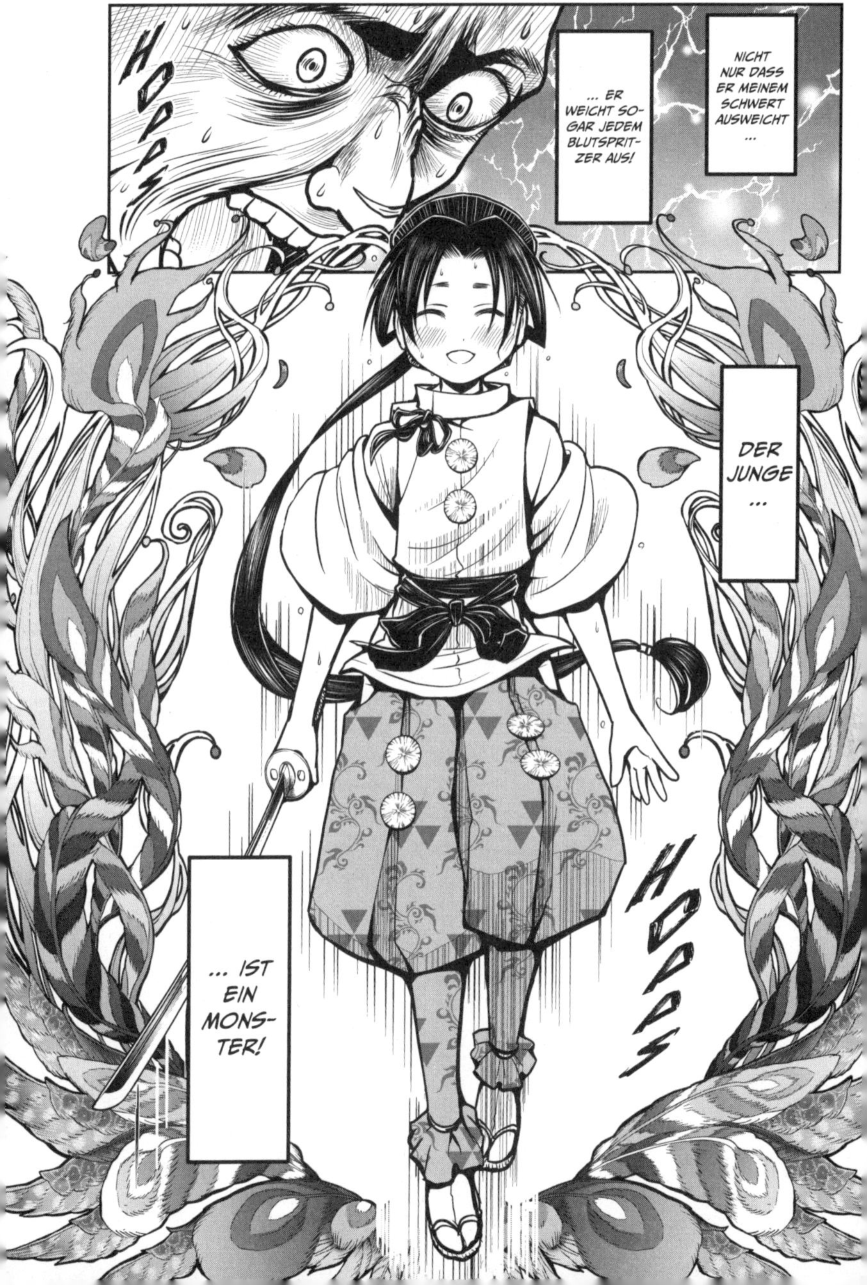

NICHT NUR DASS ER MEINEM SCHWERT AUSWEICHT ...
... ER WEICHT SO-GAR JEDEM BLUTSPRIT-ZER AUS!
HOOOM
DER JUNGE ...
HOOOM
... IST EIN MONS-TER!

EINE NOCH NERVIGERE VERSION

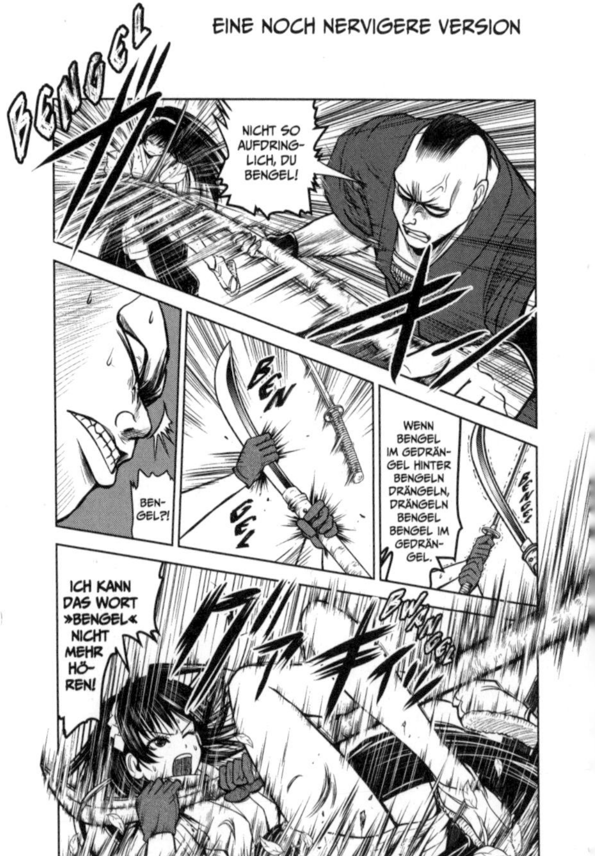

KAPITEL 22 ▲ VEREHRTER BUDDHA 1334

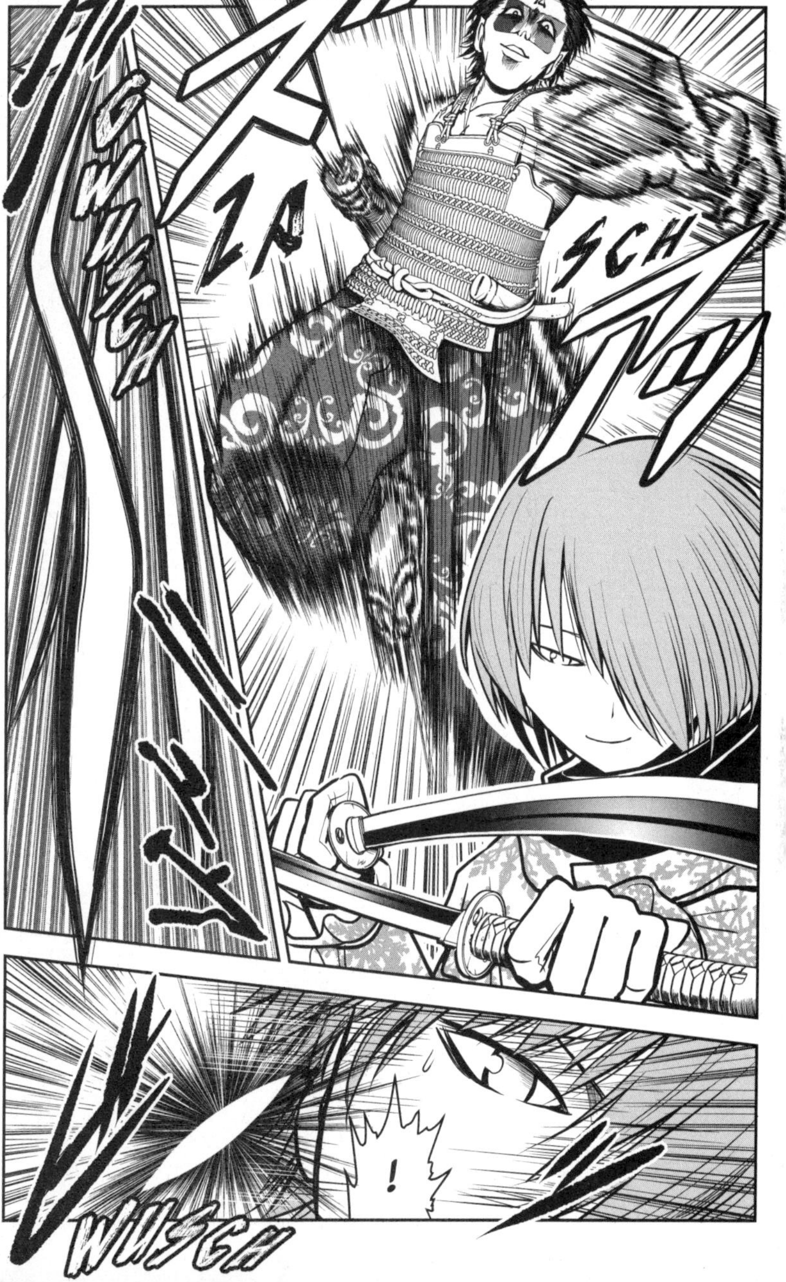

KAPITEL 22 △ VEREHRTER BUDDHA 1334

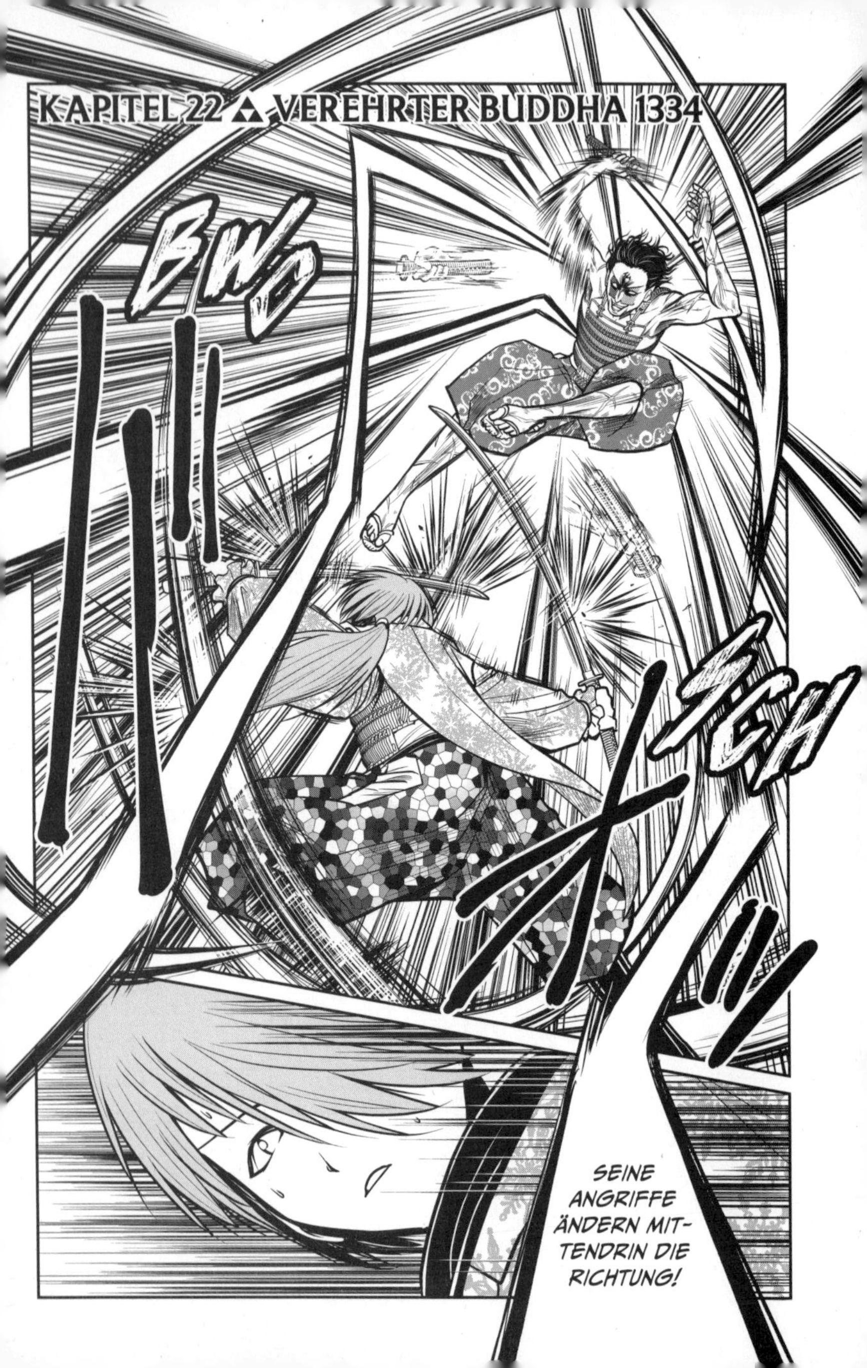

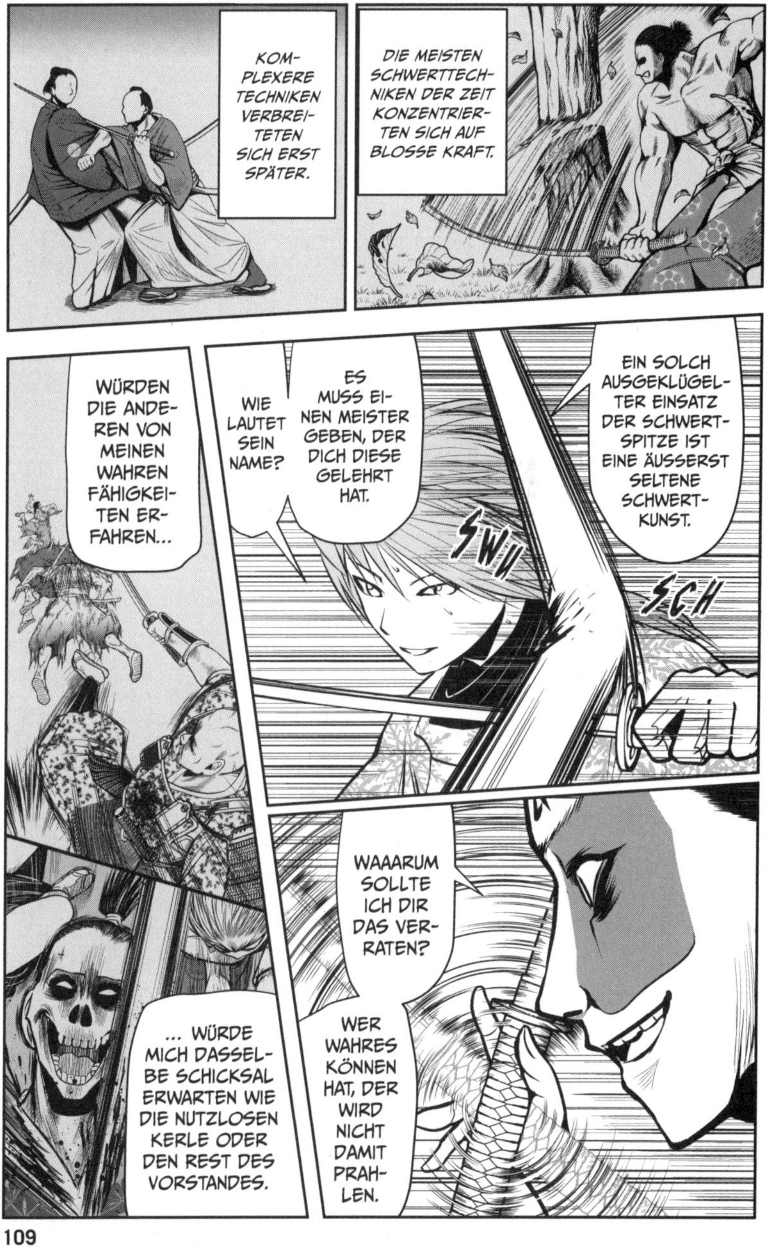
DIE MEISTEN SCHWERTTECHNIKEN DER ZEIT KONZENTRIERTEN SICH AUF BLOSSE KRAFT.
KOMPLEXERE TECHNIKEN VERBREITETEN SICH ERST SPÄTER.
EIN SOLCH AUSGEKLÜGELTER EINSATZ DER SCHWERTSPITZE IST EINE ÄUSSERST SELTENE SCHWERTKUNST.
ES MUSS EINEN MEISTER GEBEN, DER DICH DIESE GELEHRT HAT.
WIE LAUTET SEIN NAME?
SWU
SCH
WÜRDEN DIE ANDEREN VON MEINEN WAHREN FÄHIGKEITEN ERFAHREN...
WAAARUM SOLLTE ICH DIR DAS VERRATEN?
WER WAHRES KÖNNEN HAT, DER WIRD NICHT DAMIT PRAHLEN.
... WÜRDE MICH DASSELBE SCHICKSAL ERWARTEN WIE DIE NUTZLOSEN KERLE ODER DEN REST DES VORSTANDES.

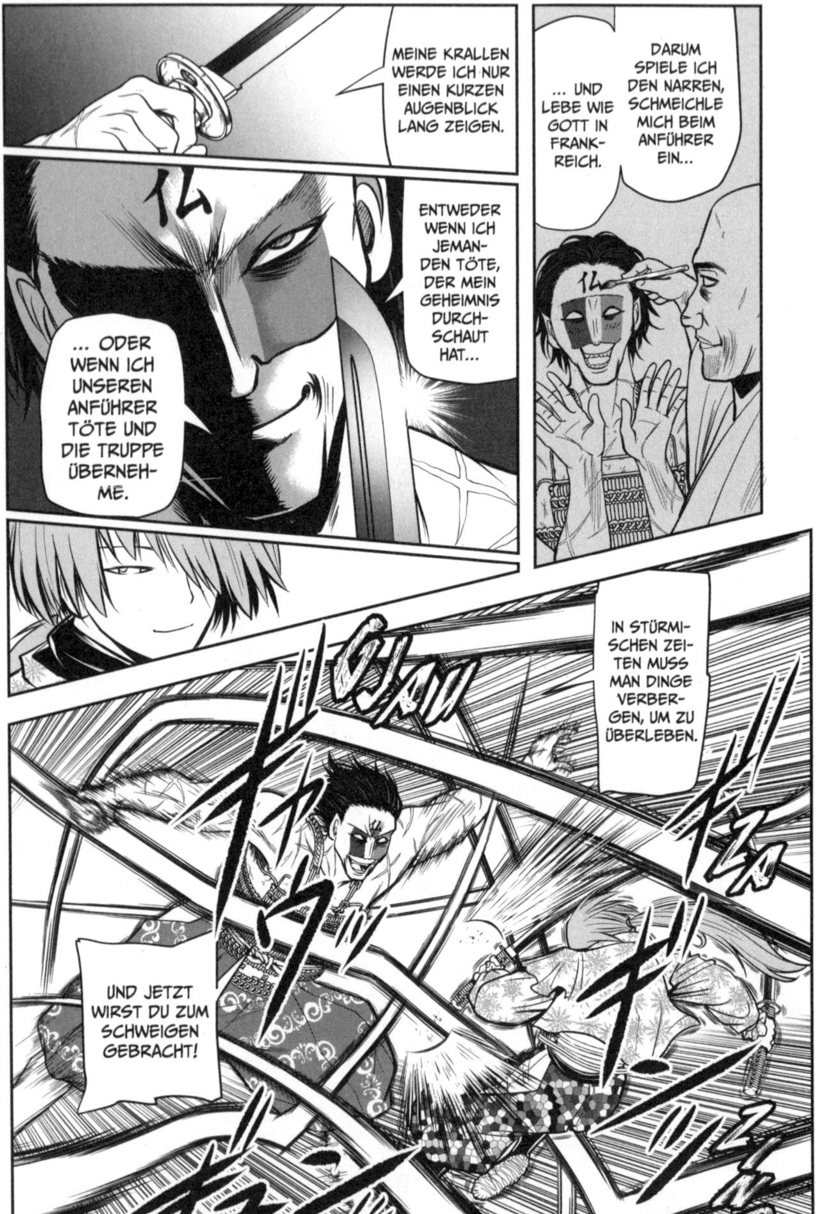
DARUM SPIELE ICH DEN NARREN, SCHMEICHLE MICH BEIM ANFÜHRER EIN...
... UND LEBE WIE GOTT IN FRANK-REICH.
MEINE KRALLEN WERDE ICH NUR EINEN KURZEN AUGENBLICK LANG ZEIGEN.
ENTWEDER WENN ICH JEMAN-DEN TÖTE, DER MEIN GEHEIMNIS DURCH-SCHAUT HAT...
... ODER WENN ICH UNSEREN ANFÜHRER TÖTE UND DIE TRUPPE ÜBERNEH-ME.
IN STÜRMI-SCHEN ZEI-TEN MUSS MAN DINGE VERBER-GEN, UM ZU ÜBERLEBEN.
UND JETZT WIRST DU ZUM SCHWEIGEN GEBRACHT!
ZING

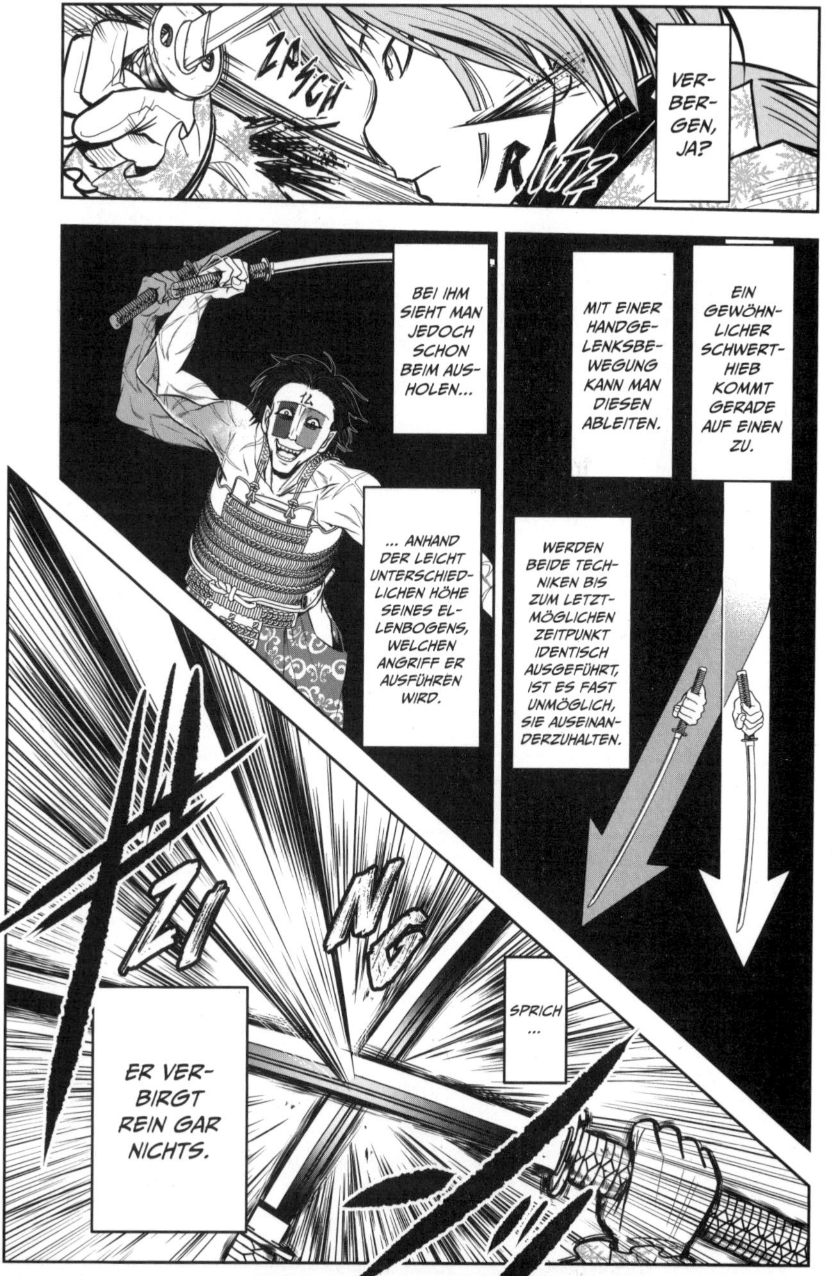
ZASCH
VERBERGEN, JA?
RITZ
EIN GEWÖHNLICHER SCHWERTHIEB KOMMT GERADE AUF EINEN ZU.
MIT EINER HANDGELENKSBEWEGUNG KANN MAN DIESEN ABLEITEN.
WERDEN BEIDE TECHNIKEN BIS ZUM LETZTMÖGLICHEN ZEITPUNKT IDENTISCH AUSGEFÜHRT, IST ES FAST UNMÖGLICH, SIE AUSEINANDERZUHALTEN.
BEI IHM SIEHT MAN JEDOCH SCHON BEIM AUSHOLEN...
... ANHAND DER LEICHT UNTERSCHIEDLICHEN HÖHE SEINES ELLENBOGENS, WELCHEN ANGRIFF ER AUSFÜHREN WIRD.
ZING
SPRICH ...
ER VERBIRGT REIN GAR NICHTS.

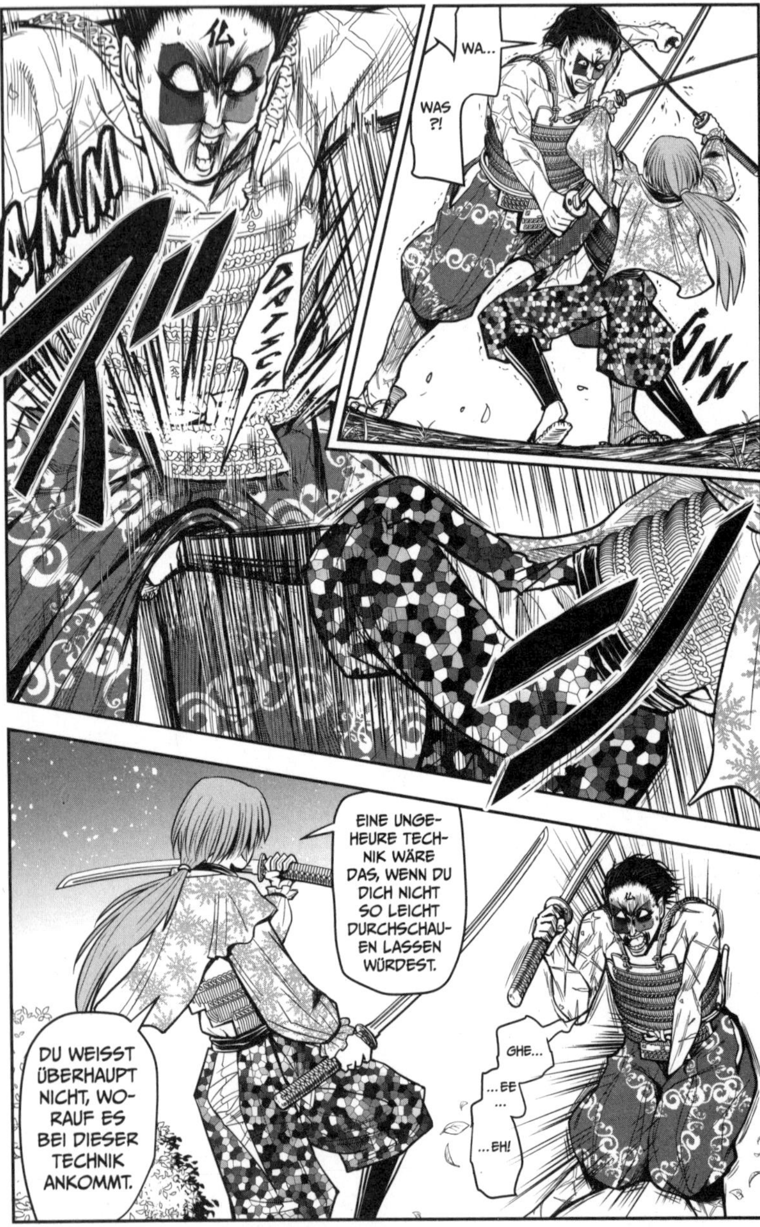
WA...
WAS ?!
GNN
DRITSCH
EINE UNGEHEURE TECHNIK WÄRE DAS, WENN DU DICH NICHT SO LEICHT DURCHSCHAUEN LASSEN WÜRDEST.
GHE...
...EE ...
...EH!
DU WEISST ÜBERHAUPT NICHT, WORAUF ES BEI DIESER TECHNIK ANKOMMT.

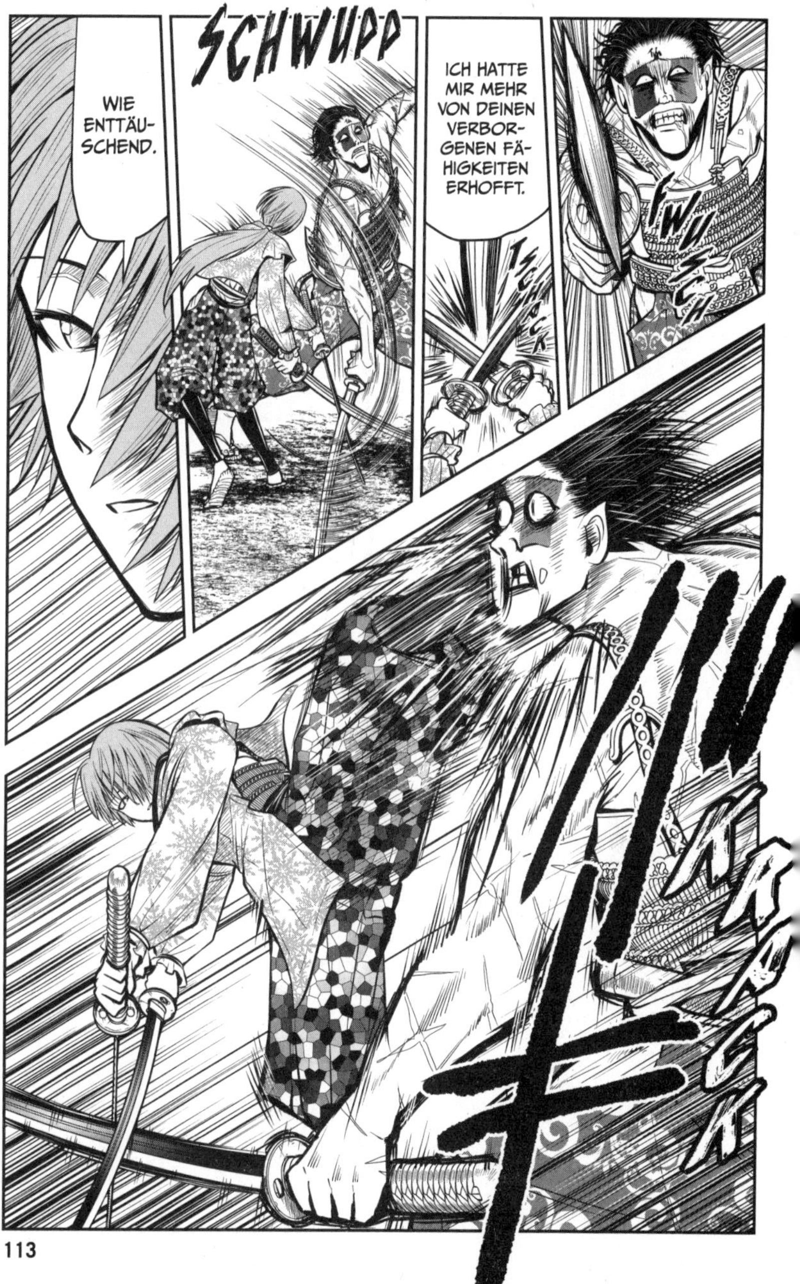
FWUSCH
ICH HATTE MIR MEHR VON DEINEN VERBOR-GENEN FÄ-HIGKEITEN ERHOFFT.
TSCHACK
SCHWUPP
WIE ENTTÄU-SCHEND.

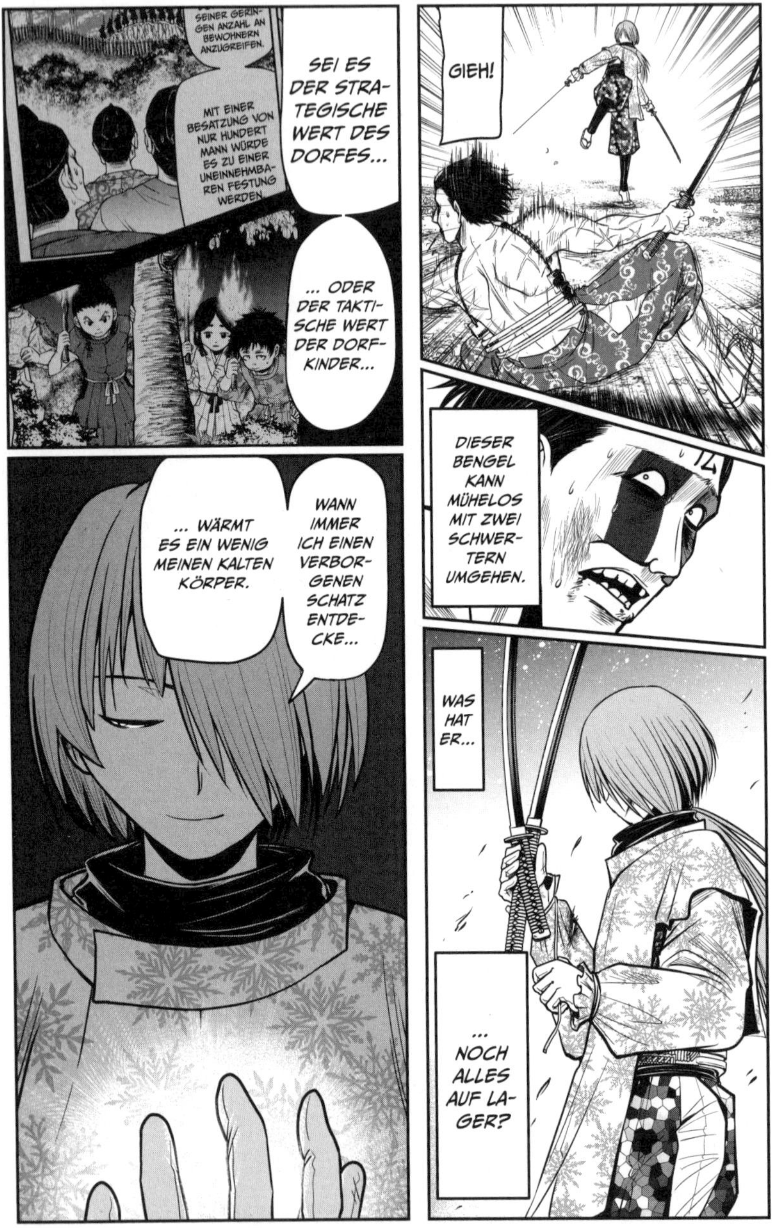
GIEH!
SEINER GERINGEN ANZAHL AN BEWOHNERN ANZUGREIFEN.
MIT EINER BESATZUNG VON NUR HUNDERT MANN WÜRDE ES ZU EINER UNEINNEHMBAREN FESTUNG WERDEN.
SEI ES DER STRATEGISCHE WERT DES DORFES...
... ODER DER TAKTISCHE WERT DER DORFKINDER...
WANN IMMER ICH EINEN VERBORGENEN SCHATZ ENTDECKE...
... WÄRMT ES EIN WENIG MEINEN KALTEN KÖRPER.
DIESER BENGEL KANN MÜHELOS MIT ZWEI SCHWERTERN UMGEHEN.
WAS HAT ER...
... NOCH ALLES AUF LAGER?

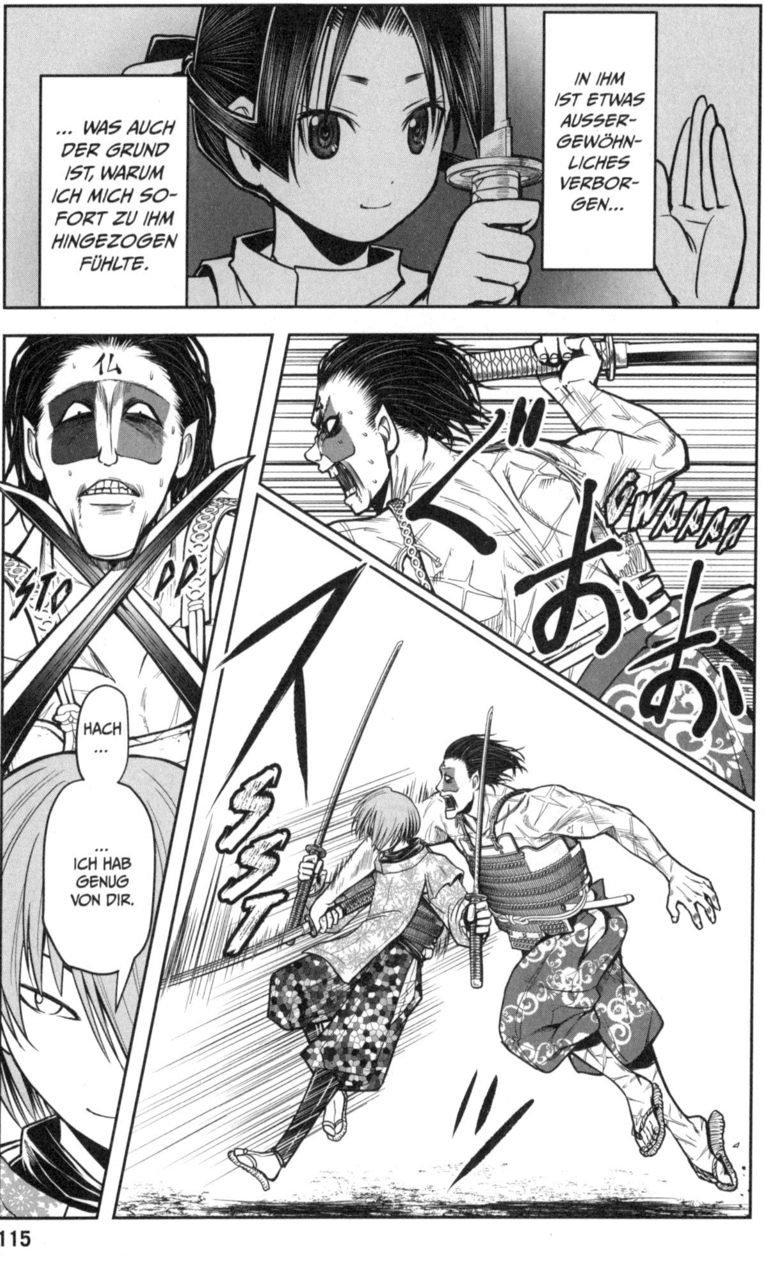
IN IHM IST ETWAS AUSSER-GEWÖHN-LICHES VERBOR-GEN...
... WAS AUCH DER GRUND IST, WARUM ICH MICH SO-FORT ZU IHM HINGEZOGEN FÜHLTE.
STOPP
HACH ...
... ICH HAB GENUG VON DIR.

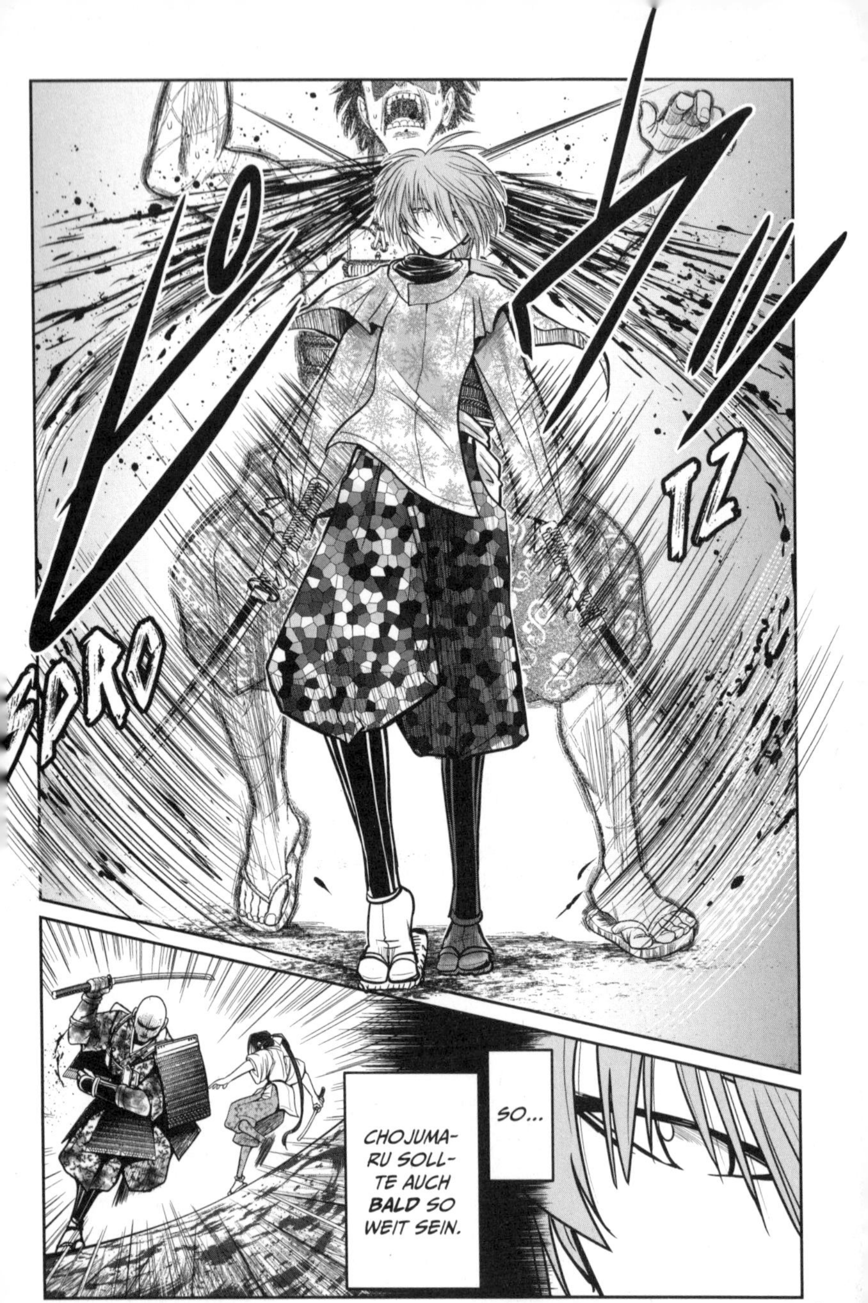
TZ
SO...
CHOJUMA-RU SOLL-TE AUCH BALD SO WEIT SEIN.

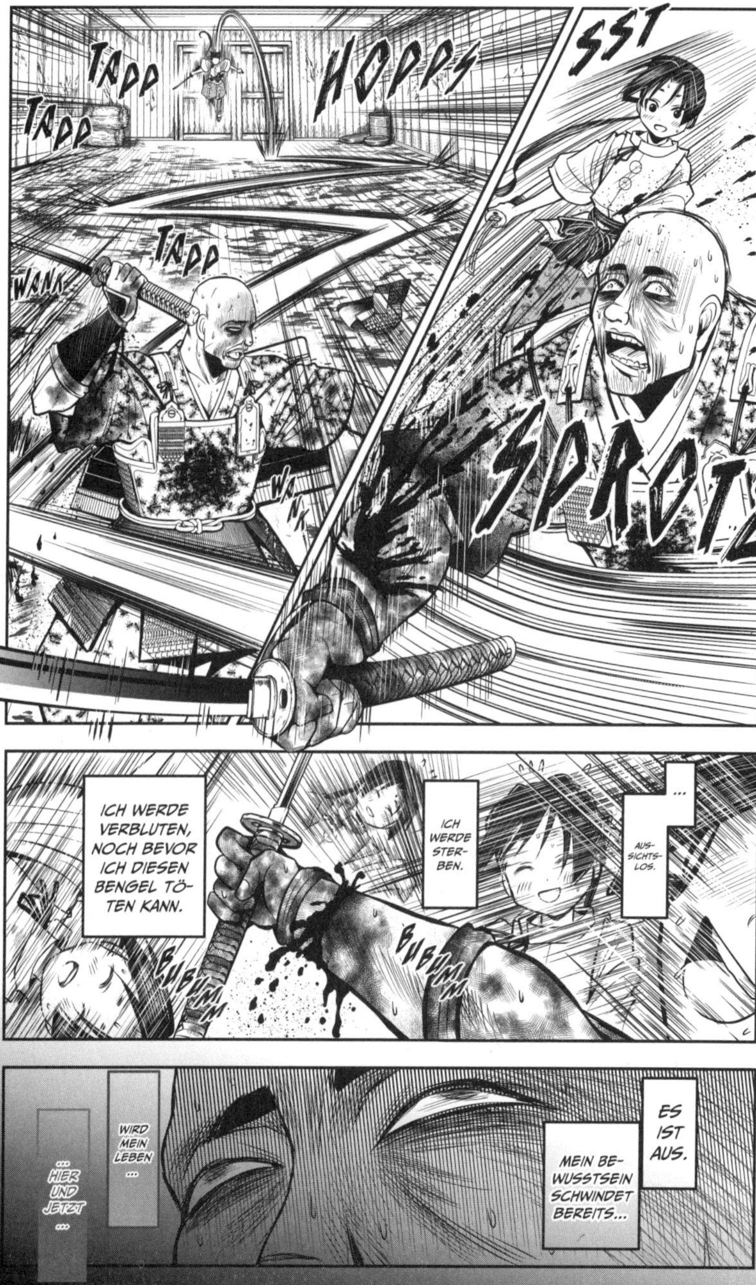

SST
HOPPS
TAPP
TAPP
TAPP
WANK
WANK
SPROTZ
…
AUS-SICHTS-LOS.
ICH WERDE STER-BEN.
ICH WERDE VERBLUTEN, NOCH BEVOR ICH DIESEN BENGEL TÖTEN KANN.
BUBUMM
BUBUMM
ES IST AUS.
MEIN BE-WUSSTSEIN SCHWINDET BEREITS…
WIRD MEIN LEBEN …
… HIER UND JETZT …

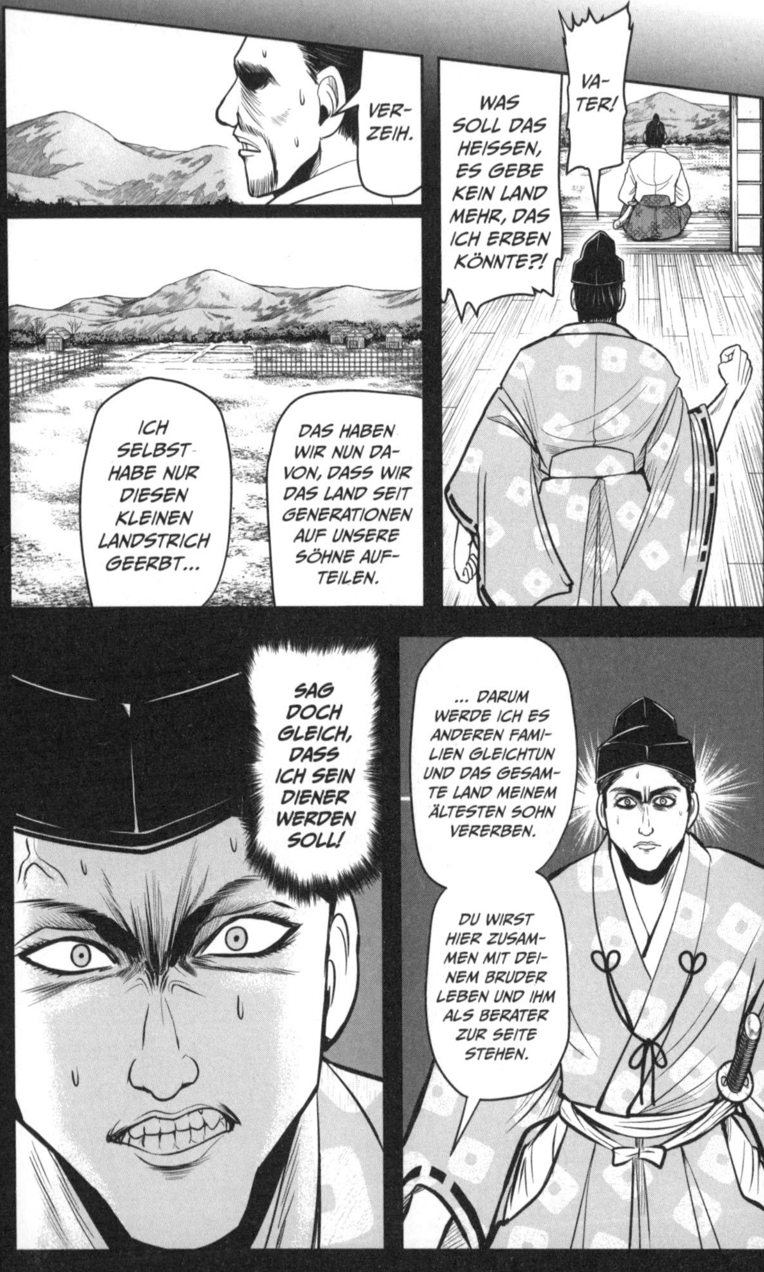
VATER!
WAS SOLL DAS HEISSEN, ES GEBE KEIN LAND MEHR, DAS ICH ERBEN KÖNNTE?!
VERZEIH.
DAS HABEN WIR NUN DAVON, DASS WIR DAS LAND SEIT GENERATIONEN AUF UNSERE SÖHNE AUFTEILEN.
ICH SELBST HABE NUR DIESEN KLEINEN LANDSTRICH GEERBT...
... DARUM WERDE ICH ES ANDEREN FAMILIEN GLEICHTUN UND DAS GESAMTE LAND MEINEM ÄLTESTEN SOHN VERERBEN.
DU WIRST HIER ZUSAMMEN MIT DEINEM BRUDER LEBEN UND IHM ALS BERATER ZUR SEITE STEHEN.
SAG DOCH GLEICH, DASS ICH SEIN DIENER WERDEN SOLL!

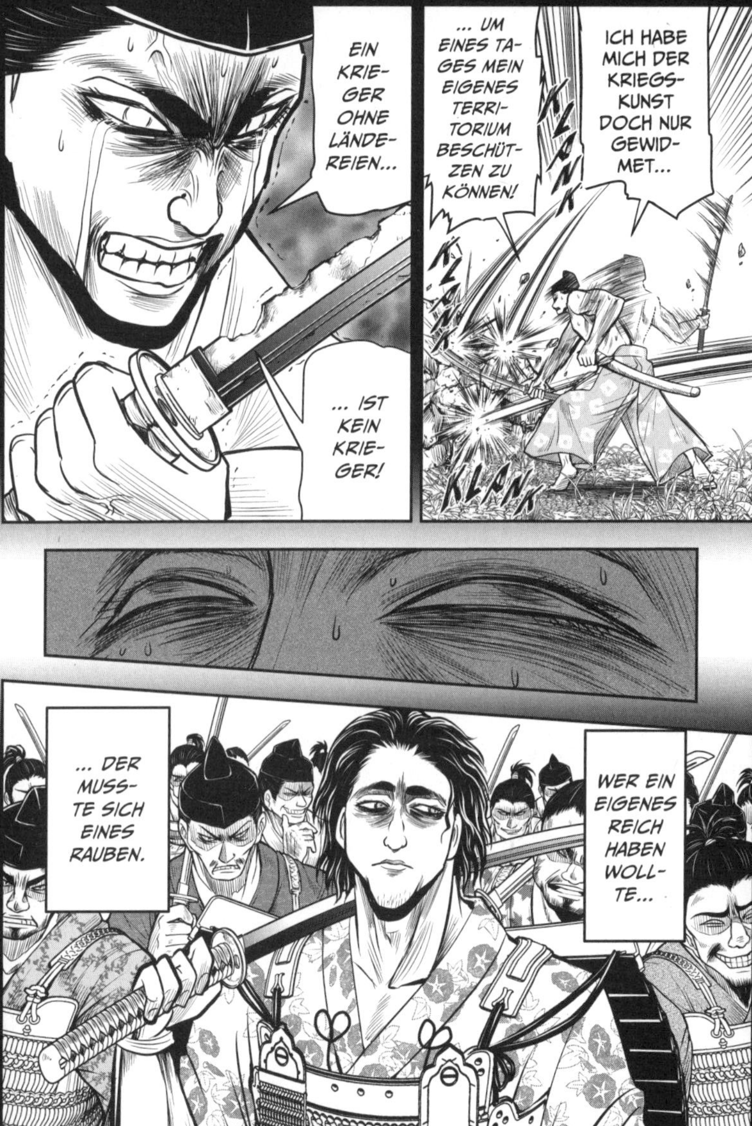
ICH HABE MICH DER KRIEGS-KUNST DOCH NUR GEWID-MET...
... UM EINES TA-GES MEIN EIGENES TERRI-TORIUM BESCHÜT-ZEN ZU KÖNNEN!
KLANK
EIN KRIE-GER OHNE LÄNDE-REIEN...
... IST KEIN KRIE-GER!
WER EIN EIGENES REICH HABEN WOLL-TE...
... DER MUSS-TE SICH EINES RAUBEN.

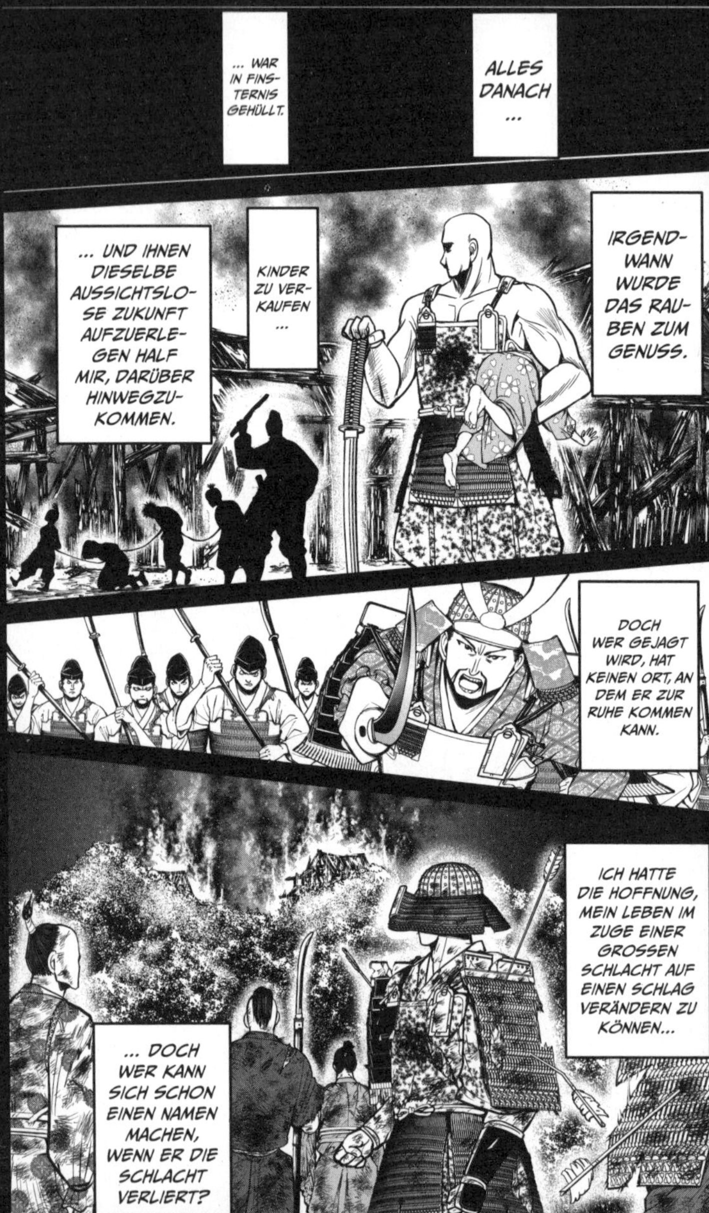

ALLES DANACH ...
... WAR IN FINSTERNIS GEHÜLLT.
IRGENDWANN WURDE DAS RAUBEN ZUM GENUSS.
KINDER ZU VERKAUFEN ...
... UND IHNEN DIESELBE AUSSICHTSLOSE ZUKUNFT AUFZUERLEGEN HALF MIR, DARÜBER HINWEGZUKOMMEN.
DOCH WER GEJAGT WIRD, HAT KEINEN ORT, AN DEM ER ZUR RUHE KOMMEN KANN.
ICH HATTE DIE HOFFNUNG, MEIN LEBEN IM ZUGE EINER GROSSEN SCHLACHT AUF EINEN SCHLAG VERÄNDERN ZU KÖNNEN...
... DOCH WER KANN SICH SCHON EINEN NAMEN MACHEN, WENN ER DIE SCHLACHT VERLIERT?

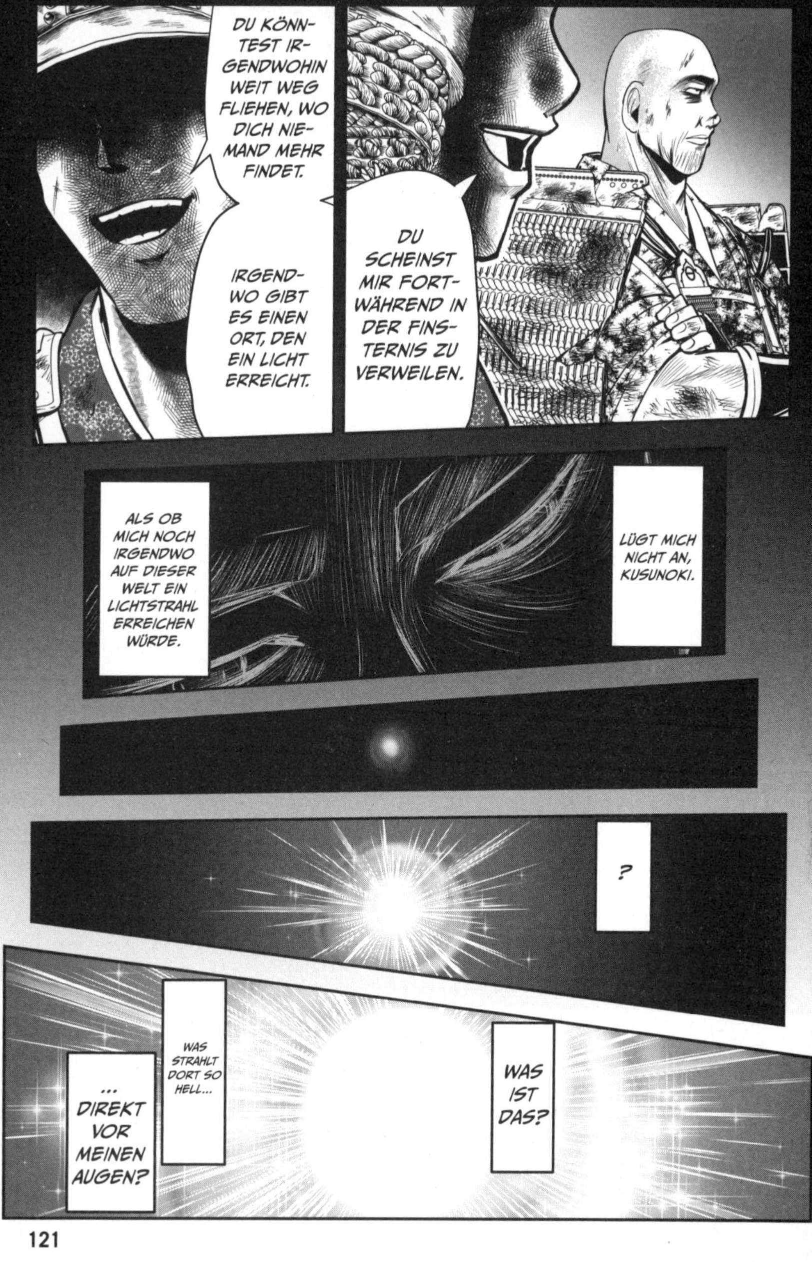
DU SCHEINST MIR FORTWÄHREND IN DER FINSTERNIS ZU VERWEILEN.
DU KÖNNTEST IRGENDWOHIN WEIT WEG FLIEHEN, WO DICH NIEMAND MEHR FINDET.
IRGENDWO GIBT ES EINEN ORT, DEN EIN LICHT ERREICHT.
LÜGT MICH NICHT AN, KUSUNOKI.
ALS OB MICH NOCH IRGENDWO AUF DIESER WELT EIN LICHTSTRAHL ERREICHEN WÜRDE.
?
WAS IST DAS?
WAS STRAHLT DORT SO HELL...
... DIREKT VOR MEINEN AUGEN?

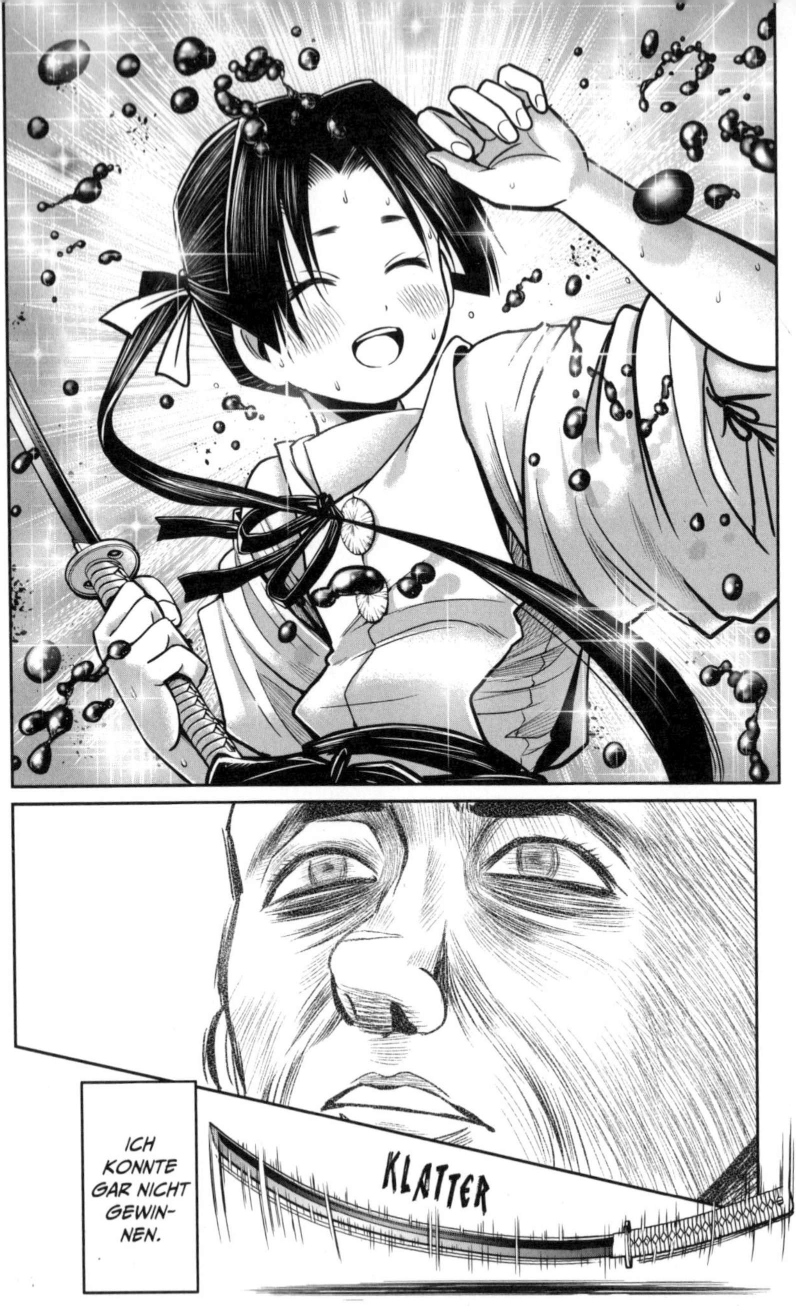
ICH KONNTE GAR NICHT GEWINNEN.
KLATTER

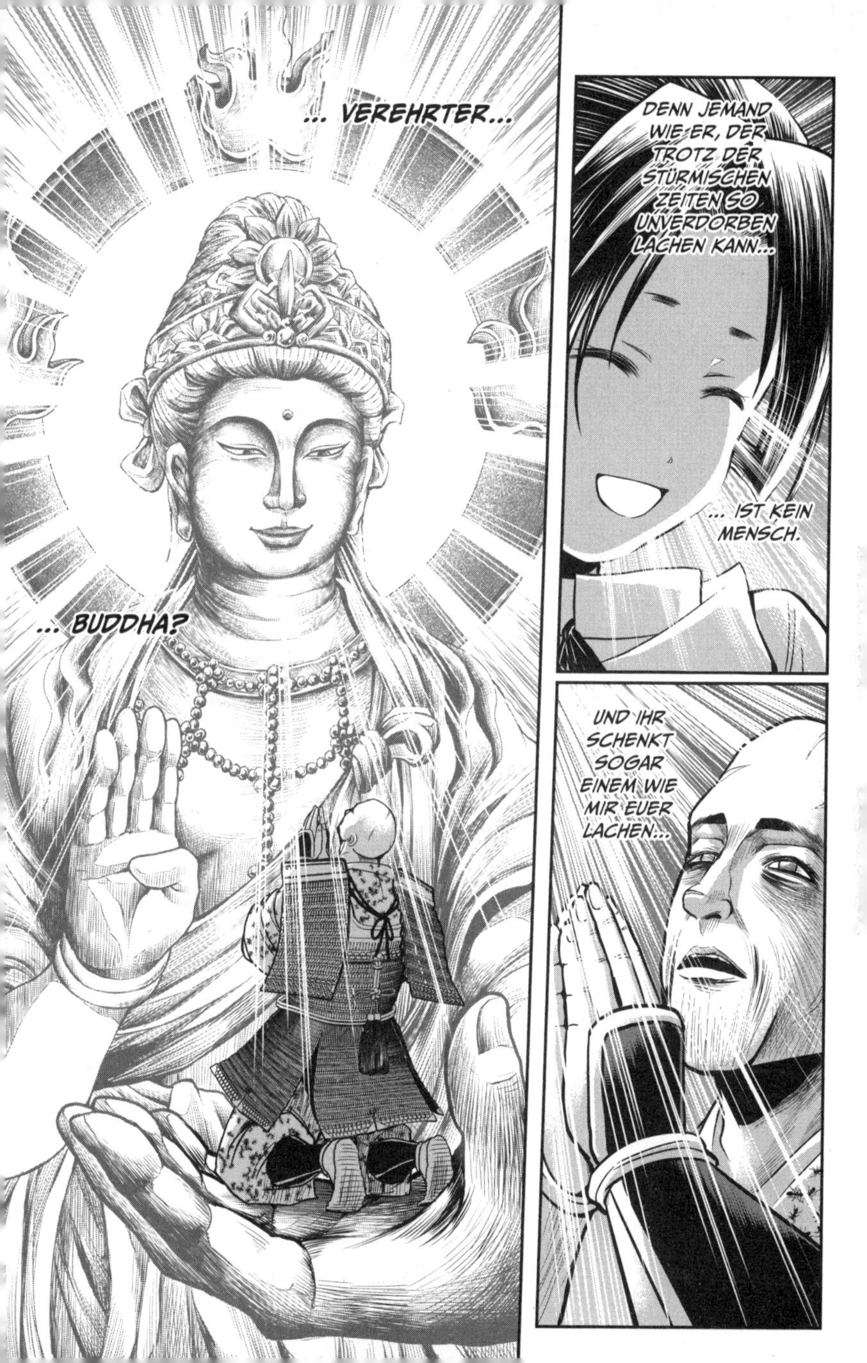
DENN JEMAND WIE ER, DER TROTZ DER STÜRMISCHEN ZEITEN SO UNVERDORBEN LACHEN KANN...
... IST KEIN MENSCH.
UND IHR SCHENKT SOGAR EINEM WIE MIR EUER LACHEN...
... VEREHRTER...
... BUDDHA?

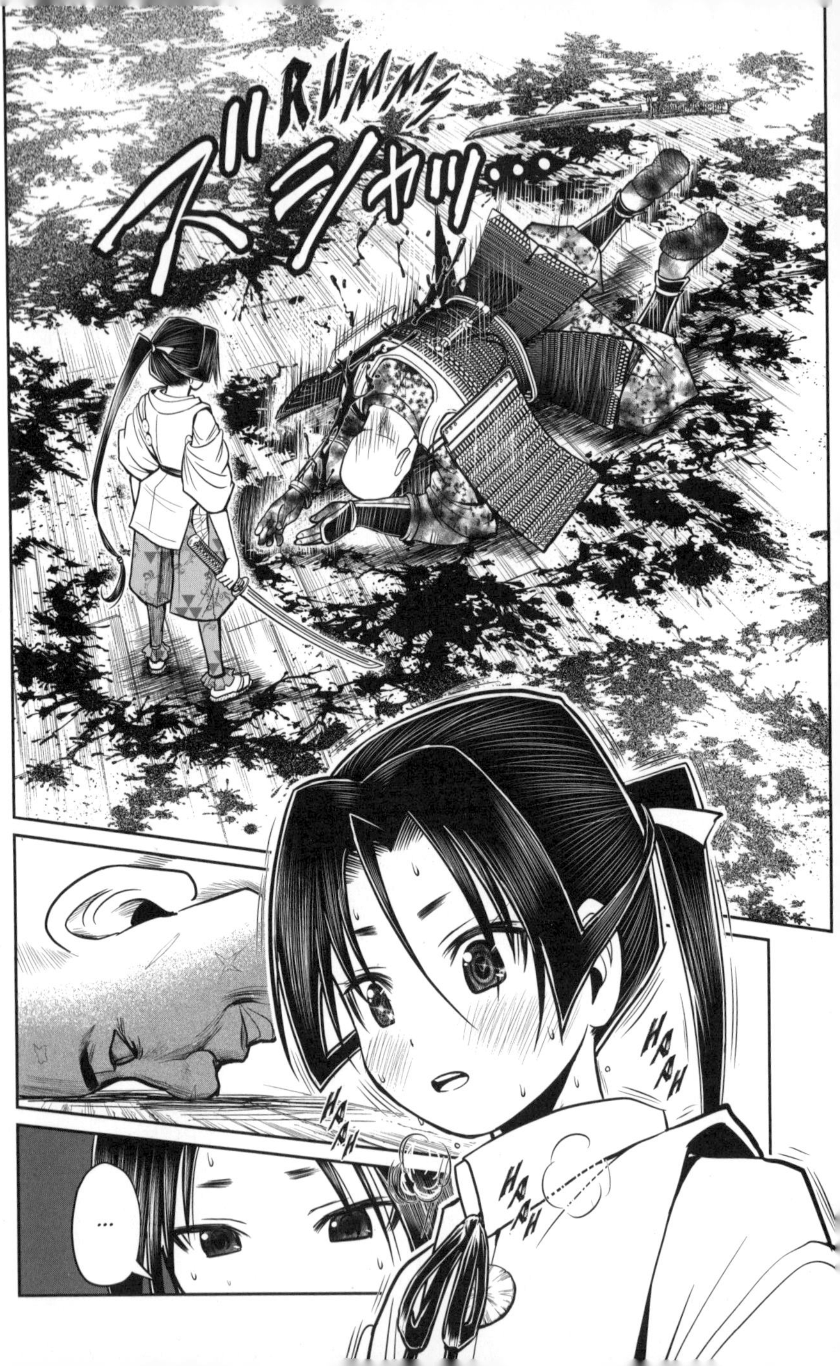

ズシャッ…
RUMMS
HAPH
HAPH
HAPH
…

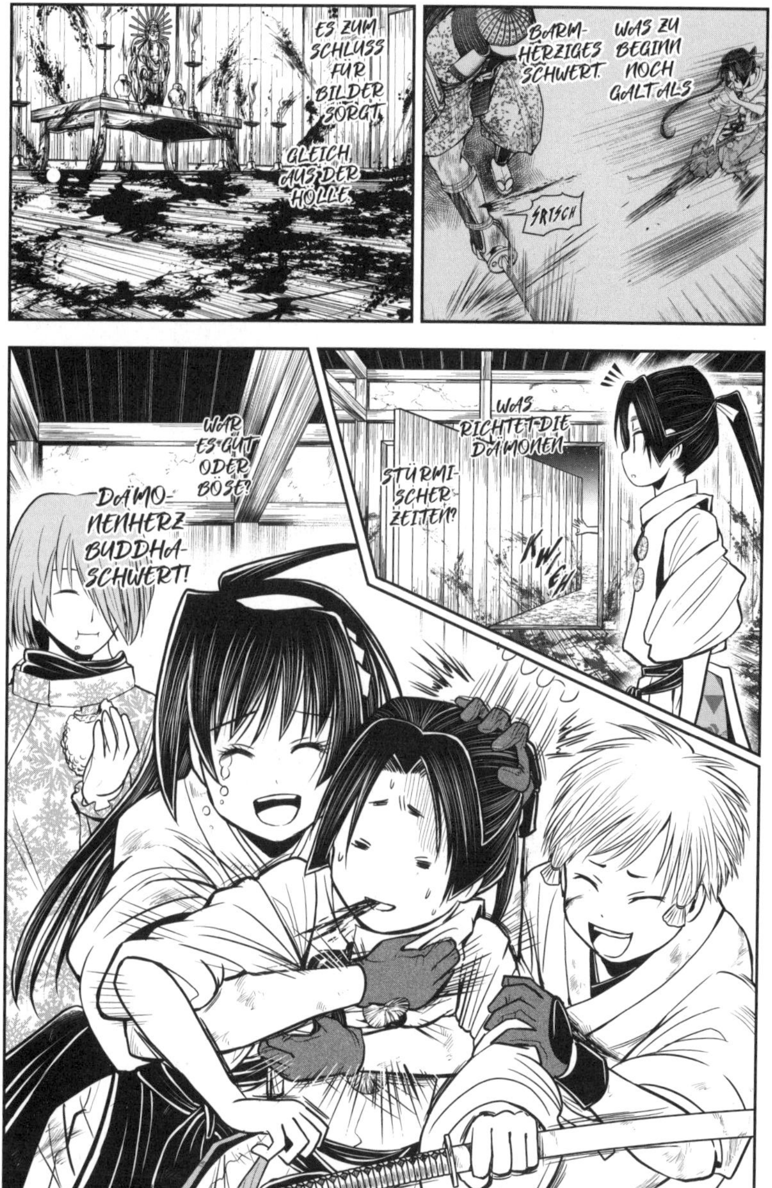
WAS ZU BEGINN NOCH GALT ALS
BARM-HERZIGES SCHWERT,
SRTSCH
ES ZUM SCHLUSS FÜR BILDER SORGT,
GLEICH AUS DER HÖLLE.
WAS RICHTET DIE DÄMONEN
STÜRMI-SCHER ZEITEN?
KWIEH
WAR ES GUT ODER BÖSE?
DÄMO-NENHERZ BUDDHA-SCHWERT!

SCHADENSBERICHT

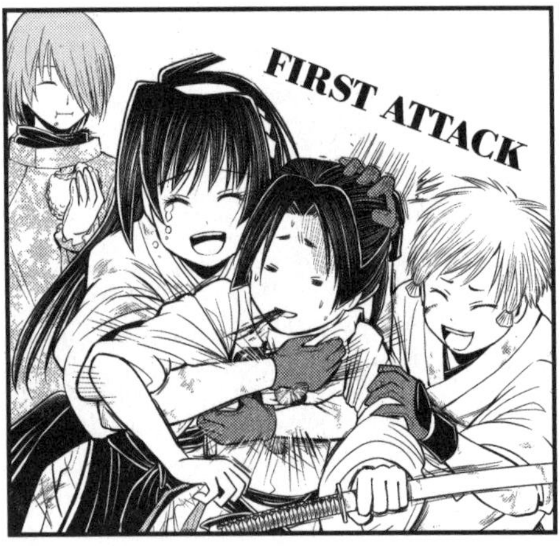

Fubuki: vereinzelte Schnittwunden

Ayako: Schnitt- und Schürfwunden, diverse Prellungen

Kojiro: diverse Schnitt- und Schürfwunden

Tokiyuki: Rippenfraktur

The Elusive Samurai

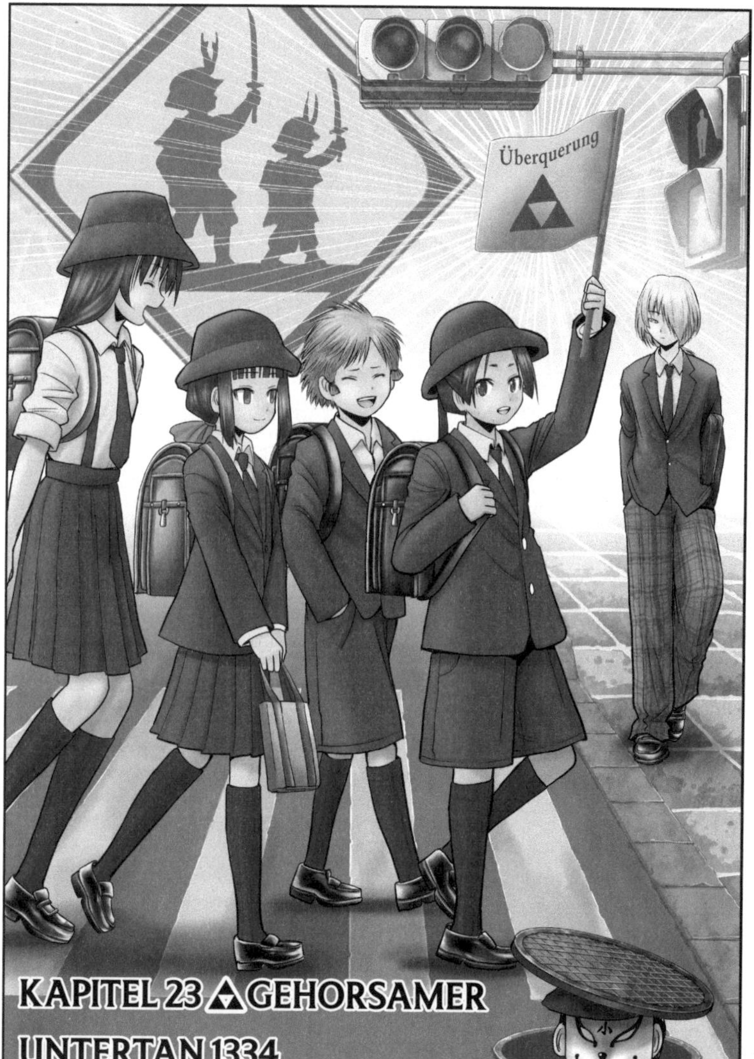

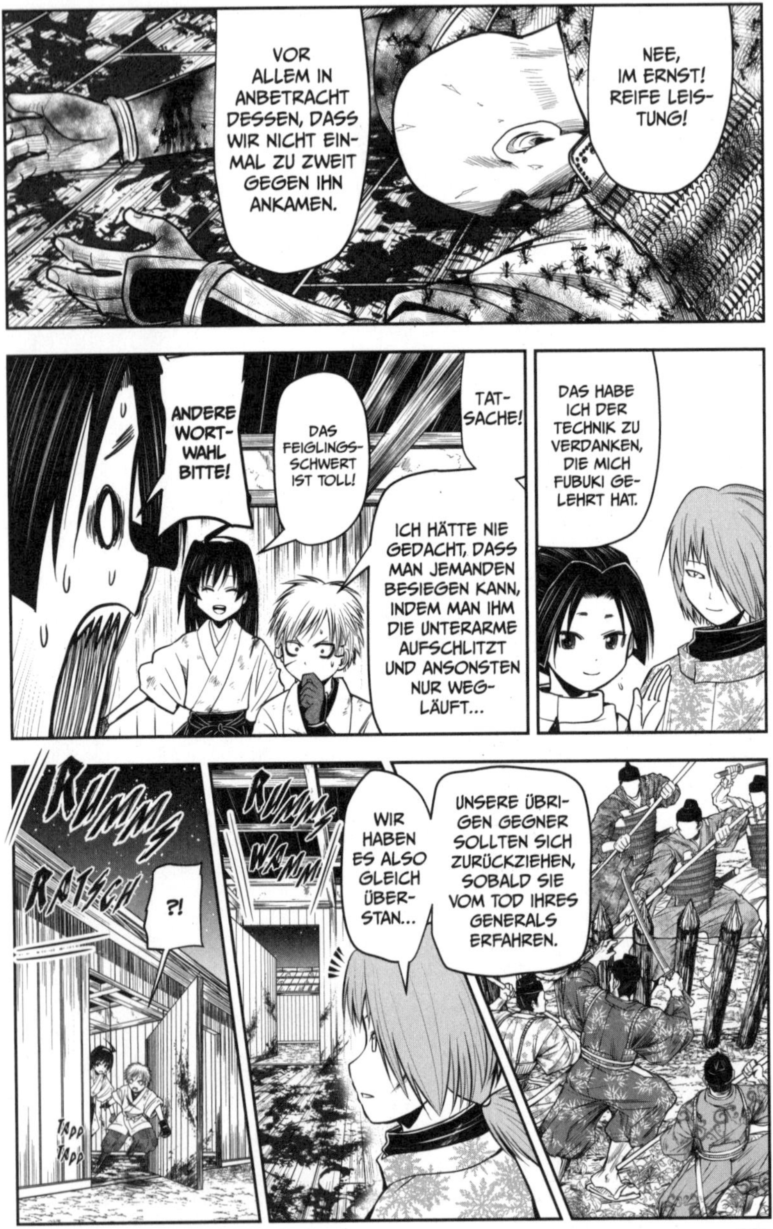
NEE, IM ERNST! REIFE LEISTUNG!
VOR ALLEM IN ANBETRACHT DESSEN, DASS WIR NICHT EINMAL ZU ZWEIT GEGEN IHN ANKAMEN.
DAS HABE ICH DER TECHNIK ZU VERDANKEN, DIE MICH FUBUKI GELEHRT HAT.
TATSACHE!
ICH HÄTTE NIE GEDACHT, DASS MAN JEMANDEN BESIEGEN KANN, INDEM MAN IHM DIE UNTERARME AUFSCHLITZT UND ANSONSTEN NUR WEGLÄUFT…
DAS FEIGLINGSSCHWERT IST TOLL!
ANDERE WORTWAHL BITTE!
UNSERE ÜBRIGEN GEGNER SOLLTEN SICH ZURÜCKZIEHEN, SOBALD SIE VOM TOD IHRES GENERALS ERFAHREN.
WIR HABEN ES ALSO GLEICH ÜBERSTAN…
RUMMS
WAMM
RUMMS
RATSCH
?!
TAPP
TAPP

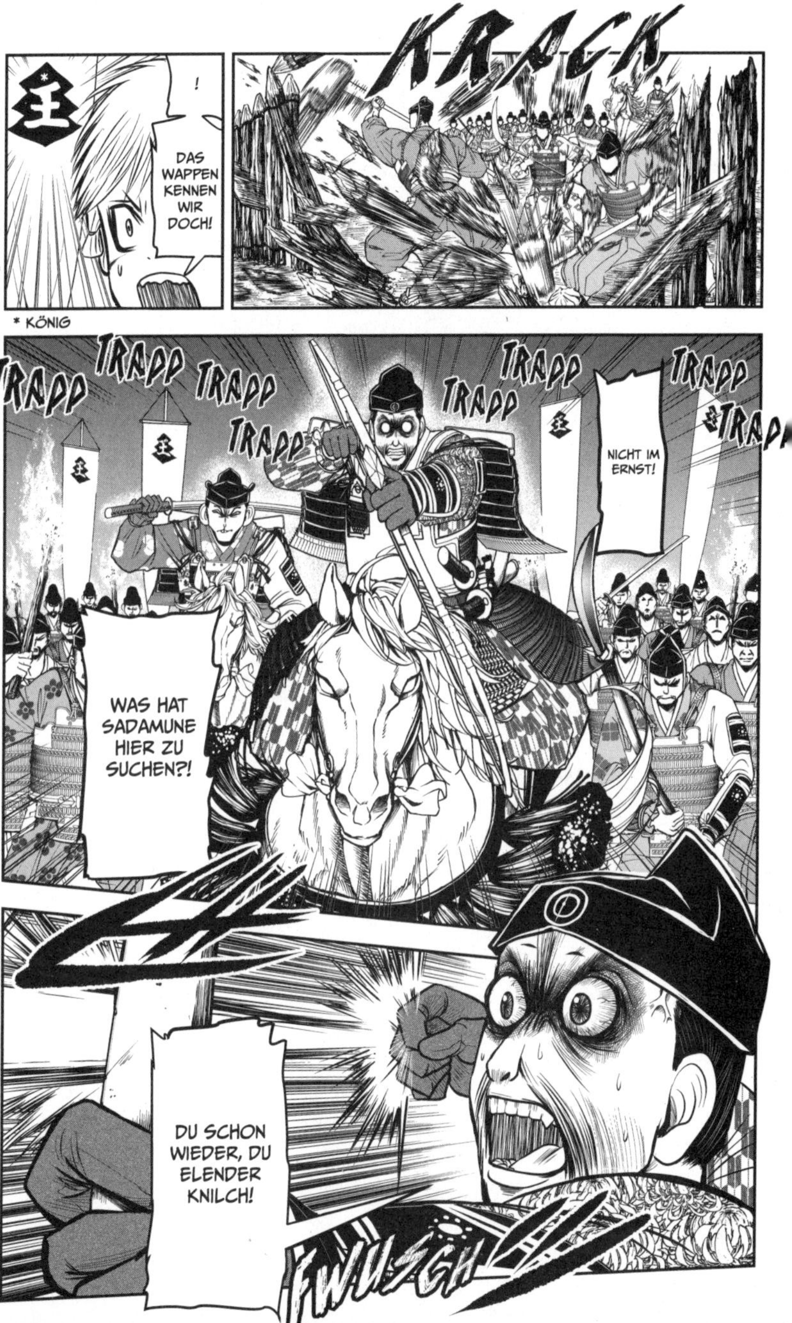
KRACK
!
DAS WAPPEN KENNEN WIR DOCH!
* KÖNIG
TRAPP TRAPP TRAPP TRAPP TRAPP TRAPP TRAPP TRAPP
NICHT IM ERNST!
WAS HAT SADAMUNE HIER ZU SUCHEN?!
DU SCHON WIEDER, DU ELENDER KNILCH!
FWUSCH

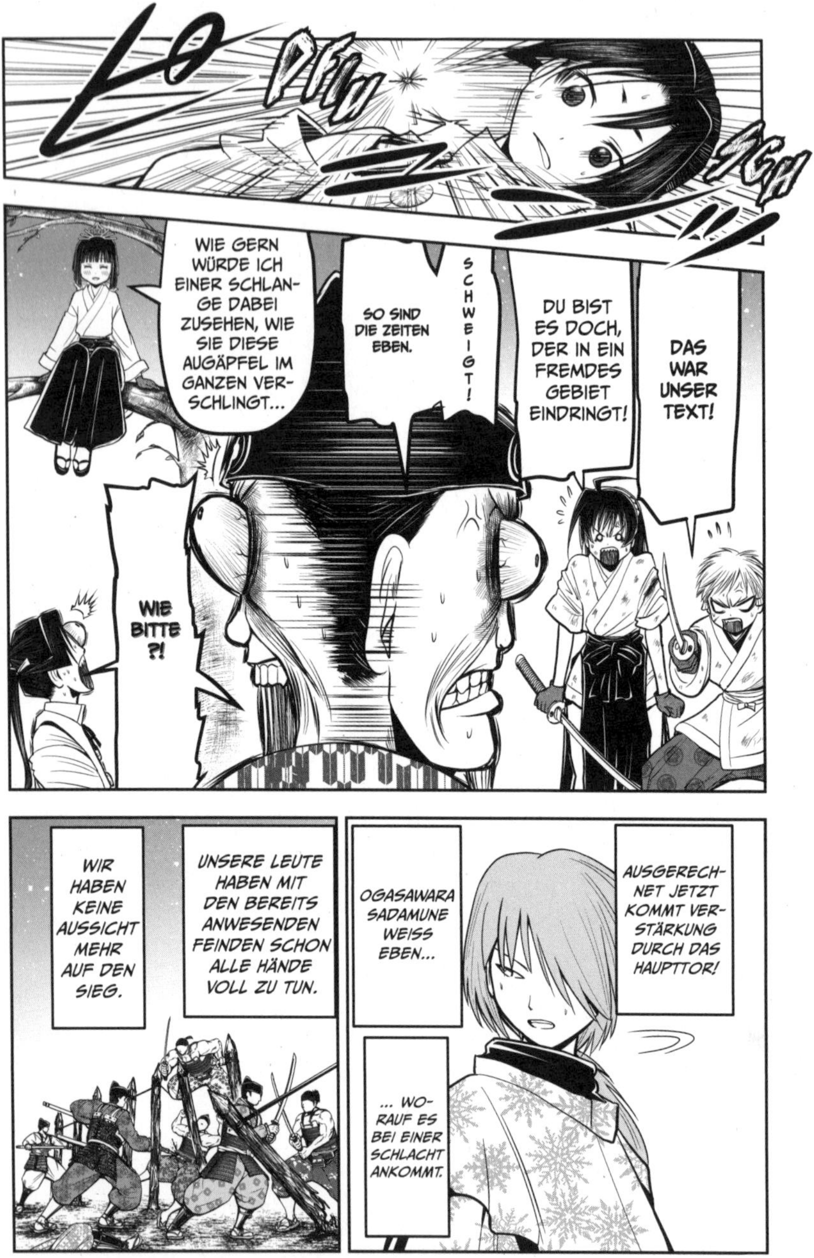
DAS WAR UNSER TEXT!
DU BIST ES DOCH, DER IN EIN FREMDES GEBIET EINDRINGT!
SCHWEIGT!
SO SIND DIE ZEITEN EBEN.
WIE GERN WÜRDE ICH EINER SCHLANGE DABEI ZUSEHEN, WIE SIE DIESE AUGÄPFEL IM GANZEN VERSCHLINGT...
WIE BITTE ?!
AUSGERECHNET JETZT KOMMT VERSTÄRKUNG DURCH DAS HAUPTTOR!
OGASAWARA SADAMUNE WEISS EBEN...
... WORAUF ES BEI EINER SCHLACHT ANKOMMT.
UNSERE LEUTE HABEN MIT DEN BEREITS ANWESENDEN FEINDEN SCHON ALLE HÄNDE VOLL ZU TUN.
WIR HABEN KEINE AUSSICHT MEHR AUF DEN SIEG.

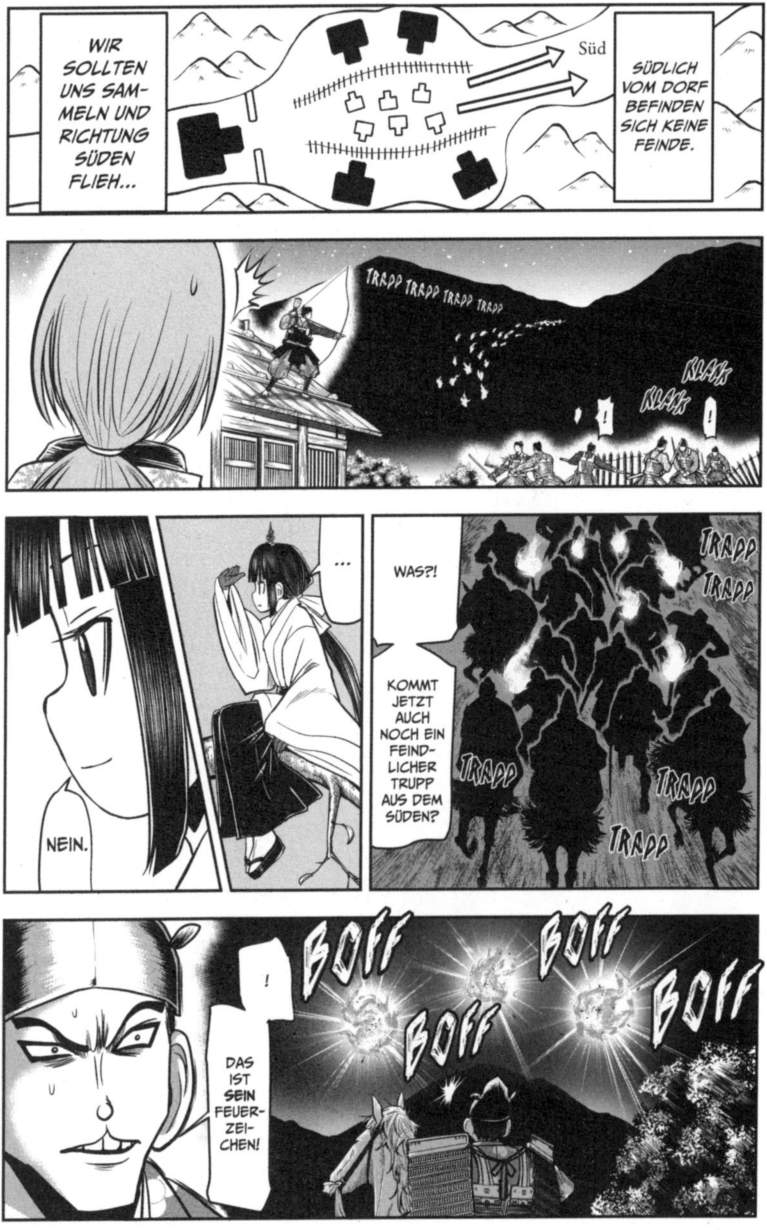
SÜDLICH VOM DORF BEFINDEN SICH KEINE FEINDE.
Süd
WIR SOLLTEN UNS SAMMELN UND RICHTUNG SÜDEN FLIEH...
KLACK KLACK
!
!
TRAPP TRAPP TRAPP TRAPP
TRAPP TRAPP
TRAPP TRAPP TRAPP
TRAPP
WAS?!
KOMMT JETZT AUCH NOCH EIN FEINDLICHER TRUPP AUS DEM SÜDEN?
...
NEIN.
BOFF BOFF BOFF BOFF
!
DAS IST SEIN FEUERZEICHEN!

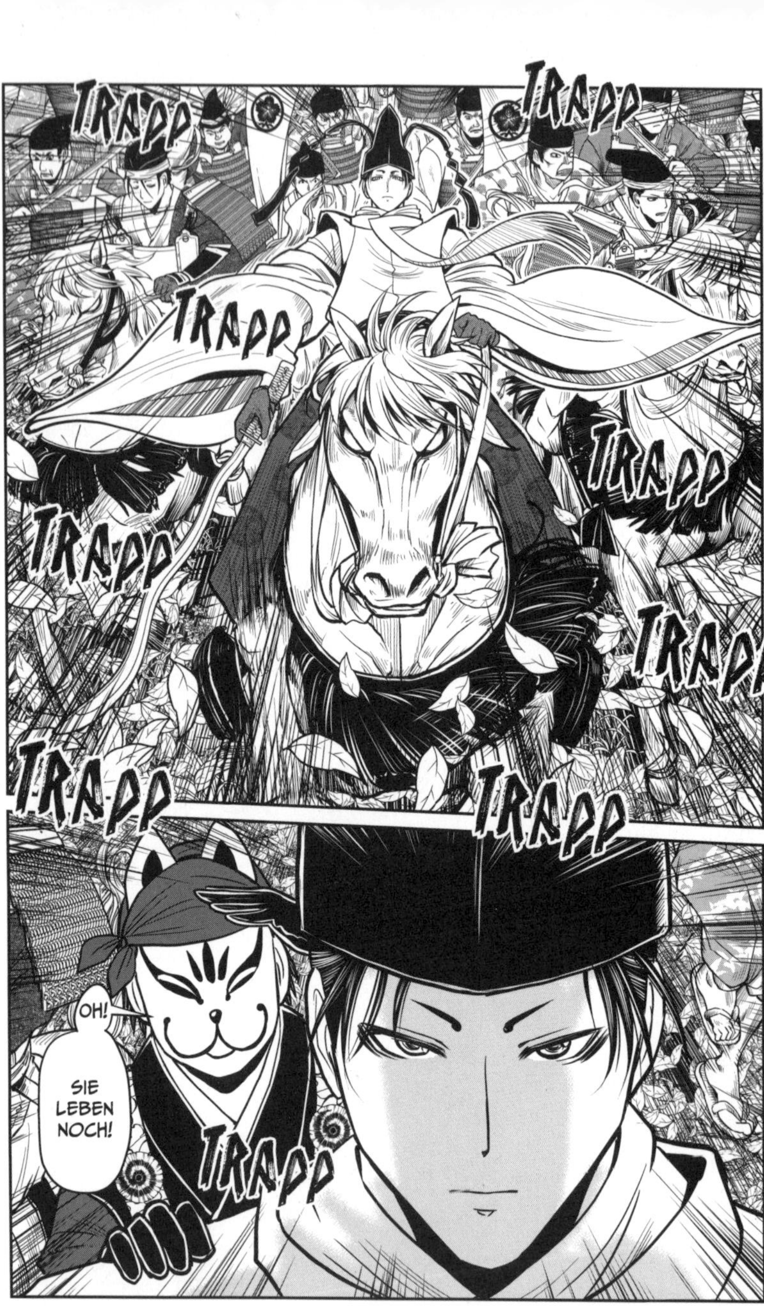
TRAPP
TRAPP
TRAPP
TRAPP
TRAPP
TRAPP
TRAPP
TRAPP
TRAPP
OH!
SIE LEBEN NOCH!
TRAPP

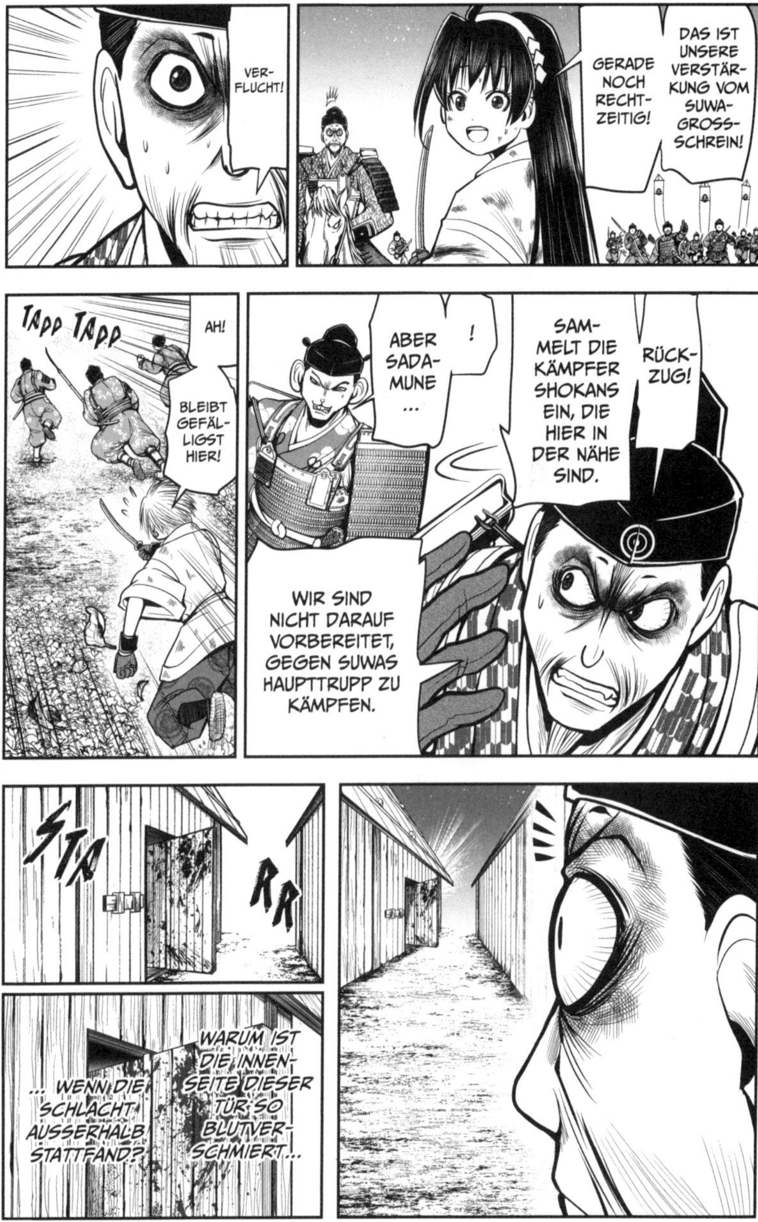
DAS IST UNSERE VERSTÄRKUNG VOM SUWA-GROSS-SCHREIN!
GERADE NOCH RECHT-ZEITIG!
VER-FLUCHT!
RÜCK-ZUG!
SAM-MELT DIE KÄMPFER SHOKANS EIN, DIE HIER IN DER NÄHE SIND.
!
ABER SADA-MUNE ...
WIR SIND NICHT DARAUF VORBEREITET, GEGEN SUWAS HAUPTTRUPP ZU KÄMPFEN.
AH!
BLEIBT GEFÄL-LIGST HIER!
TAPP TAPP
STRRR
WARUM IST DIE INNEN-SEITE DIESER TÜR SO BLUTVER-SCHMIERT...
... WENN DIE SCHLACHT AUSSERHALB STATTFAND?

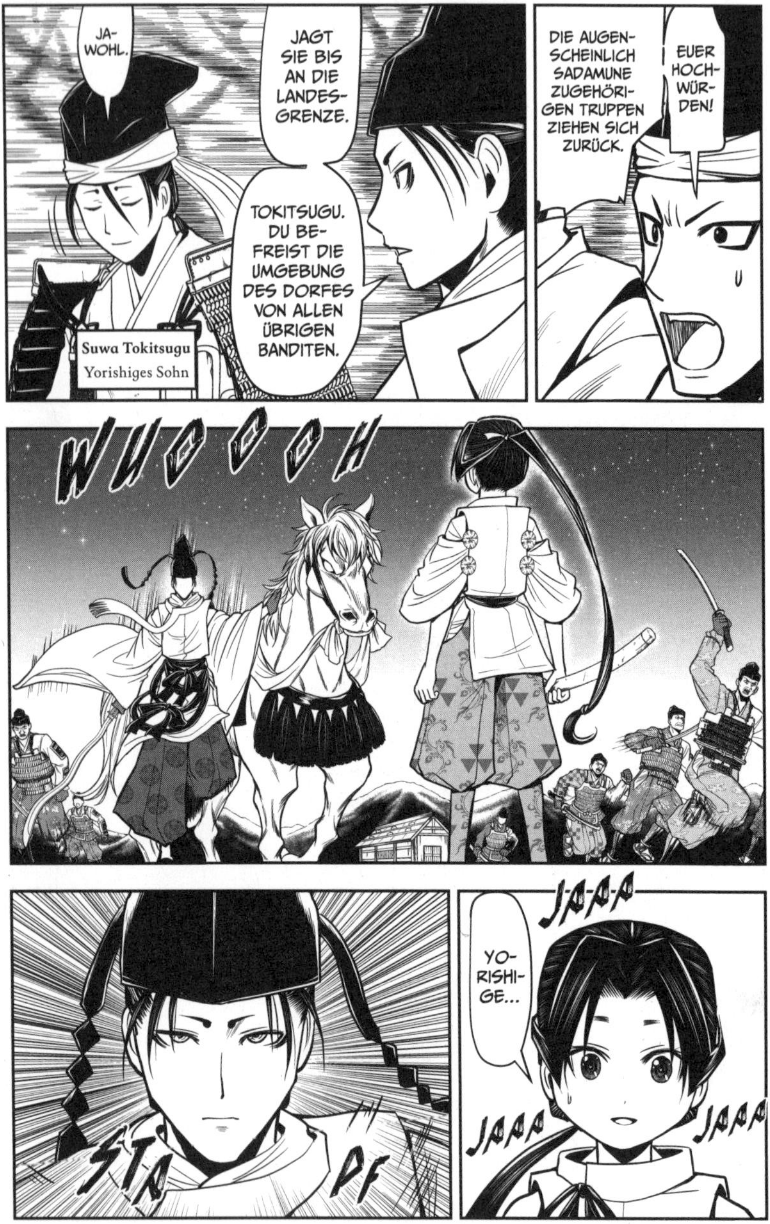
EUER HOCHWÜRDEN!
DIE AUGENSCHEINLICH SADAMUNE ZUGEHÖRIGEN TRUPPEN ZIEHEN SICH ZURÜCK.
JAGT SIE BIS AN DIE LANDESGRENZE.
TOKITSUGU. DU BEFREIST DIE UMGEBUNG DES DORFES VON ALLEN ÜBRIGEN BANDITEN.
JAWOHL.
Suwa Tokitsugu
Yorishiges Sohn
WUOOOH
JAAA
YORISHIGE...
JAAA
JAAA
STAPF

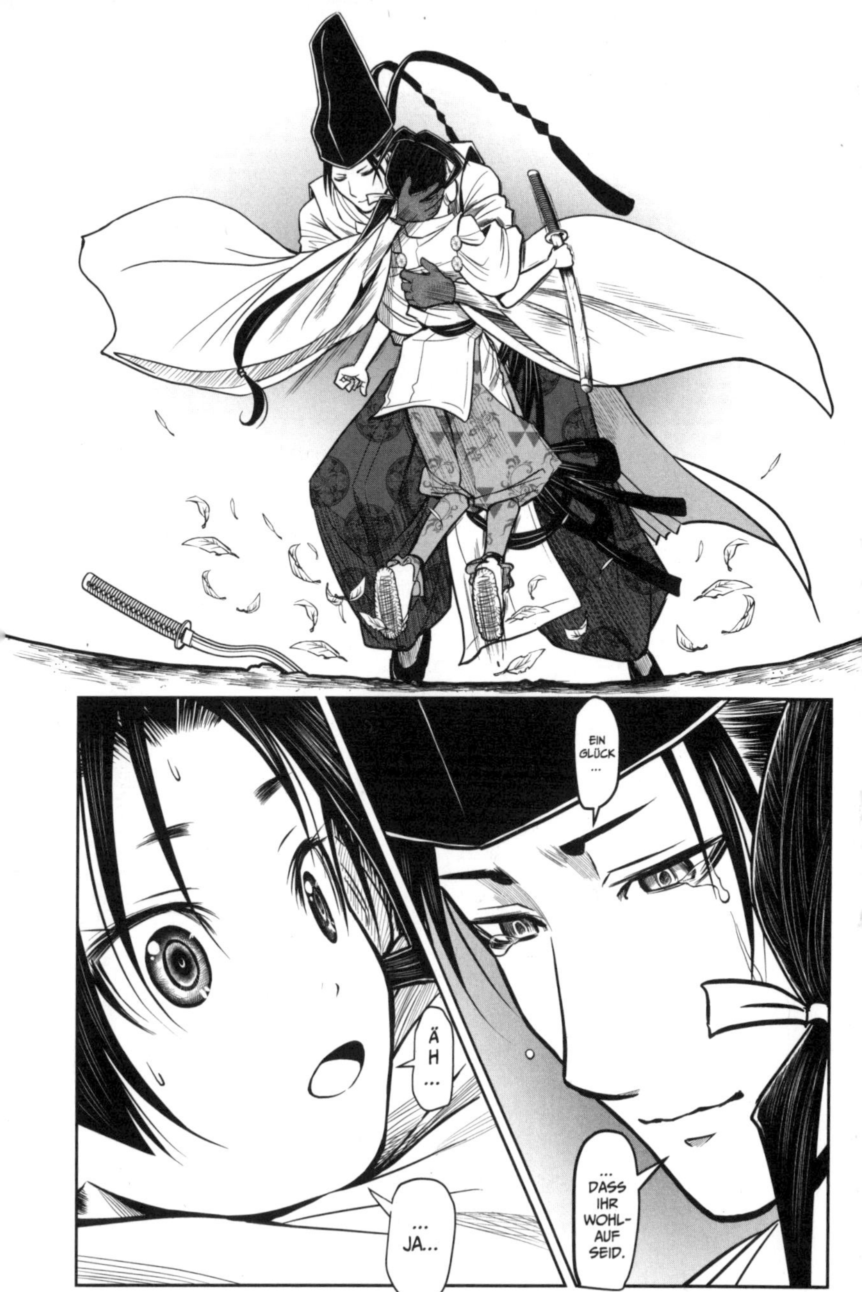
EIN GLÜCK ...
ÄH ...
... DASS IHR WOHL-AUF SEID.
... JA...

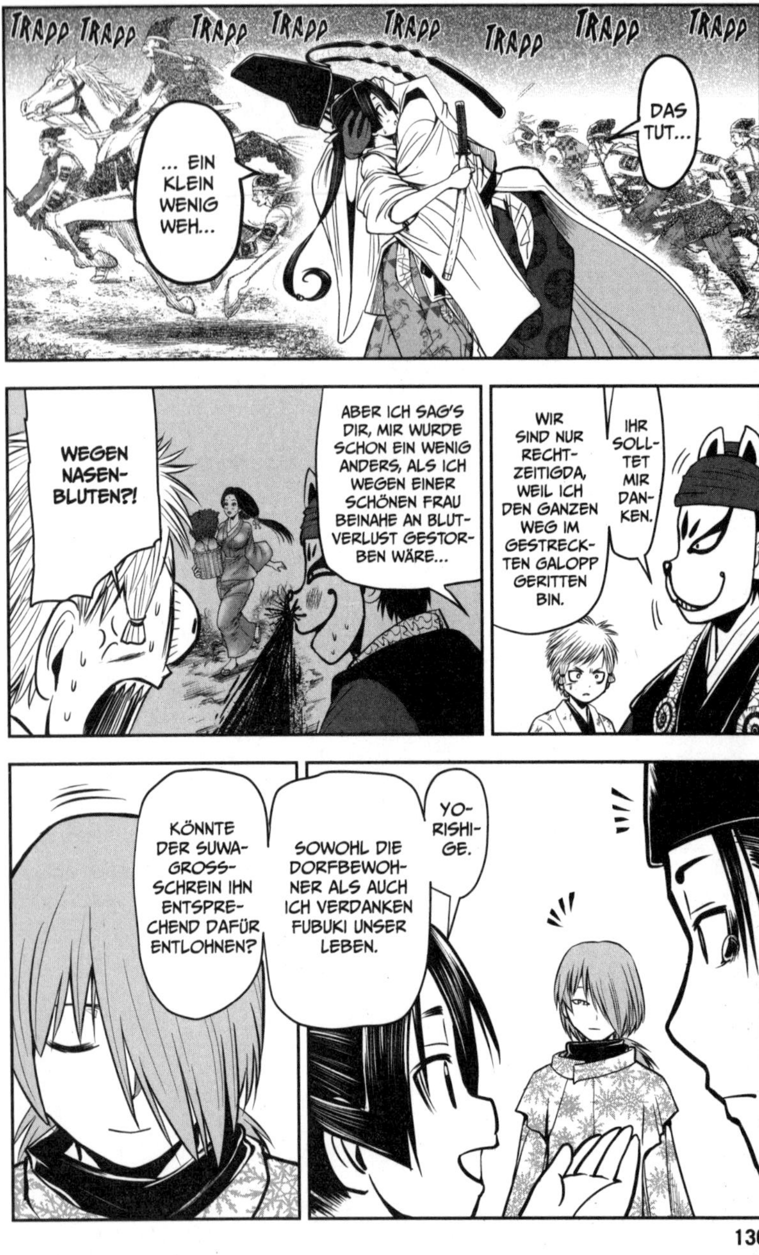
TRAPP TRAPP TRAPP TRAPP TRAPP TRAPP TRAPP TRAPP
DAS TUT...
... EIN KLEIN WENIG WEH...
IHR SOLLTET MIR DANKEN.
WIR SIND NUR RECHTZEITIGDA, WEIL ICH DEN GANZEN WEG IM GESTRECKTEN GALOPP GERITTEN BIN.
ABER ICH SAG'S DIR, MIR WURDE SCHON EIN WENIG ANDERS, ALS ICH WEGEN EINER SCHÖNEN FRAU BEINAHE AN BLUTVERLUST GESTORBEN WÄRE...
WEGEN NASENBLUTEN?!
YORISHIGE.
SOWOHL DIE DORFBEWOHNER ALS AUCH ICH VERDANKEN FUBUKI UNSER LEBEN.
KÖNNTE DER SUWA-GROSSSCHREIN IHN ENTSPRECHEND DAFÜR ENTLOHNEN?

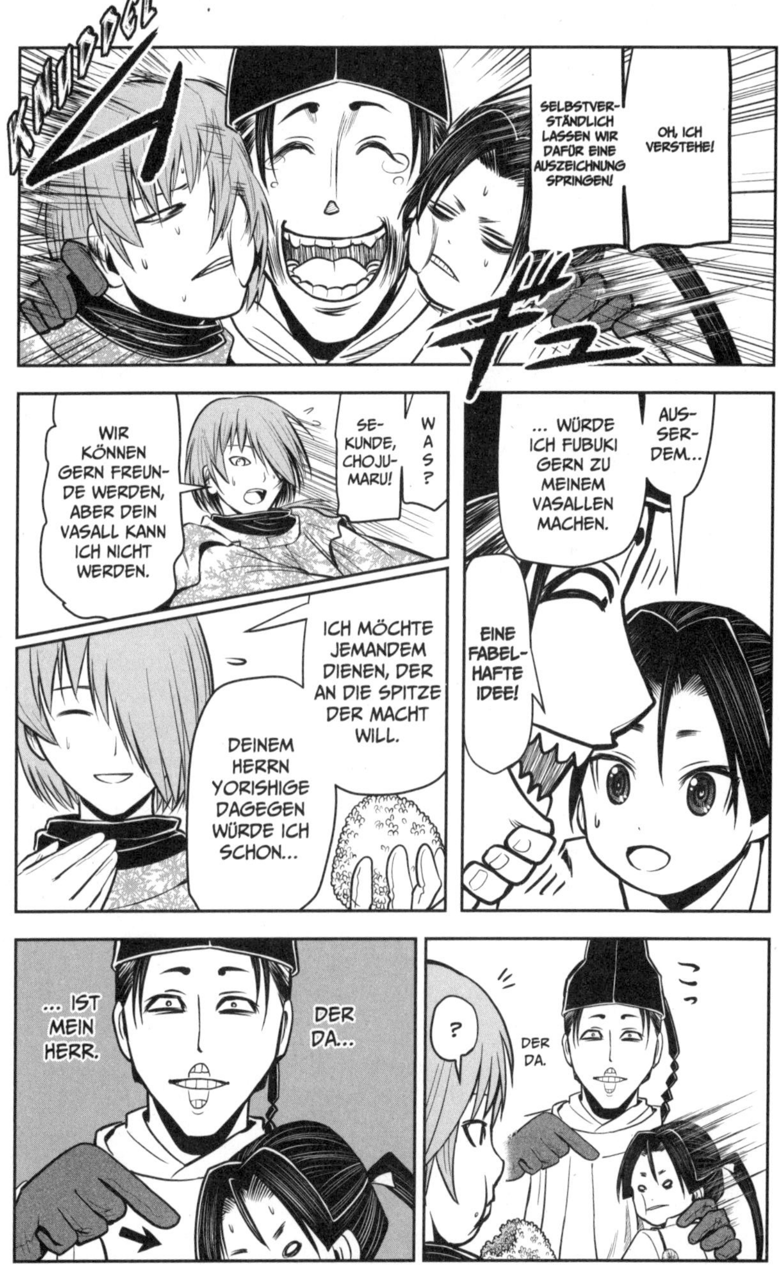
OH, ICH VERSTEHE!
SELBSTVERSTÄNDLICH LASSEN WIR DAFÜR EINE AUSZEICHNUNG SPRINGEN!
KNUDDEL
AUSSERDEM...
... WÜRDE ICH FUBUKI GERN ZU MEINEM VASALLEN MACHEN.
EINE FABELHAFTE IDEE!
WAS?
SEKUNDE, CHOJUMARU!
WIR KÖNNEN GERN FREUNDE WERDEN, ABER DEIN VASALL KANN ICH NICHT WERDEN.
ICH MÖCHTE JEMANDEM DIENEN, DER AN DIE SPITZE DER MACHT WILL.
DEINEM HERRN YORISHIGE DAGEGEN WÜRDE ICH SCHON...
?
DER DA.
DER DA...
... IST MEIN HERR.

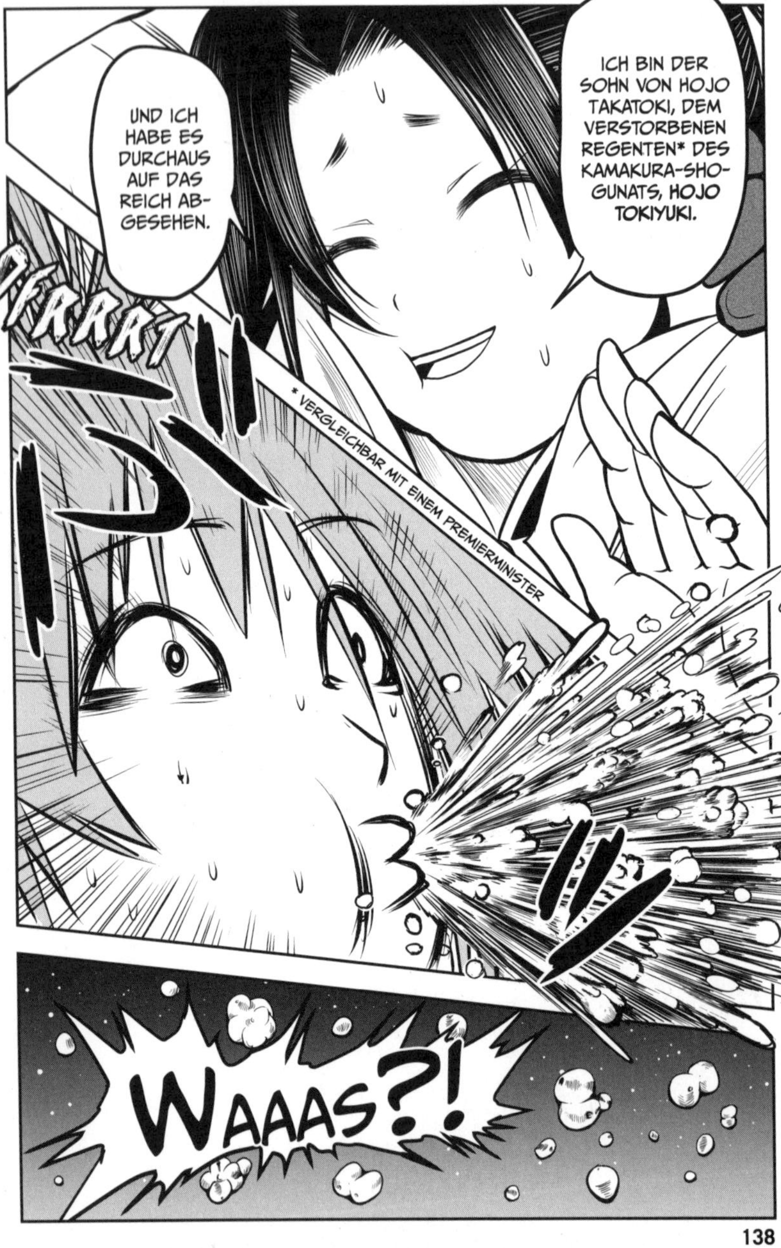
ICH BIN DER SOHN VON HOJO TAKATOKI, DEM VERSTORBENEN REGENTEN* DES KAMAKURA-SHOGUNATS, HOJO TOKIYUKI.
UND ICH HABE ES DURCHAUS AUF DAS REICH ABGESEHEN.
PFRRRT
* VERGLEICHBAR MIT EINEM PREMIERMINISTER
WAAAS?!

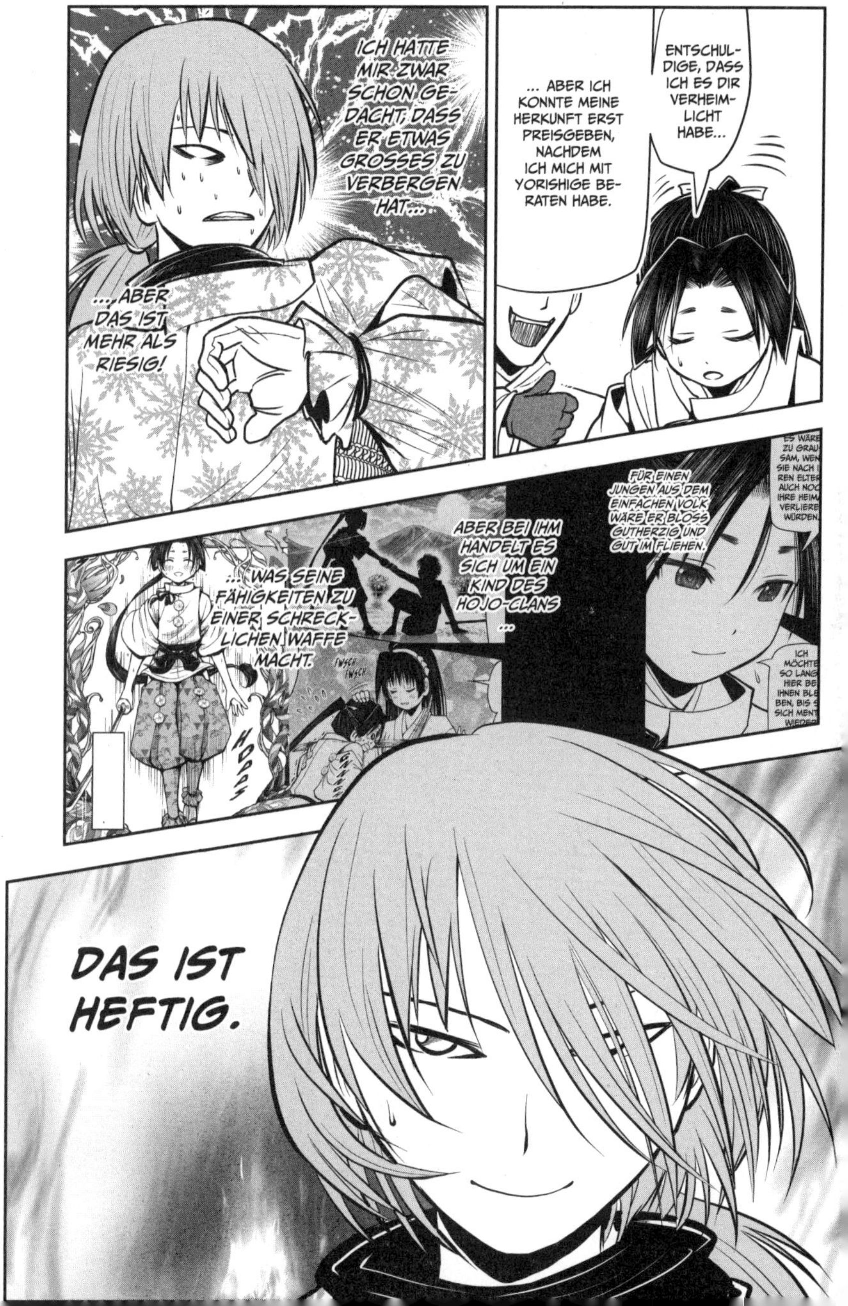
ENTSCHULDIGE, DASS ICH ES DIR VERHEIMLICHT HABE...
... ABER ICH KONNTE MEINE HERKUNFT ERST PREISGEBEN, NACHDEM ICH MICH MIT YORISHIGE BERATEN HABE.
ICH HATTE MIR ZWAR SCHON GEDACHT, DASS ER ETWAS GROSSES ZU VERBERGEN HAT...
... ABER DAS IST MEHR ALS RIESIG!
FÜR EINEN JUNGEN AUS DEM EINFACHEN VOLK WÄRE ER BLOSS GUTHERZIG UND GUT IM FLIEHEN.
ABER BEI IHM HANDELT ES SICH UM EIN KIND DES HOJO-CLANS ...
FWSCH FWSCH
... WAS SEINE FÄHIGKEITEN ZU EINER SCHRECKLICHEN WAFFE MACHT.
HOOPS
DAS IST HEFTIG.

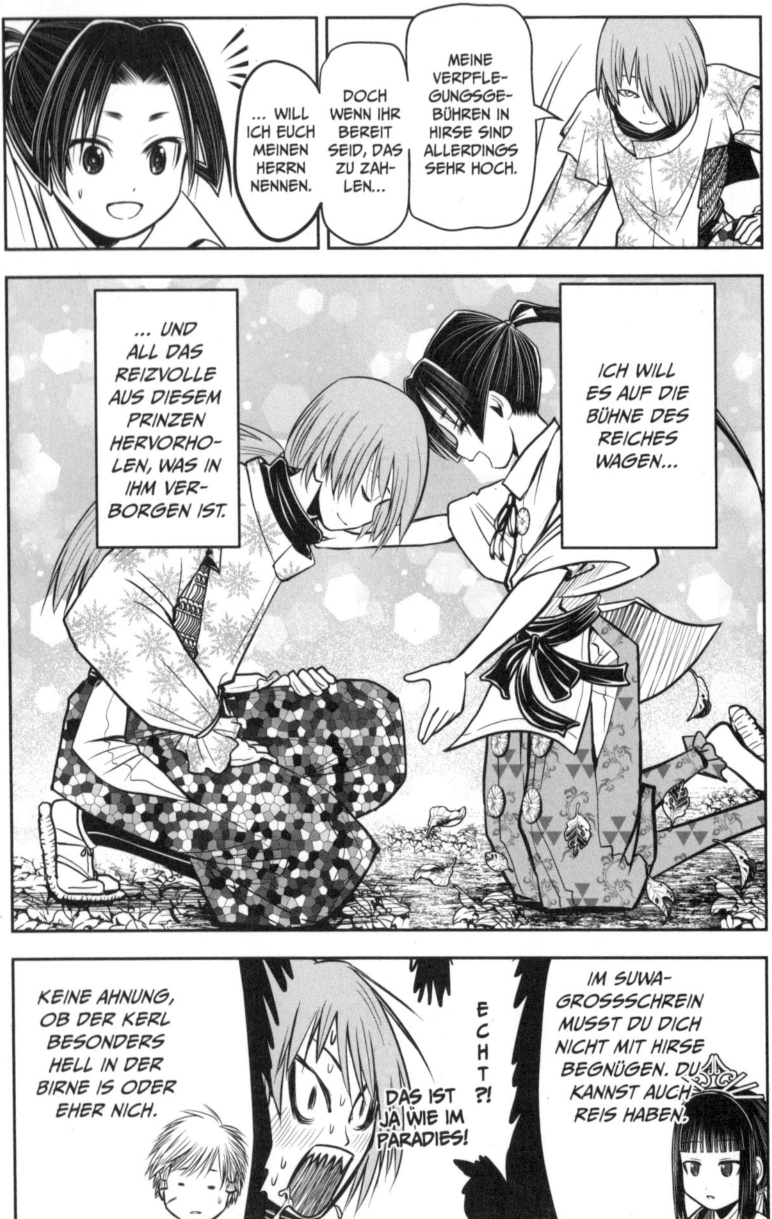
MEINE VERPFLEGUNGSGEBÜHREN IN HIRSE SIND ALLERDINGS SEHR HOCH.
DOCH WENN IHR BEREIT SEID, DAS ZU ZAHLEN...
... WILL ICH EUCH MEINEN HERRN NENNEN.
ICH WILL ES AUF DIE BÜHNE DES REICHES WAGEN...
... UND ALL DAS REIZVOLLE AUS DIESEM PRINZEN HERVORHOLEN, WAS IN IHM VERBORGEN IST.
IM SUWA-GROSSSCHREIN MUSST DU DICH NICHT MIT HIRSE BEGNÜGEN. DU KANNST AUCH REIS HABEN.
ECHT?!
DAS IST JA WIE IM PARADIES!
KEINE AHNUNG, OB DER KERL BESONDERS HELL IN DER BIRNE IS ODER EHER NICH.

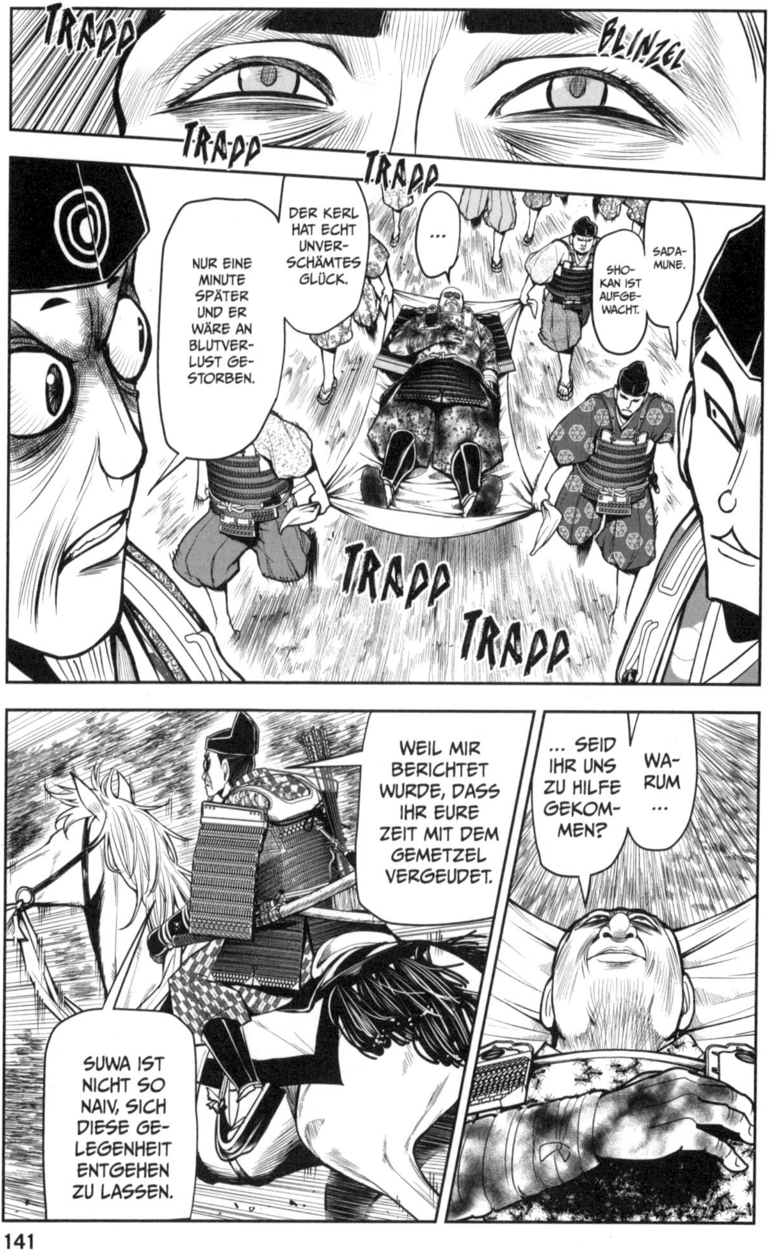
TRAPP
BLINZEL
TRAPP
TRAPP
SADAMUNE.
SHOKAN IST AUFGEWACHT.
...
DER KERL HAT ECHT UNVERSCHÄMTES GLÜCK.
NUR EINE MINUTE SPÄTER UND ER WÄRE AN BLUTVERLUST GESTORBEN.
TRAPP
TRAPP
WARUM ...
... SEID IHR UNS ZU HILFE GEKOMMEN?
WEIL MIR BERICHTET WURDE, DASS IHR EURE ZEIT MIT DEM GEMETZEL VERGEUDET.
SUWA IST NICHT SO NAIV, SICH DIESE GELEGENHEIT ENTGEHEN ZU LASSEN.

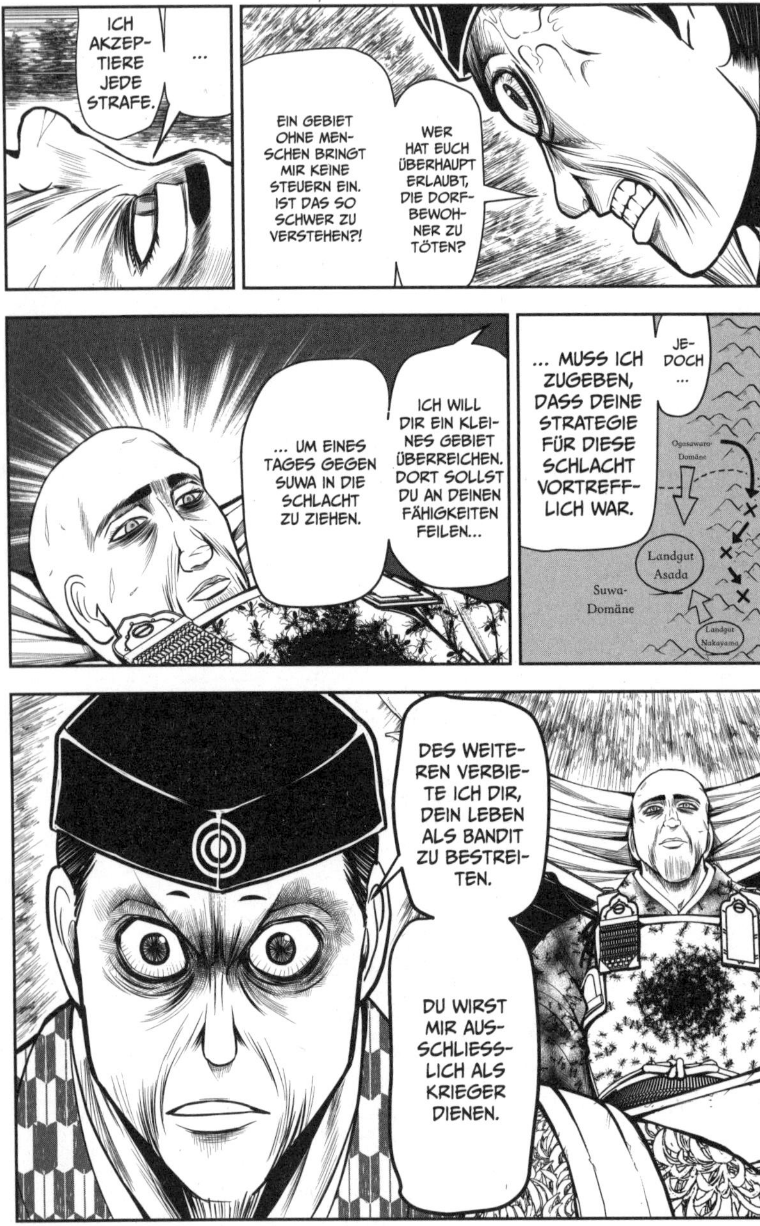
WER HAT EUCH ÜBERHAUPT ERLAUBT, DIE DORFBEWOHNER ZU TÖTEN?
EIN GEBIET OHNE MENSCHEN BRINGT MIR KEINE STEUERN EIN. IST DAS SO SCHWER ZU VERSTEHEN?!
...
ICH AKZEPTIERE JEDE STRAFE.
JEDOCH ...
... MUSS ICH ZUGEBEN, DASS DEINE STRATEGIE FÜR DIESE SCHLACHT VORTREFFLICH WAR.
Ogasawara-Domäne
Landgut Asada
Suwa-Domäne
Landgut Nakayama
ICH WILL DIR EIN KLEINES GEBIET ÜBERREICHEN. DORT SOLLST DU AN DEINEN FÄHIGKEITEN FEILEN...
... UM EINES TAGES GEGEN SUWA IN DIE SCHLACHT ZU ZIEHEN.
DES WEITEREN VERBIETE ICH DIR, DEIN LEBEN ALS BANDIT ZU BESTREITEN.
DU WIRST MIR AUSSCHLIESSLICH ALS KRIEGER DIENEN.

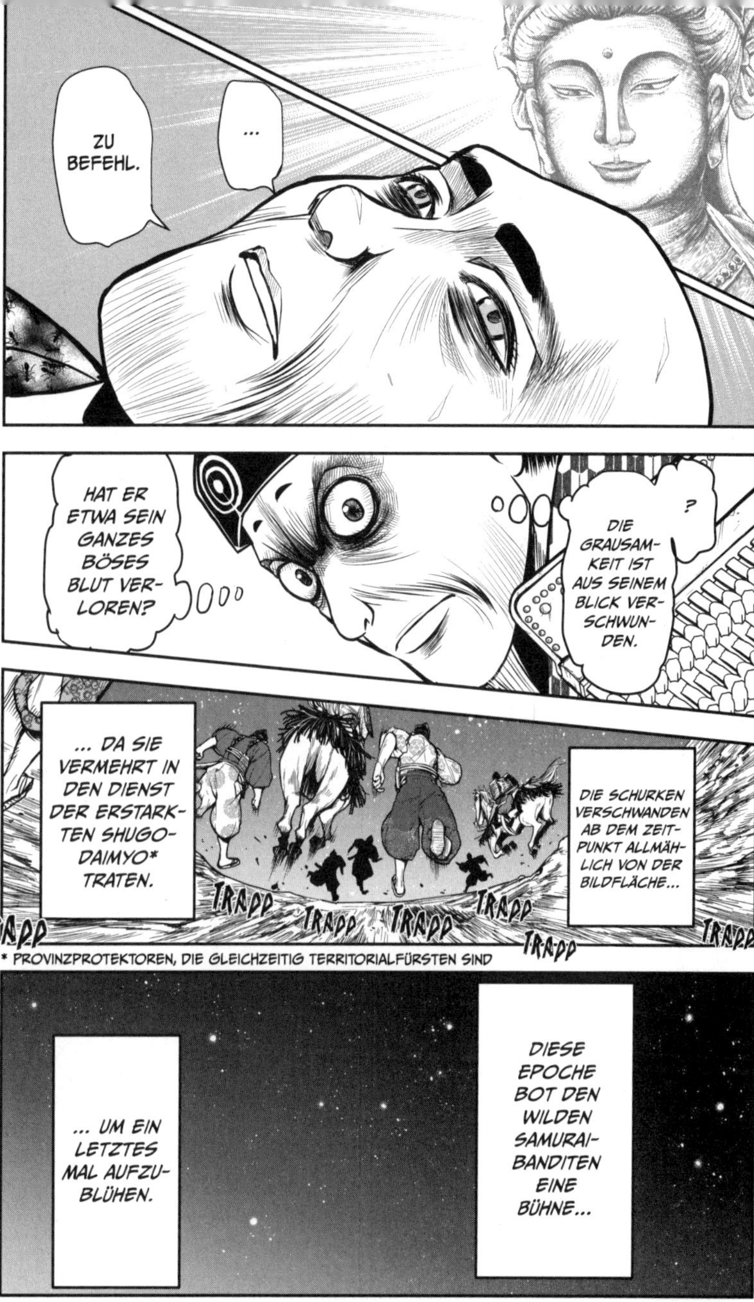

* PROVINZPROTEKTOREN, DIE GLEICHZEITIG TERRITORIALFÜRSTEN SIND

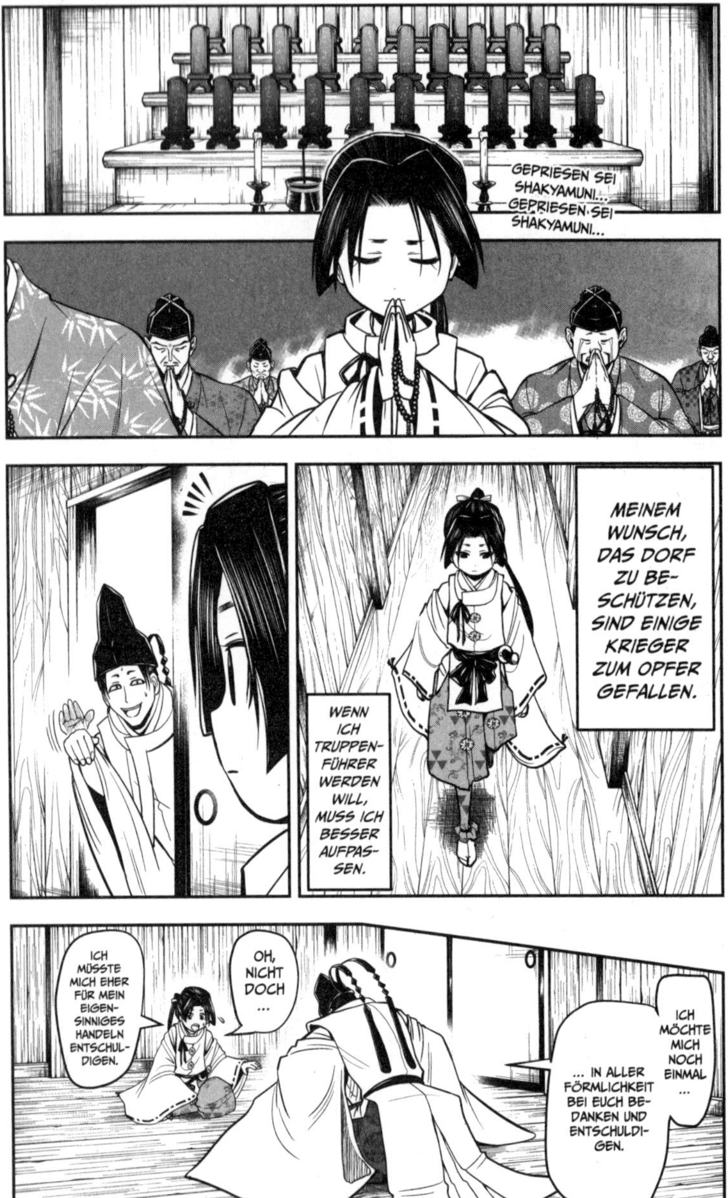
GEPRIESEN SEI SHAKYAMUNI… GEPRIESEN SEI SHAKYAMUNI…
MEINEM WUNSCH, DAS DORF ZU BESCHÜTZEN, SIND EINIGE KRIEGER ZUM OPFER GEFALLEN.
WENN ICH TRUPPENFÜHRER WERDEN WILL, MUSS ICH BESSER AUFPASSEN.
ICH MÖCHTE MICH NOCH EINMAL …
… IN ALLER FÖRMLICHKEIT BEI EUCH BEDANKEN UND ENTSCHULDIGEN.
OH, NICHT DOCH …
ICH MÜSSTE MICH EHER FÜR MEIN EIGENSINNIGES HANDELN ENTSCHULDIGEN.

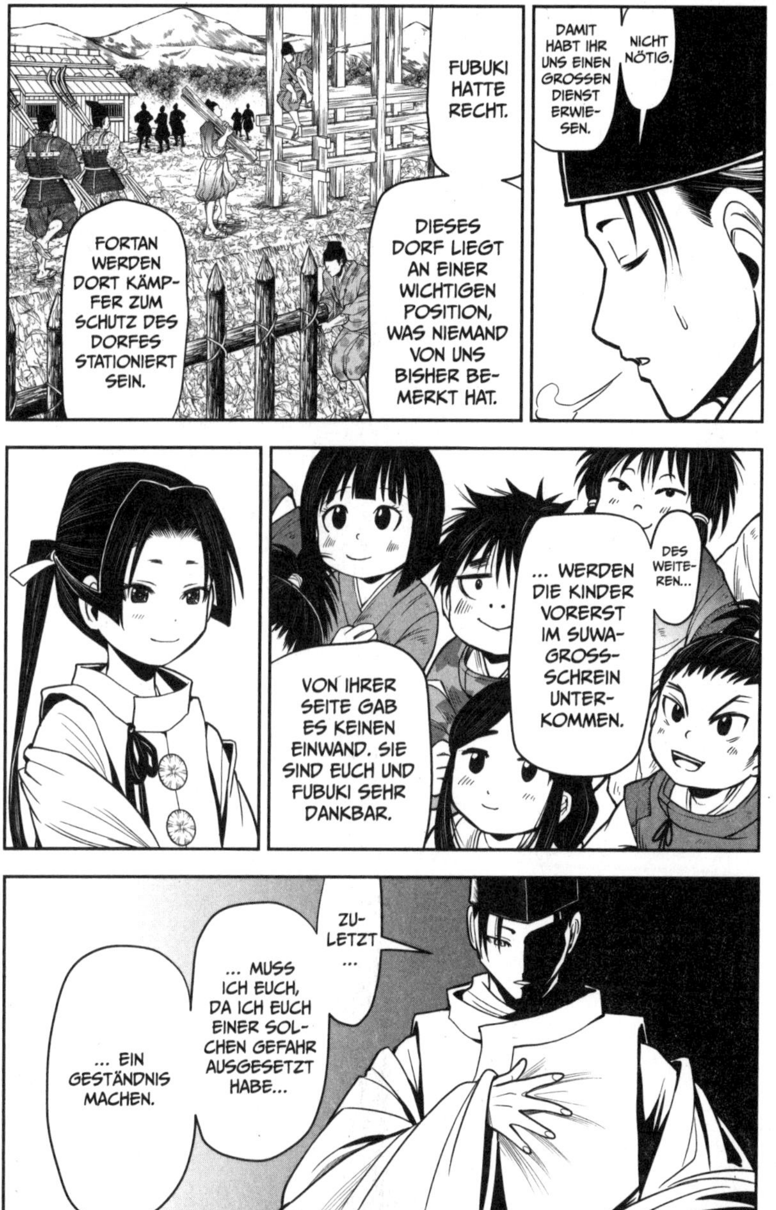
NICHT NÖTIG.
DAMIT HABT IHR UNS EINEN GROSSEN DIENST ERWIESEN.
FUBUKI HATTE RECHT.
DIESES DORF LIEGT AN EINER WICHTIGEN POSITION, WAS NIEMAND VON UNS BISHER BEMERKT HAT.
FORTAN WERDEN DORT KÄMPFER ZUM SCHUTZ DES DORFES STATIONIERT SEIN.
DES WEITEREN...
... WERDEN DIE KINDER VORERST IM SUWA-GROSSSCHREIN UNTERKOMMEN.
VON IHRER SEITE GAB ES KEINEN EINWAND. SIE SIND EUCH UND FUBUKI SEHR DANKBAR.
ZULETZT ...
... MUSS ICH EUCH, DA ICH EUCH EINER SOLCHEN GEFAHR AUSGESETZT HABE...
... EIN GESTÄNDNIS MACHEN.

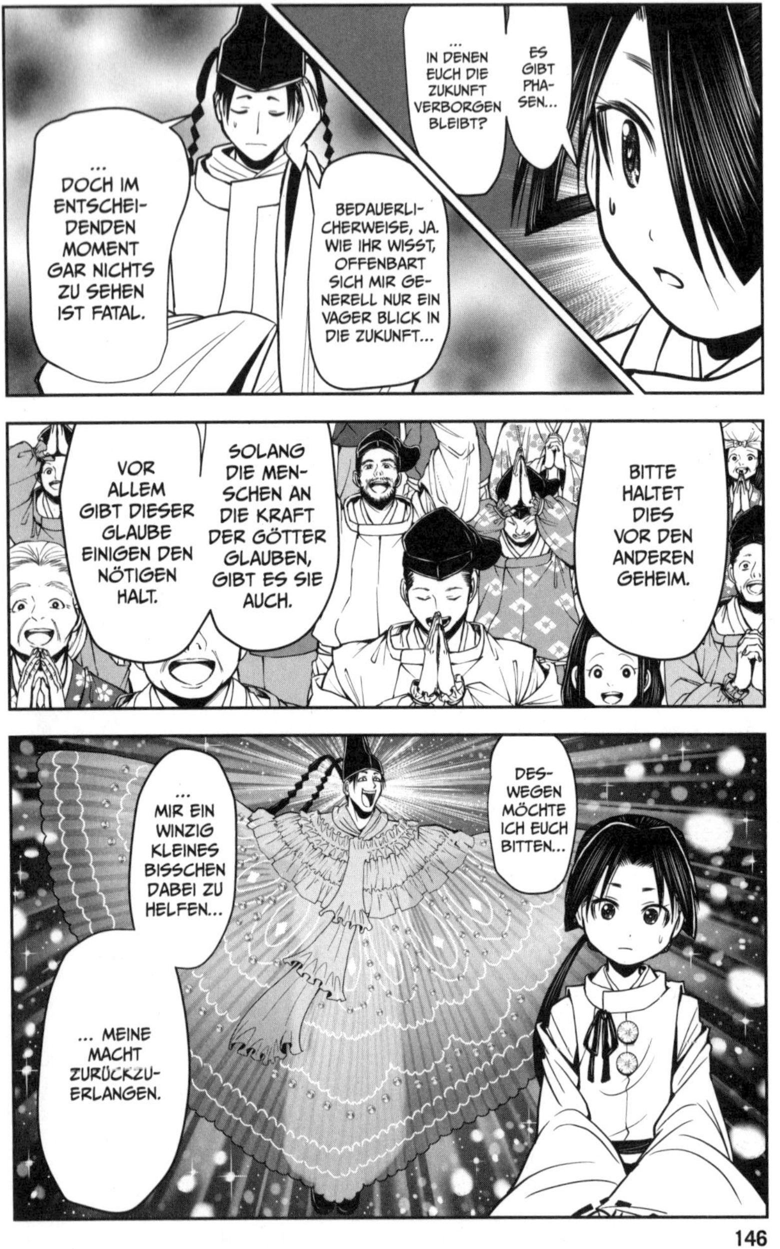
ES GIBT PHASEN...
... IN DENEN EUCH DIE ZUKUNFT VERBORGEN BLEIBT?
BEDAUERLICHERWEISE, JA. WIE IHR WISST, OFFENBART SICH MIR GENERELL NUR EIN VAGER BLICK IN DIE ZUKUNFT...
... DOCH IM ENTSCHEIDENDEN MOMENT GAR NICHTS ZU SEHEN IST FATAL.
BITTE HALTET DIES VOR DEN ANDEREN GEHEIM.
SOLANG DIE MENSCHEN AN DIE KRAFT DER GÖTTER GLAUBEN, GIBT ES SIE AUCH.
VOR ALLEM GIBT DIESER GLAUBE EINIGEN DEN NÖTIGEN HALT.
DESWEGEN MÖCHTE ICH EUCH BITTEN...
... MIR EIN WINZIG KLEINES BISSCHEN DABEI ZU HELFEN...
... MEINE MACHT ZURÜCKZUERLANGEN.

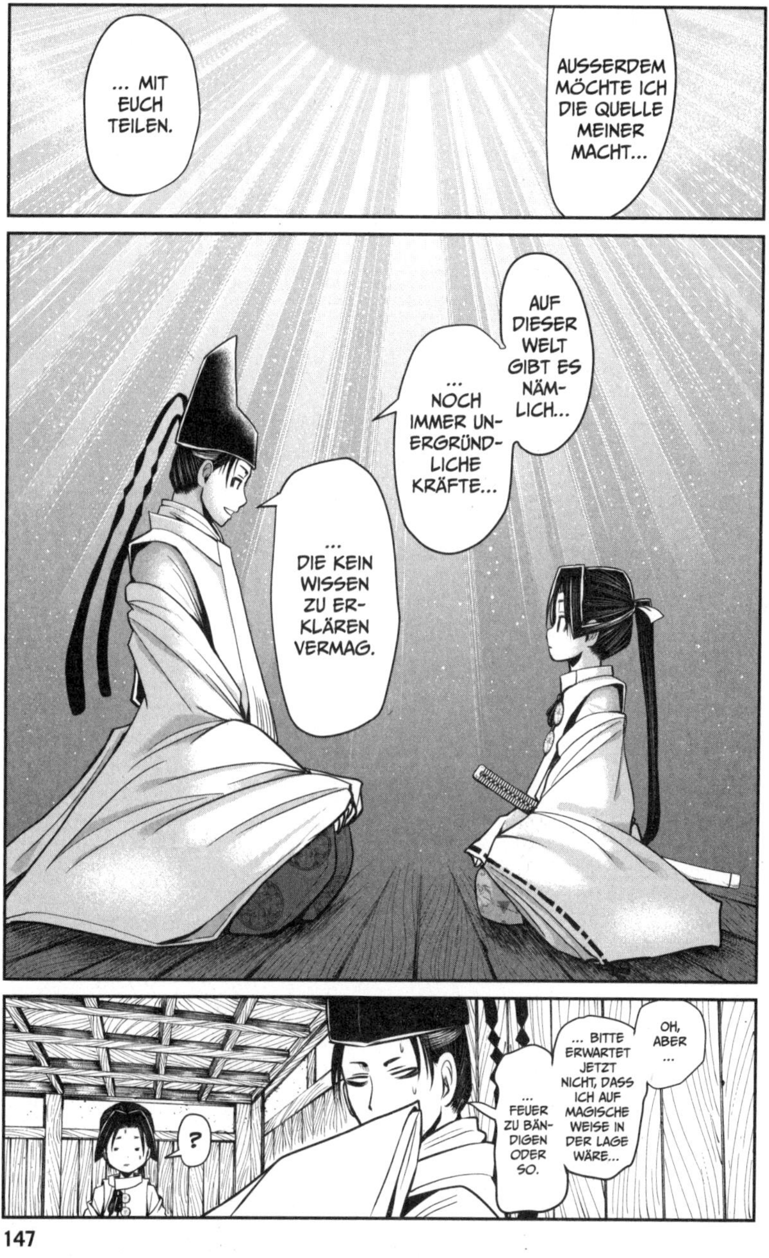
AUSSERDEM MÖCHTE ICH DIE QUELLE MEINER MACHT...
... MIT EUCH TEILEN.
AUF DIESER WELT GIBT ES NÄMLICH...
... NOCH IMMER UNERGRÜNDLICHE KRÄFTE...
... DIE KEIN WISSEN ZU ERKLÄREN VERMAG.
OH, ABER ...
... BITTE ERWARTET JETZT NICHT, DASS ICH AUF MAGISCHE WEISE IN DER LAGE WÄRE...
... FEUER ZU BÄNDIGEN ODER SO.
?

1334

Ichikawa Sukefusa

★★★ SR

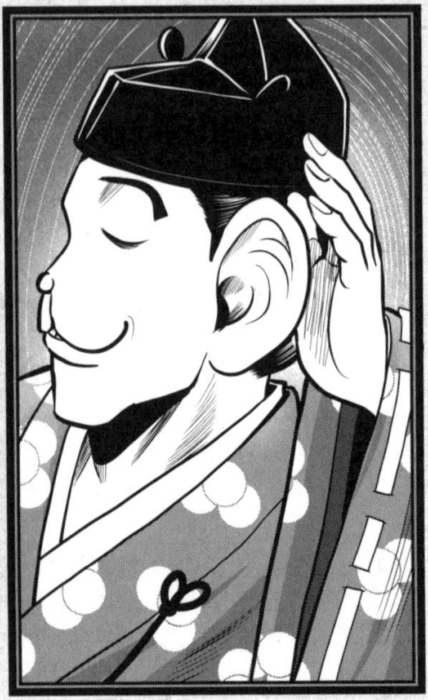

Kompetenzen		Eignung für die Namboku-cho-Zeit	
Waffen	79	Grausamkeit	80
Wissen	70	Loyalität	49
Politik	63	Chaos	72
Kommando	71	Reform	44
Charme	59	Fliehen & Verstecken	49

Muster

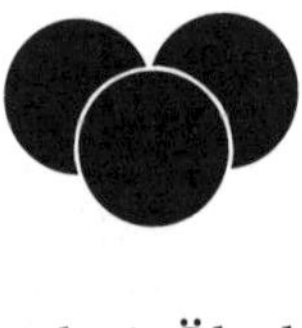

Rund mit Öhrchen

Fähigkeit	Höllisch gutes Gehör	(Erhöht Kommando um 10 %)
Fähigkeit	Klingenkreuzen (befriedigend)	(Erhöht Eignung für Tachi um 20 %)
Persönlicher Schatz	Die Schriften der Ichikawa	(Erhöht Wissen und Gedächtnis um 10 %)

Was ihm sonst noch so zu Ohren kommt

Ihm entgeht kein Gerücht. Ist über sämtliche Umstände bezüglich Ansehen, Personal und Liebe innerhalb der eigenen Domäne sowie der Familie Ogasawara im Bilde.

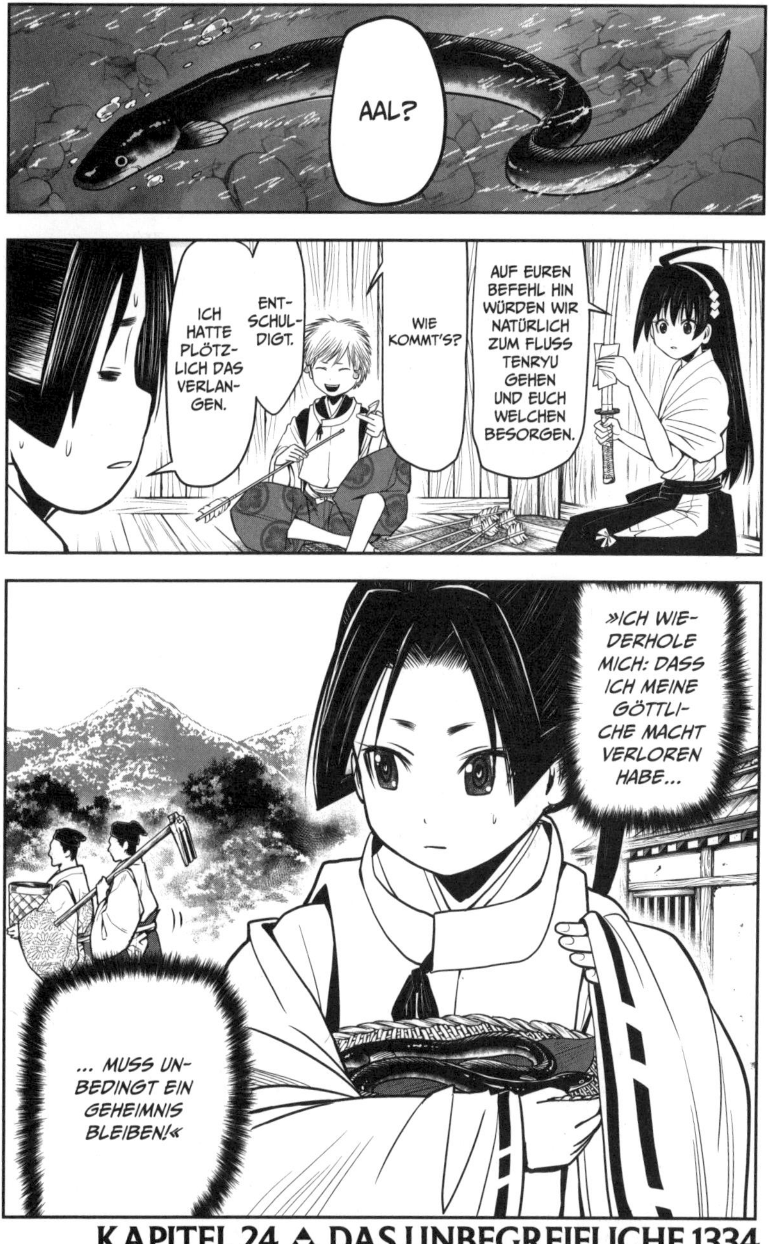

KAPITEL 24 ▲ DAS UNBEGREIFLICHE 1334

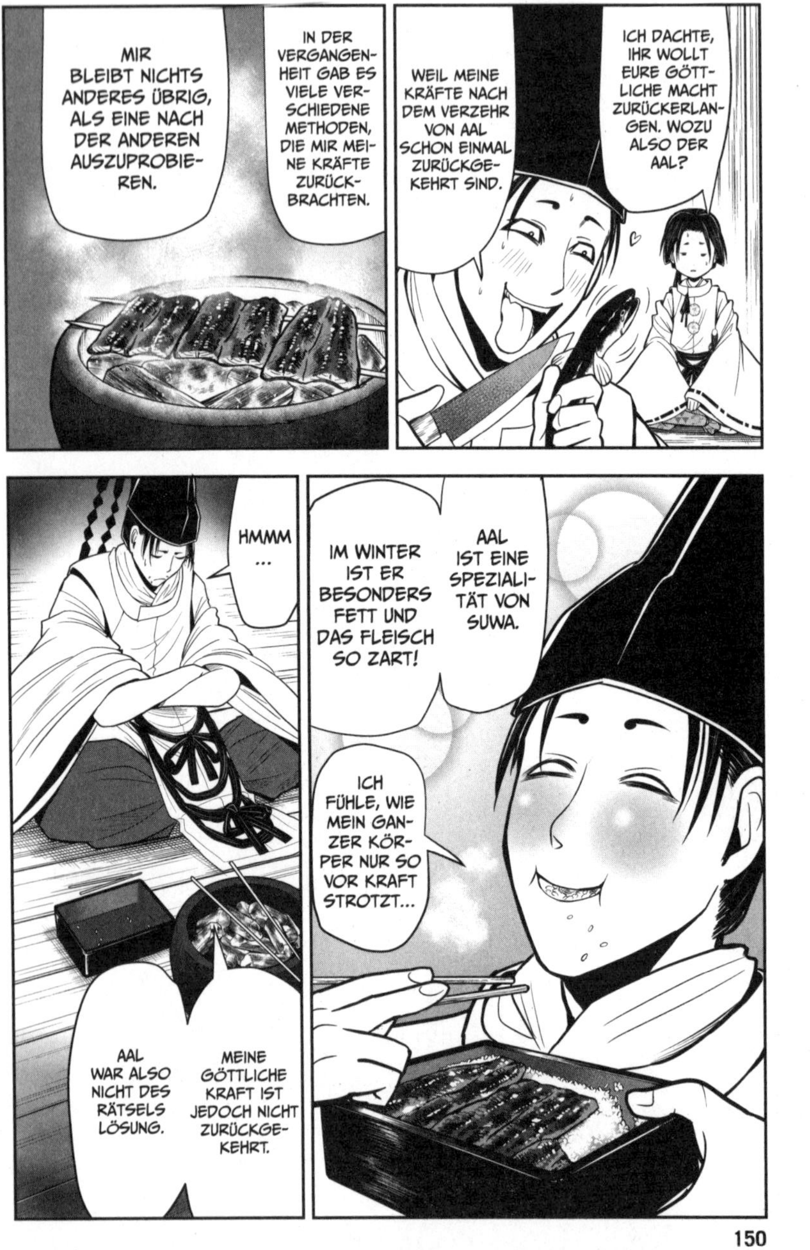
ICH DACHTE, IHR WOLLT EURE GÖTTLICHE MACHT ZURÜCKERLANGEN. WOZU ALSO DER AAL?
WEIL MEINE KRÄFTE NACH DEM VERZEHR VON AAL SCHON EINMAL ZURÜCKGEKEHRT SIND.
IN DER VERGANGENHEIT GAB ES VIELE VERSCHIEDENE METHODEN, DIE MIR MEINE KRÄFTE ZURÜCKBRACHTEN.
MIR BLEIBT NICHTS ANDERES ÜBRIG, ALS EINE NACH DER ANDEREN AUSZUPROBIEREN.
AAL IST EINE SPEZIALITÄT VON SUWA.
IM WINTER IST ER BESONDERS FETT UND DAS FLEISCH SO ZART!
ICH FÜHLE, WIE MEIN GANZER KÖRPER NUR SO VOR KRAFT STROTZT...
HMMM ...
MEINE GÖTTLICHE KRAFT IST JEDOCH NICHT ZURÜCKGEKEHRT.
AAL WAR ALSO NICHT DES RÄTSELS LÖSUNG.

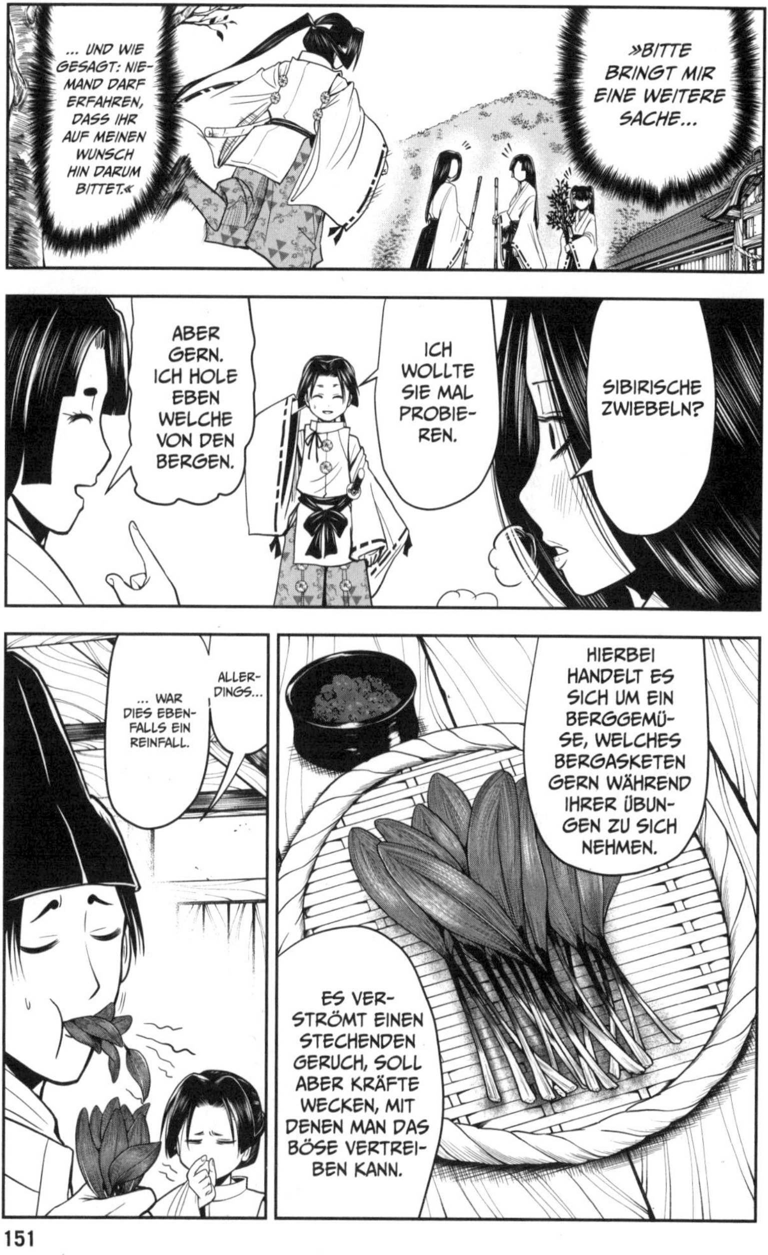

»BITTE BRINGT MIR EINE WEITERE SACHE...
... UND WIE GESAGT: NIEMAND DARF ERFAHREN, DASS IHR AUF MEINEN WUNSCH HIN DARUM BITTET.«
SIBIRISCHE ZWIEBELN?
ICH WOLLTE SIE MAL PROBIEREN.
ABER GERN. ICH HOLE EBEN WELCHE VON DEN BERGEN.
HIERBEI HANDELT ES SICH UM EIN BERGGEMÜSE, WELCHES BERGASKETEN GERN WÄHREND IHRER ÜBUNGEN ZU SICH NEHMEN.
ES VERSTRÖMT EINEN STECHENDEN GERUCH, SOLL ABER KRÄFTE WECKEN, MIT DENEN MAN DAS BÖSE VERTREIBEN KANN.
ALLERDINGS...
... WAR DIES EBENFALLS EIN REINFALL.

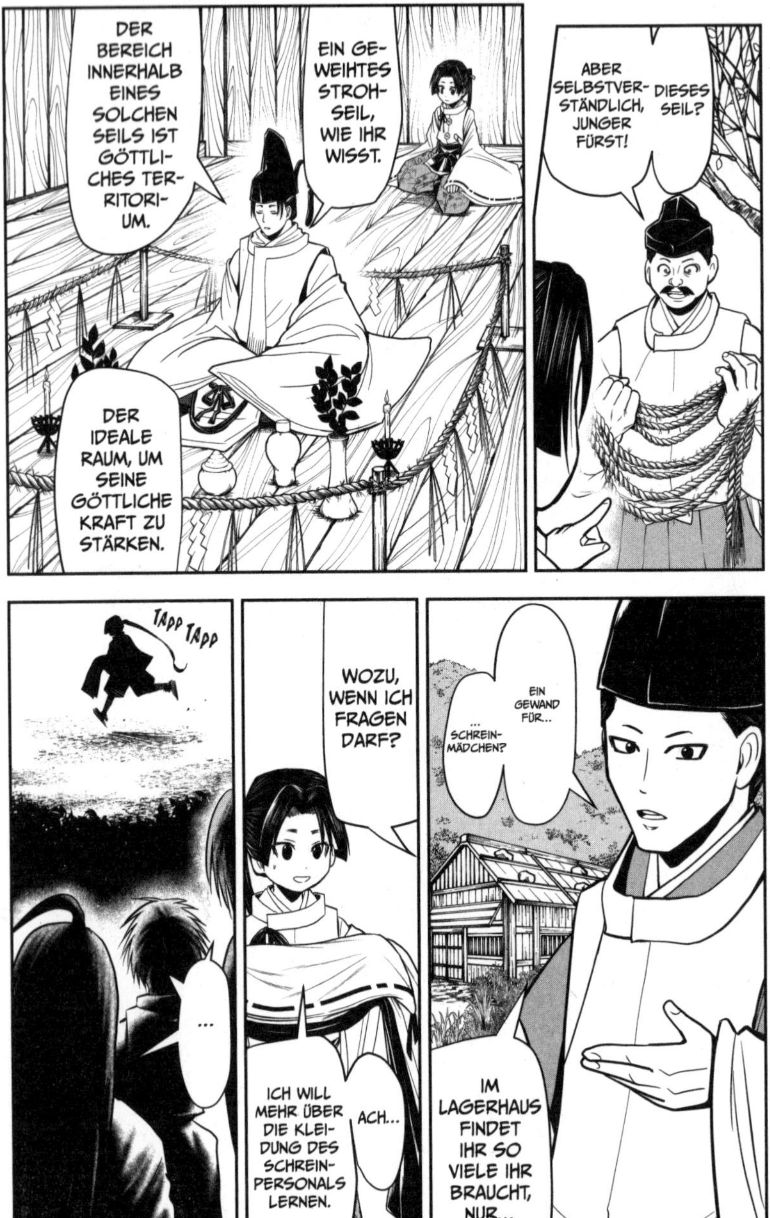
DIESES SEIL?
ABER SELBSTVERSTÄNDLICH, JUNGER FÜRST!
EIN GEWEIHTES STROHSEIL, WIE IHR WISST.
DER BEREICH INNERHALB EINES SOLCHEN SEILS IST GÖTTLICHES TERRITORIUM.
DER IDEALE RAUM, UM SEINE GÖTTLICHE KRAFT ZU STÄRKEN.
EIN GEWAND FÜR...
...SCHREINMÄDCHEN?
IM LAGERHAUS FINDET IHR SO VIELE IHR BRAUCHT, NUR...
WOZU, WENN ICH FRAGEN DARF?
ACH...
ICH WILL MEHR ÜBER DIE KLEIDUNG DES SCHREINPERSONALS LERNEN.
TAPP TAPP
...

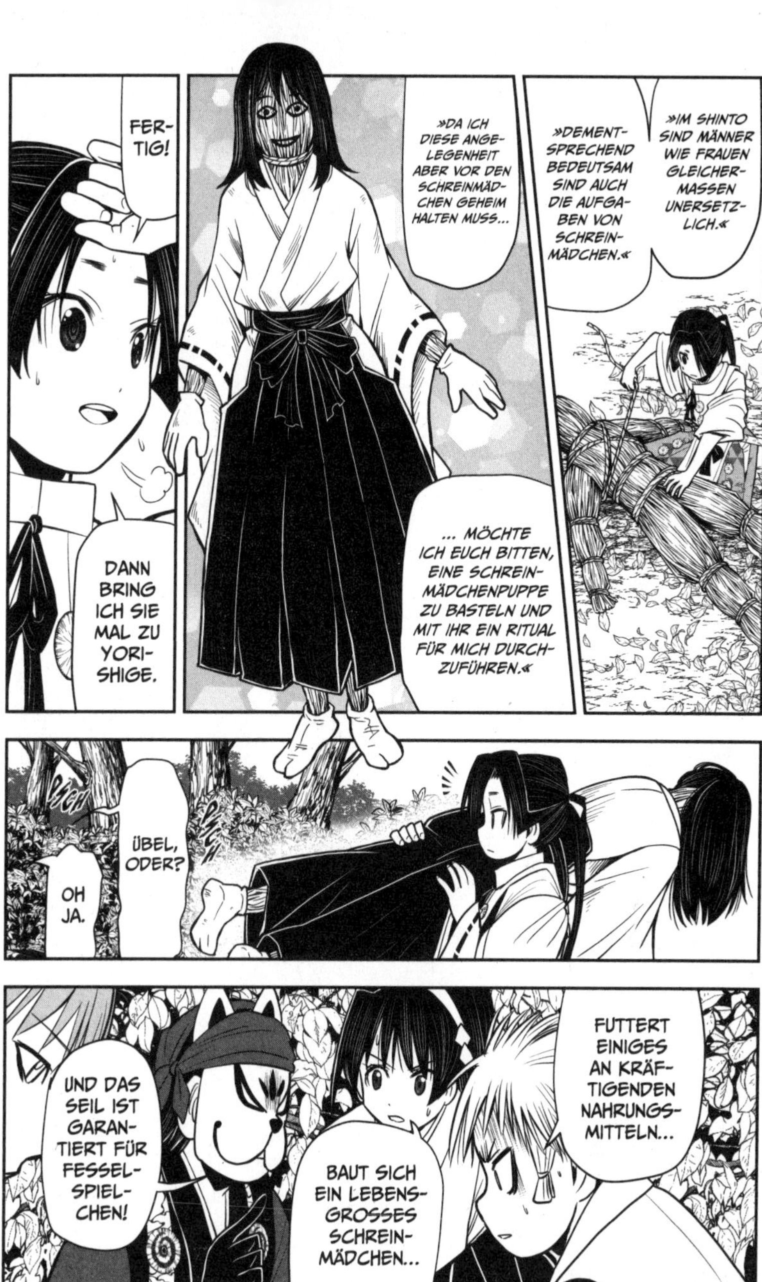
»IM SHINTO SIND MÄNNER WIE FRAUEN GLEICHERMASSEN UNERSETZLICH.«
»DEMENTSPRECHEND BEDEUTSAM SIND AUCH DIE AUFGABEN VON SCHREINMÄDCHEN.«
»DA ICH DIESE ANGELEGENHEIT ABER VOR DEN SCHREINMÄDCHEN GEHEIM HALTEN MUSS...
... MÖCHTE ICH EUCH BITTEN, EINE SCHREINMÄDCHENPUPPE ZU BASTELN UND MIT IHR EIN RITUAL FÜR MICH DURCHZUFÜHREN.«
FERTIG!
DANN BRING ICH SIE MAL ZU YORISHIGE.
ÜBEL, ODER?
OH JA.
FUTTERT EINIGES AN KRÄFTIGENDEN NAHRUNGSMITTELN...
BAUT SICH EIN LEBENSGROSSES SCHREINMÄDCHEN...
UND DAS SEIL IST GARANTIERT FÜR FESSELSPIELCHEN!

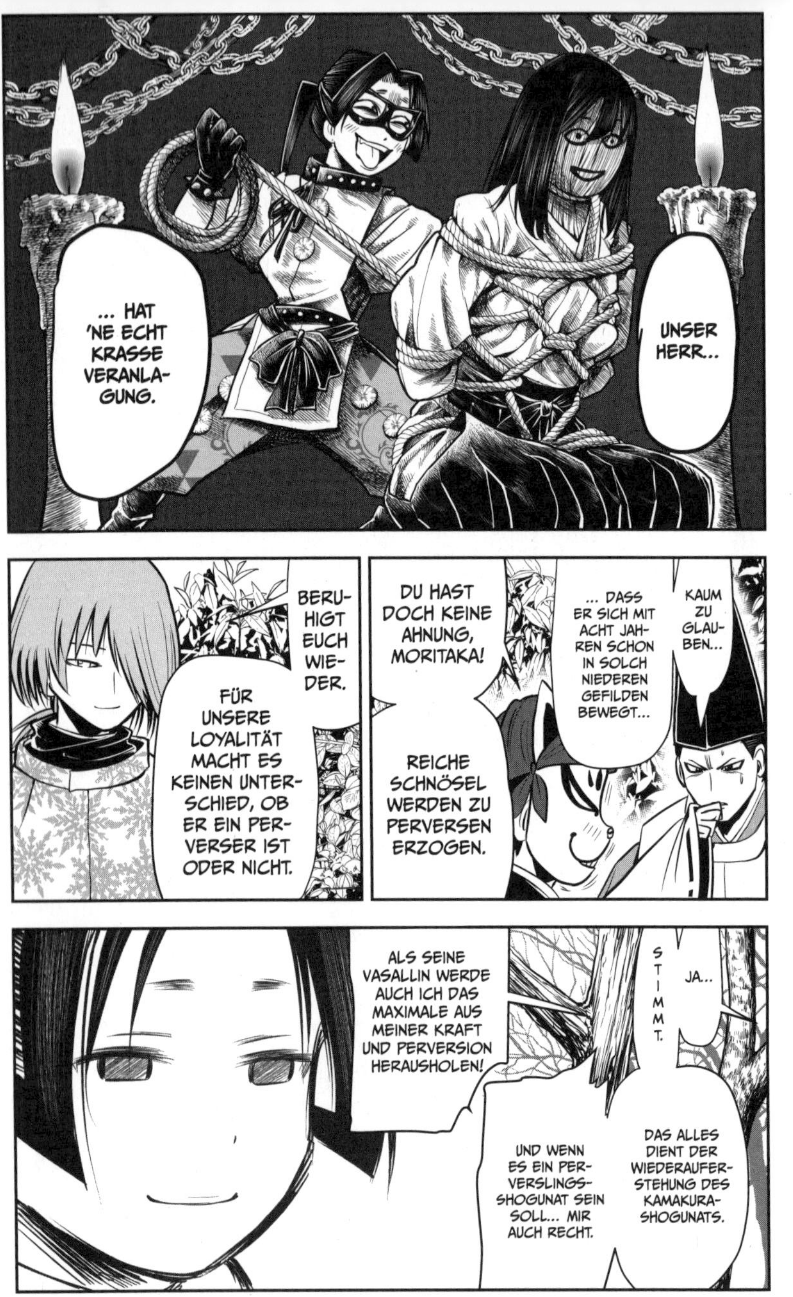
UNSER HERR...
... HAT 'NE ECHT KRASSE VERANLAGUNG.
KAUM ZU GLAUBEN...
... DASS ER SICH MIT ACHT JAHREN SCHON IN SOLCH NIEDEREN GEFILDEN BEWEGT...
DU HAST DOCH KEINE AHNUNG, MORITAKA!
REICHE SCHNÖSEL WERDEN ZU PERVERSEN ERZOGEN.
BERUHIGT EUCH WIEDER.
FÜR UNSERE LOYALITÄT MACHT ES KEINEN UNTERSCHIED, OB ER EIN PERVERSER IST ODER NICHT.
JA...
STIMMT.
ALS SEINE VASALLIN WERDE AUCH ICH DAS MAXIMALE AUS MEINER KRAFT UND PERVERSION HERAUSHOLEN!
DAS ALLES DIENT DER WIEDERAUFERSTEHUNG DES KAMAKURA-SHOGUNATS.
UND WENN ES EIN PERVERSLINGS-SHOGUNAT SEIN SOLL... MIR AUCH RECHT.

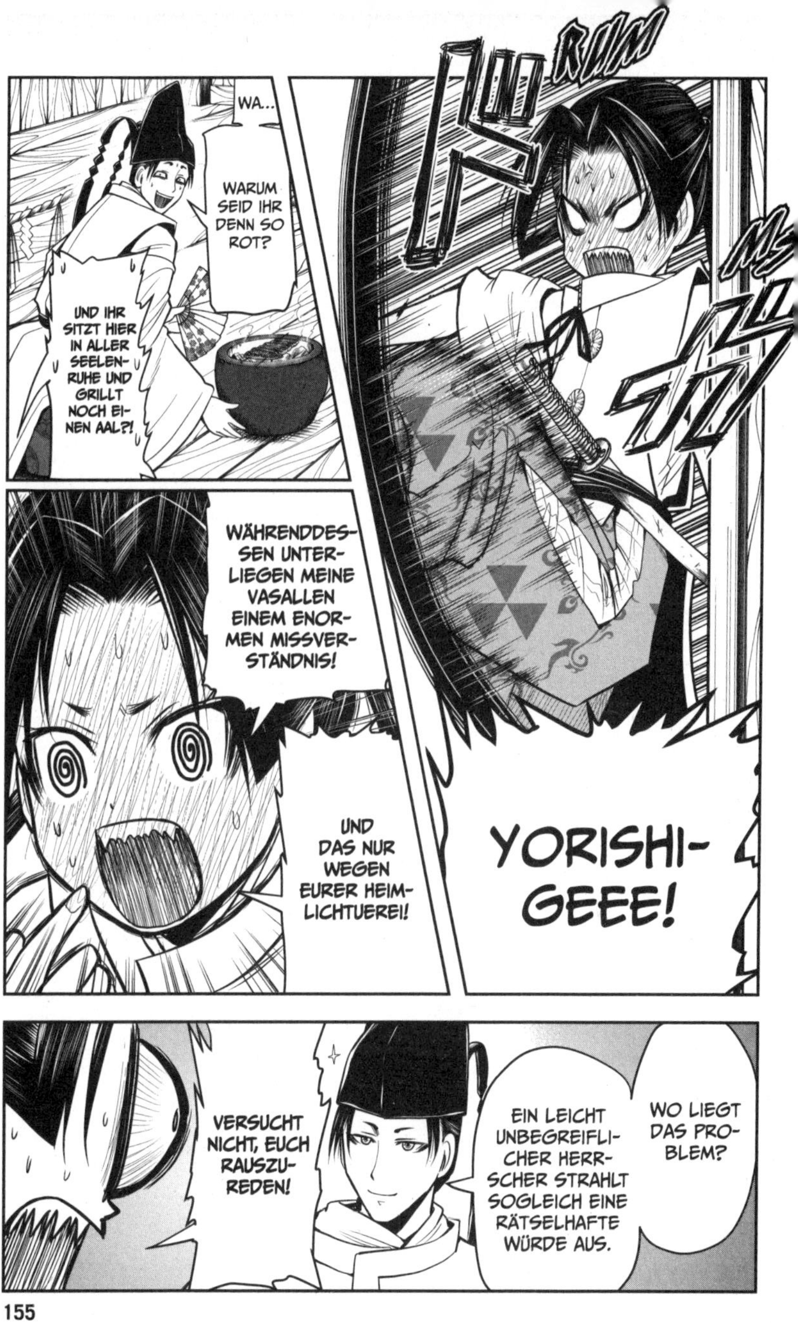
RUM
Wa...
Warum seid ihr denn so rot?
Und ihr sitzt hier in aller Seelenruhe und grillt noch einen Aal?!
Yorishi-geee!
Währenddessen unterliegen meine Vasallen einem enormen Missverständnis!
Und das nur wegen eurer Heimlichtuerei!
Wo liegt das Problem?
Ein leicht unbegreiflicher Herrscher strahlt sogleich eine rätselhafte Würde aus.
Versucht nicht, euch rauszureden!

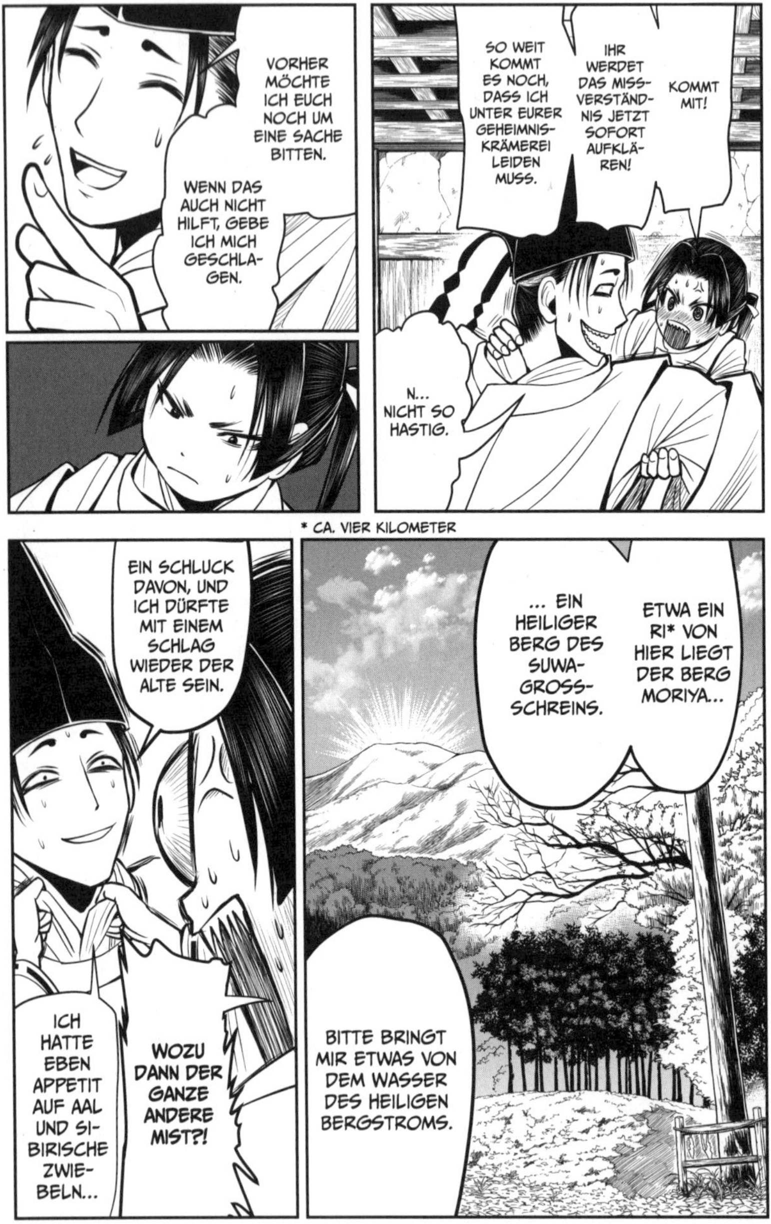
KOMMT MIT!
IHR WERDET DAS MISSVERSTÄNDNIS JETZT SOFORT AUFKLÄREN!
SO WEIT KOMMT ES NOCH, DASS ICH UNTER EURER GEHEIMNISKRÄMEREI LEIDEN MUSS.
N... NICHT SO HASTIG.
VORHER MÖCHTE ICH EUCH NOCH UM EINE SACHE BITTEN.
WENN DAS AUCH NICHT HILFT, GEBE ICH MICH GESCHLAGEN.
ETWA EIN RI* VON HIER LIEGT DER BERG MORIYA...
... EIN HEILIGER BERG DES SUWA-GROSS-SCHREINS.
BITTE BRINGT MIR ETWAS VON DEM WASSER DES HEILIGEN BERGSTROMS.
EIN SCHLUCK DAVON, UND ICH DÜRFTE MIT EINEM SCHLAG WIEDER DER ALTE SEIN.
WOZU DANN DER GANZE ANDERE MIST?!
ICH HATTE EBEN APPETIT AUF AAL UND SIBIRISCHE ZWIEBELN...
* CA. VIER KILOMETER

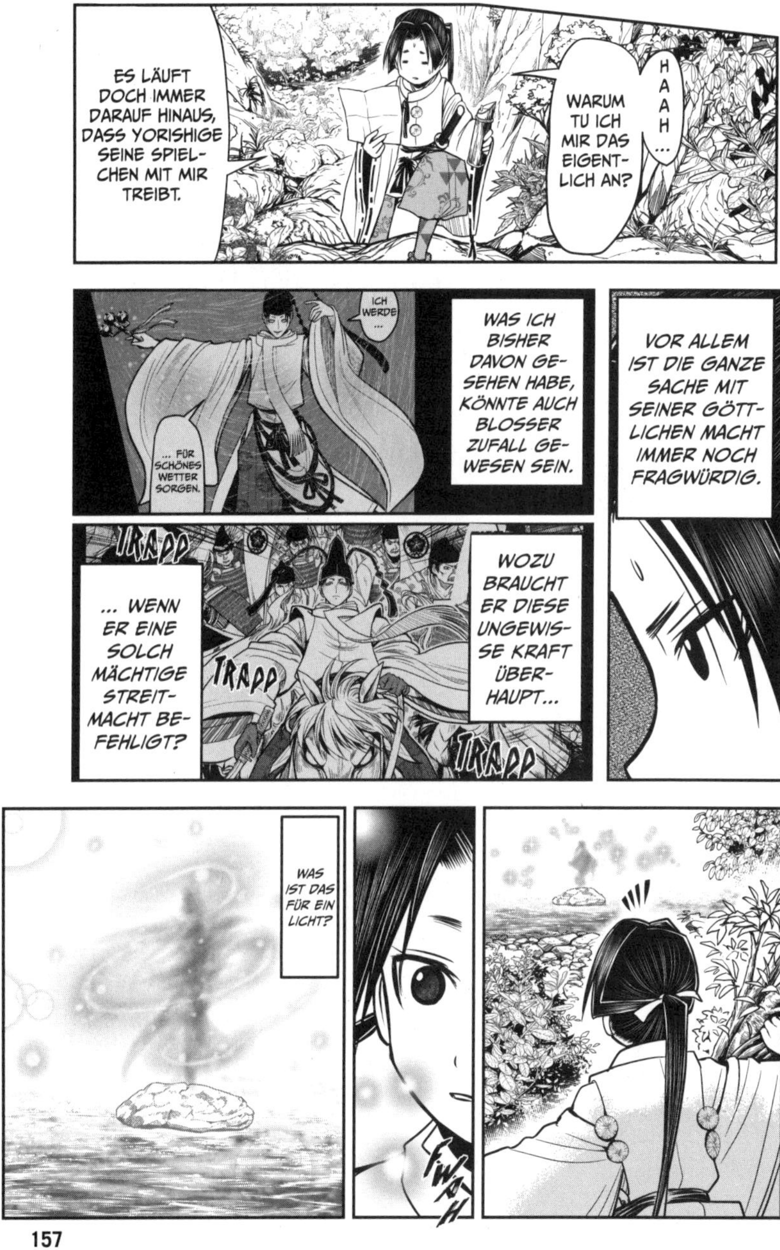
HAAH ...
WARUM TU ICH MIR DAS EIGENTLICH AN?
ES LÄUFT DOCH IMMER DARAUF HINAUS, DASS YORISHIGE SEINE SPIELCHEN MIT MIR TREIBT.
VOR ALLEM IST DIE GANZE SACHE MIT SEINER GÖTTLICHEN MACHT IMMER NOCH FRAGWÜRDIG.
WAS ICH BISHER DAVON GESEHEN HABE, KÖNNTE AUCH BLOSSER ZUFALL GEWESEN SEIN.
ICH WERDE ...
... FÜR SCHÖNES WETTER SORGEN.
WOZU BRAUCHT ER DIESE UNGEWISSE KRAFT ÜBERHAUPT ...
... WENN ER EINE SOLCH MÄCHTIGE STREITMACHT BEFEHLIGT?
TRAPP
TRAPP
TRAPP
FWAH
WAS IST DAS FÜR EIN LICHT?

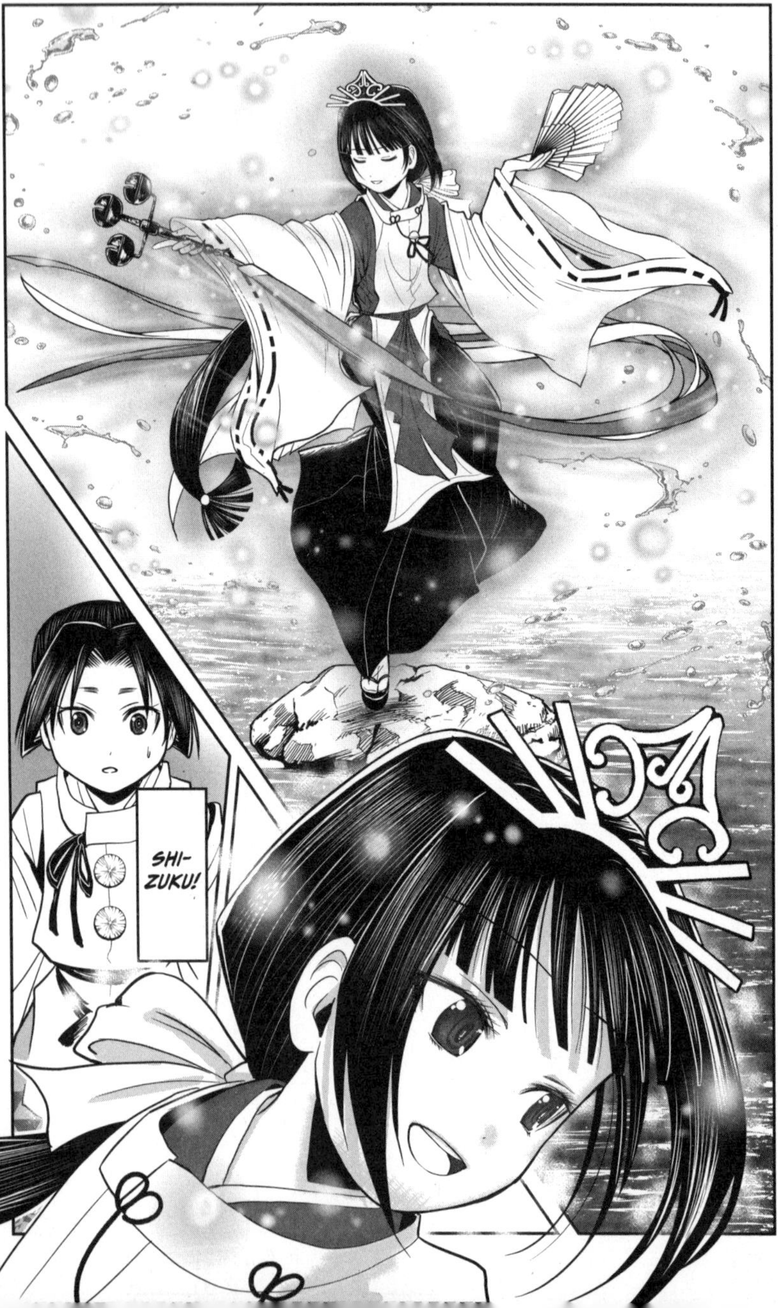
SHI-
ZUKU!

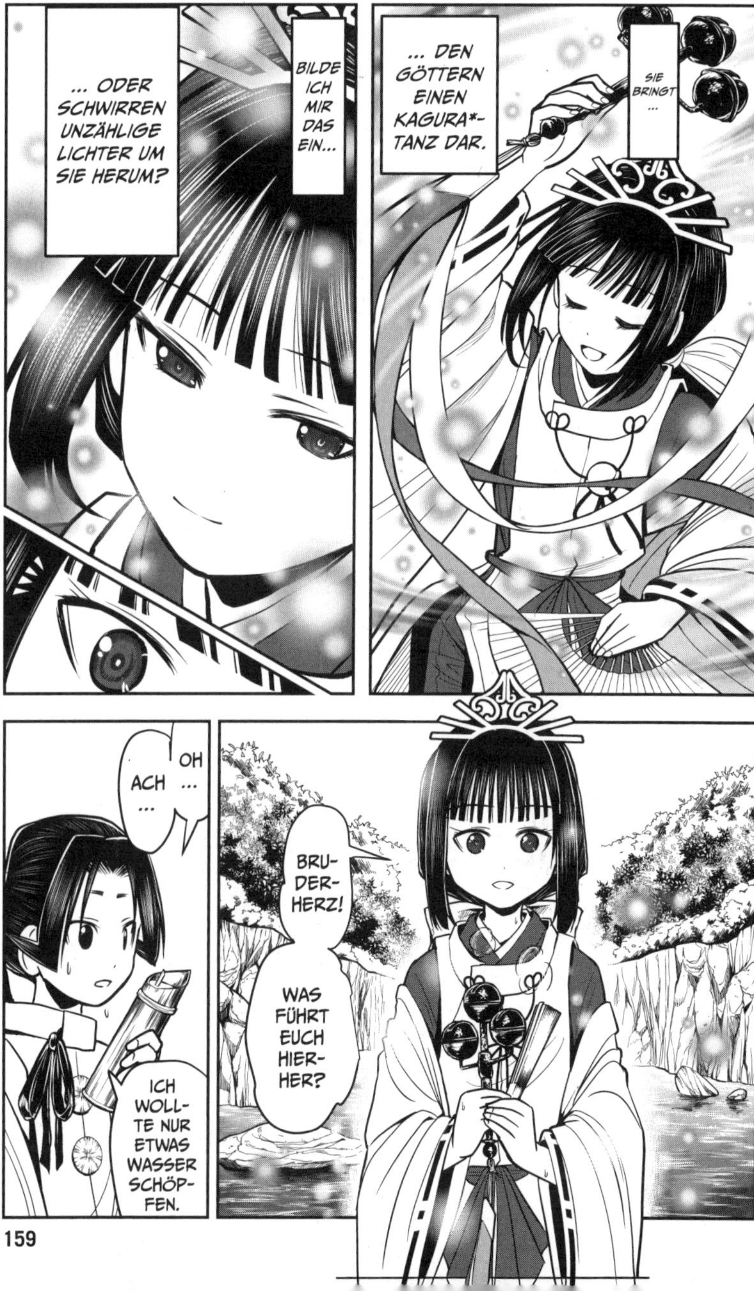

* AUFFÜHRUNGEN VON TANZ UND MUSIK AN SHINTO-SCHREINEN ZUR BESÄNFTIGUNG UND ERHEITERUNG DER GOTTHEITEN

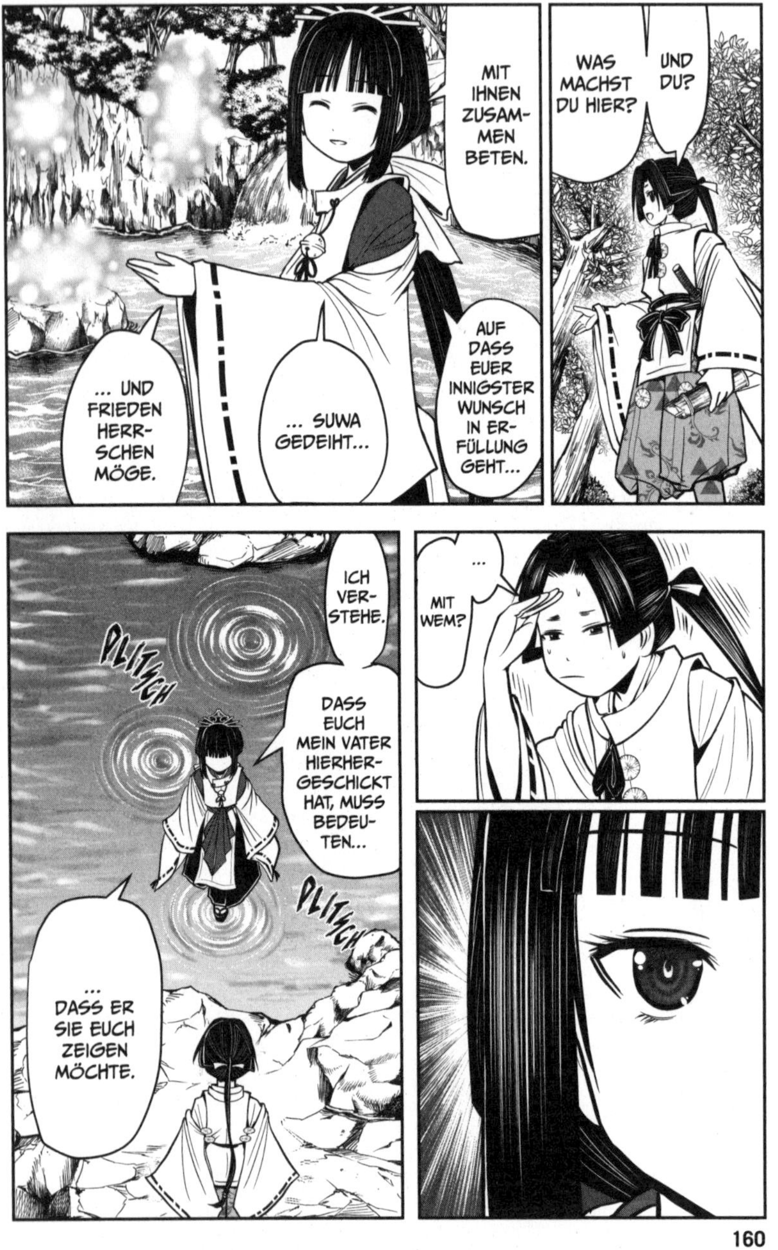
UND DU?
WAS MACHST DU HIER?
MIT IHNEN ZUSAMMEN BETEN.
AUF DASS EUER INNIGSTER WUNSCH IN ERFÜLLUNG GEHT...
... SUWA GEDEIHT...
... UND FRIEDEN HERRSCHEN MÖGE.
...
MIT WEM?
ICH VERSTEHE.
DASS EUCH MEIN VATER HIERHERGESCHICKT HAT, MUSS BEDEUTEN...
PLITSCH
PLITSCH
... DASS ER SIE EUCH ZEIGEN MÖCHTE.

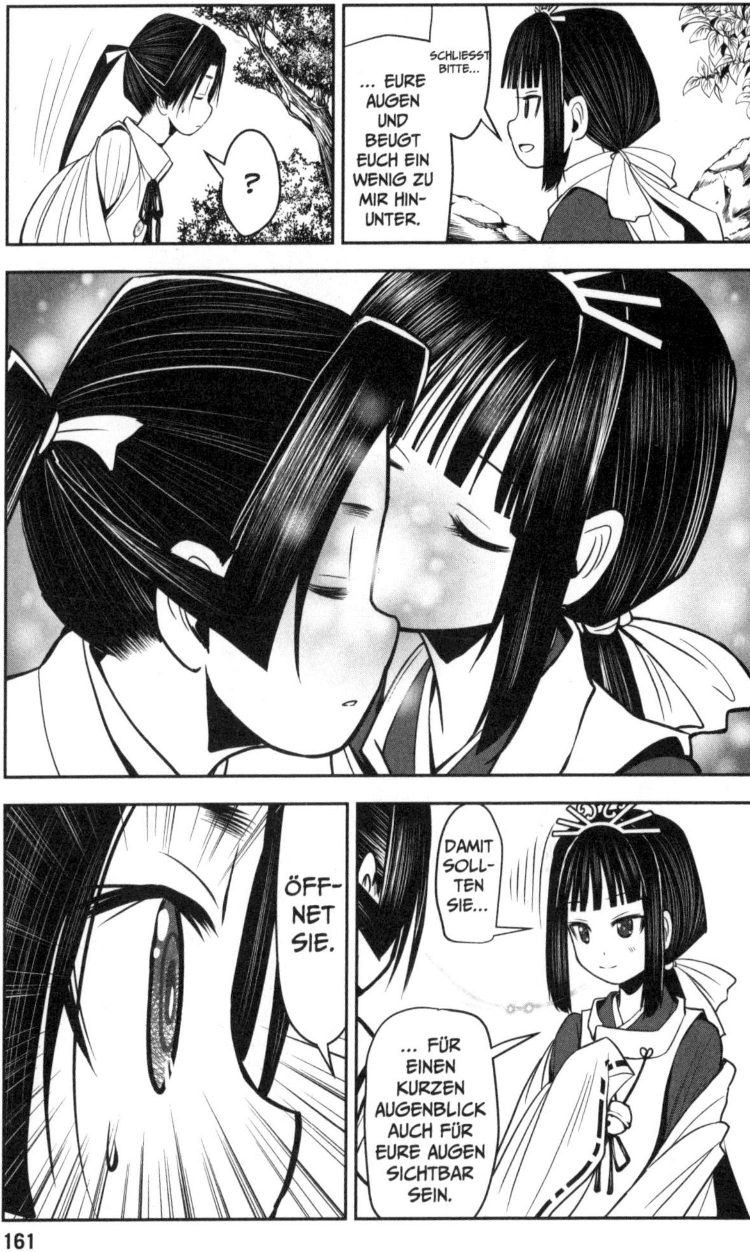

SCHLIESST BITTE...
... EURE AUGEN UND BEUGT EUCH EIN WENIG ZU MIR HIN-UNTER.
?
DAMIT SOLL-TEN SIE...
... FÜR EINEN KURZEN AUGENBLICK AUCH FÜR EURE AUGEN SICHTBAR SEIN.
ÖFF-NET SIE.

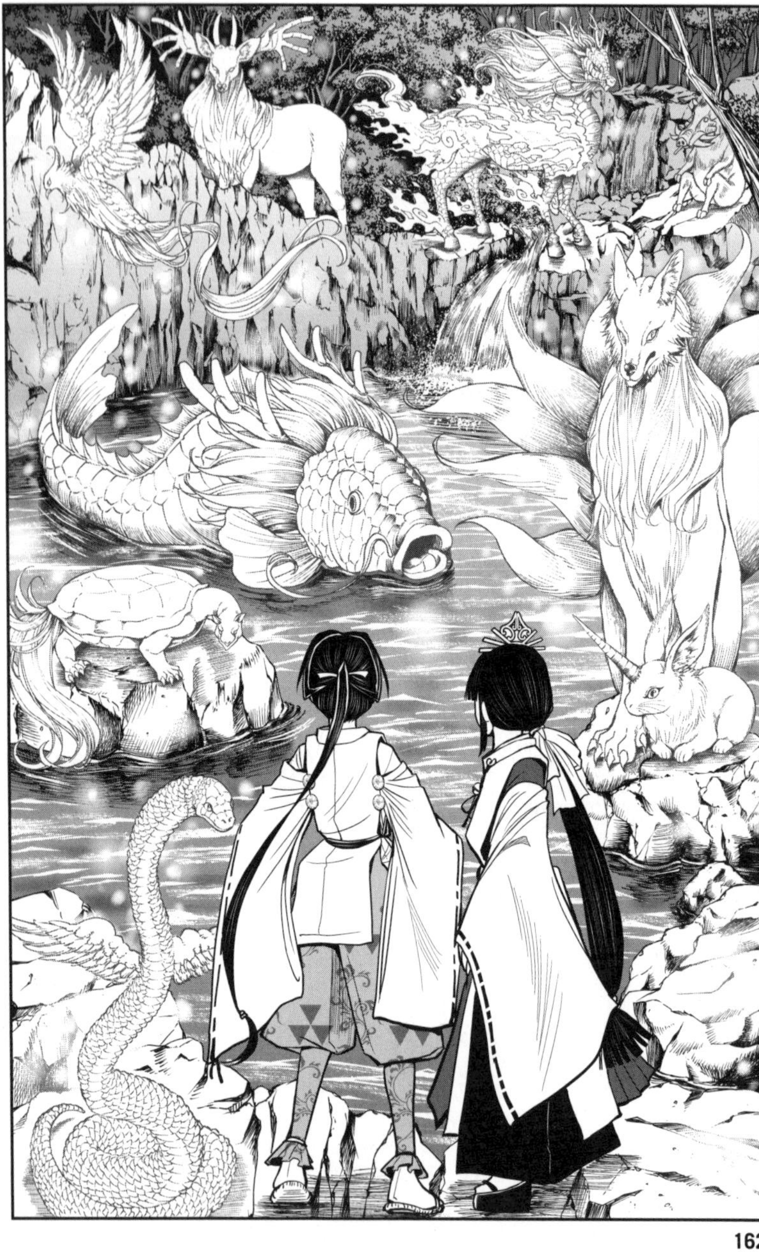

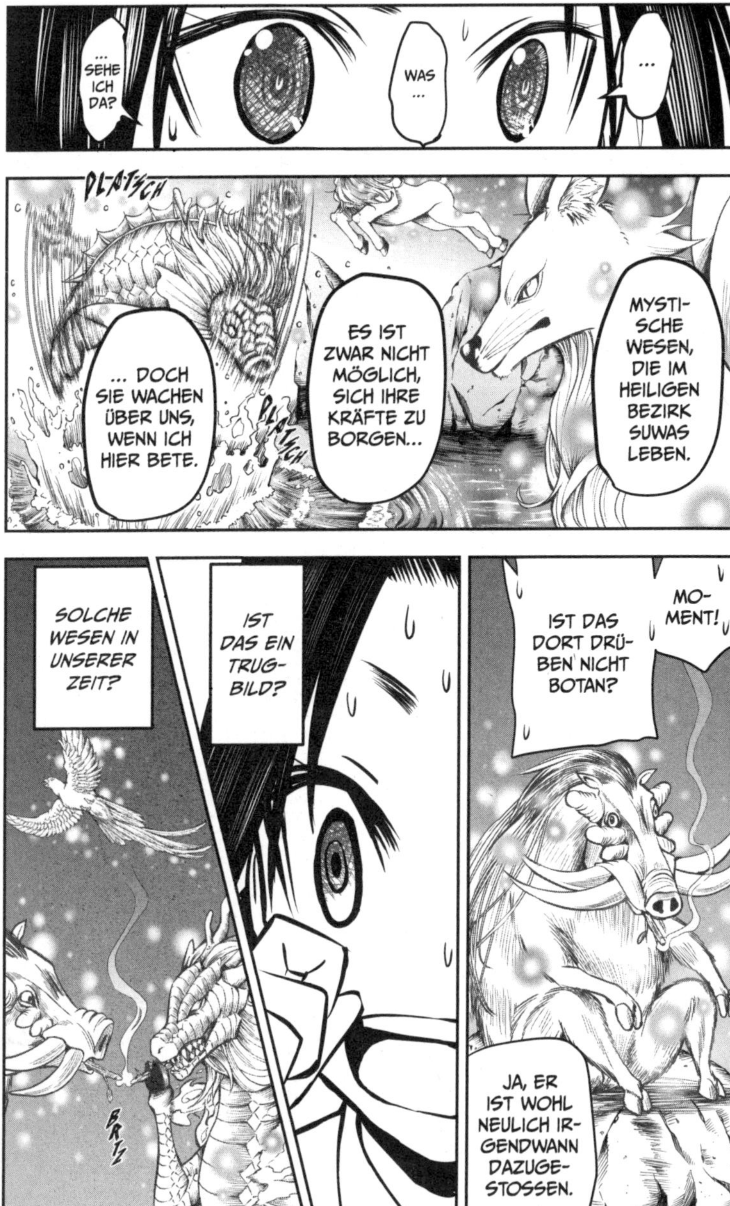
...
WAS ...
... SEHE ICH DA?
PLATSCH
MYSTISCHE WESEN, DIE IM HEILIGEN BEZIRK SUWAS LEBEN.
ES IST ZWAR NICHT MÖGLICH, SICH IHRE KRÄFTE ZU BORGEN...
... DOCH SIE WACHEN ÜBER UNS, WENN ICH HIER BETE.
PLATSCH
MOMENT!
IST DAS DORT DRÜBEN NICHT BOTAN?
JA, ER IST WOHL NEULICH IRGENDWANN DAZUGESTOSSEN.
IST DAS EIN TRUGBILD?
SOLCHE WESEN IN UNSERER ZEIT?
BRTZ

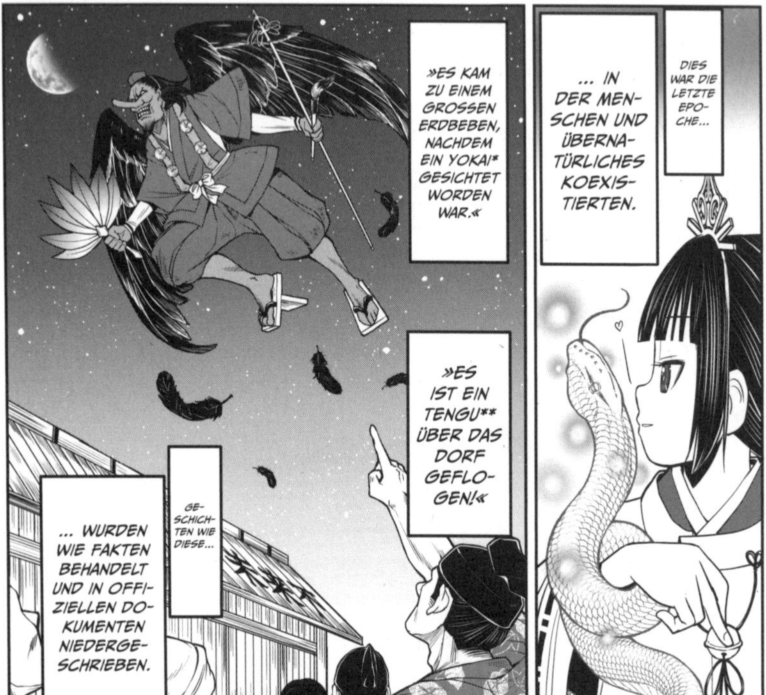

* FABELWESEN ** LANGNASIGER BERGKOBOLD; EINE YOKAI-ART

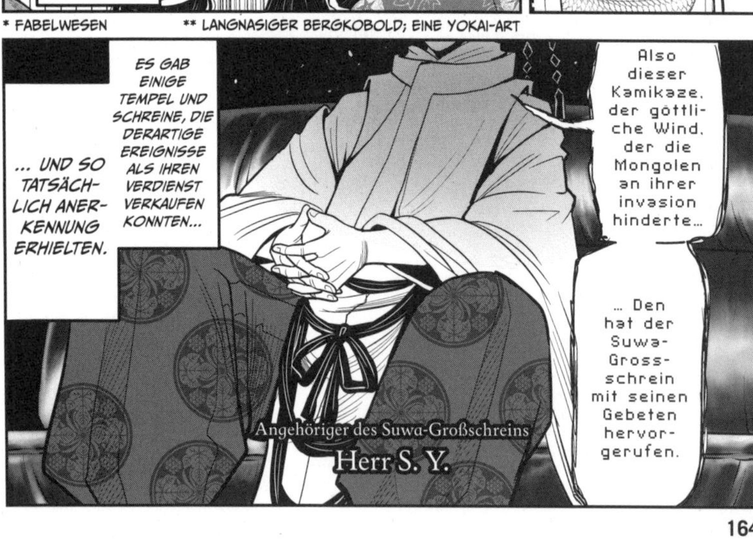

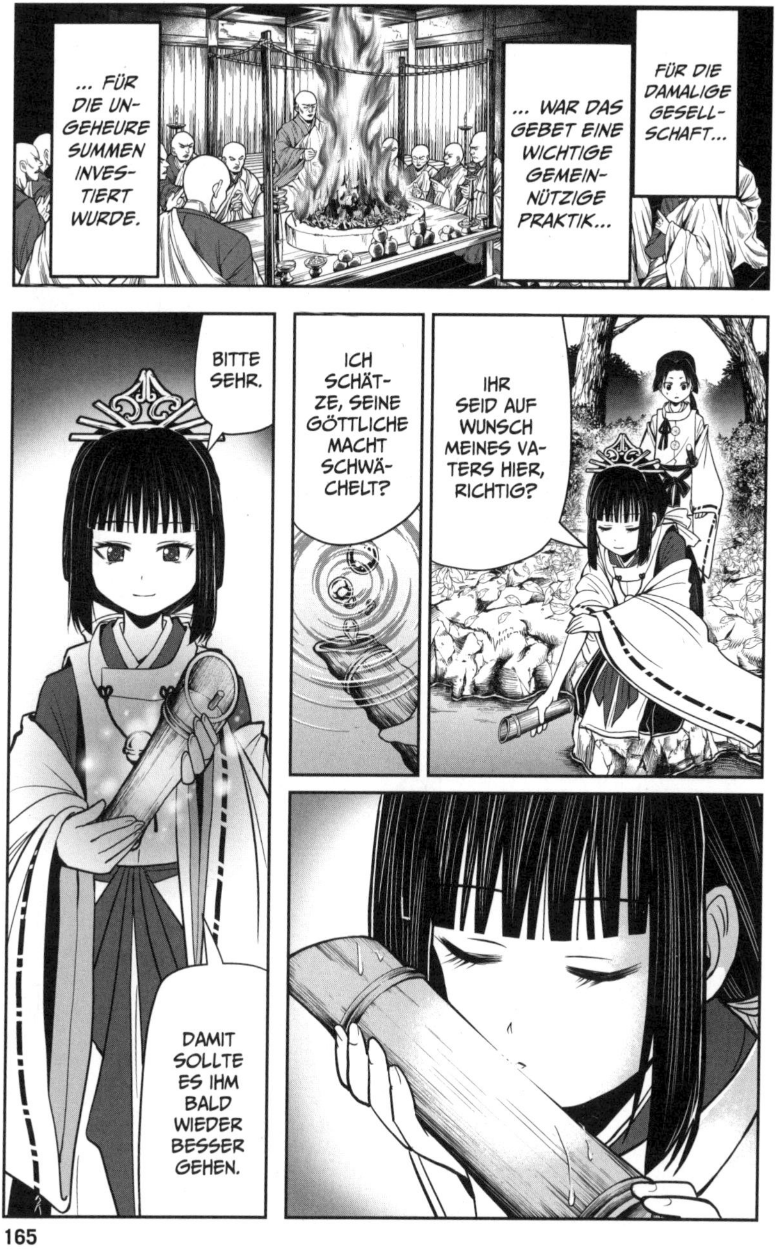
FÜR DIE DAMALIGE GESELLSCHAFT...
... WAR DAS GEBET EINE WICHTIGE GEMEINNÜTZIGE PRAKTIK...
... FÜR DIE UNGEHEURE SUMMEN INVESTIERT WURDE.
IHR SEID AUF WUNSCH MEINES VATERS HIER, RICHTIG?
ICH SCHÄTZE, SEINE GÖTTLICHE MACHT SCHWÄCHELT?
BITTE SEHR.
DAMIT SOLLTE ES IHM BALD WIEDER BESSER GEHEN.

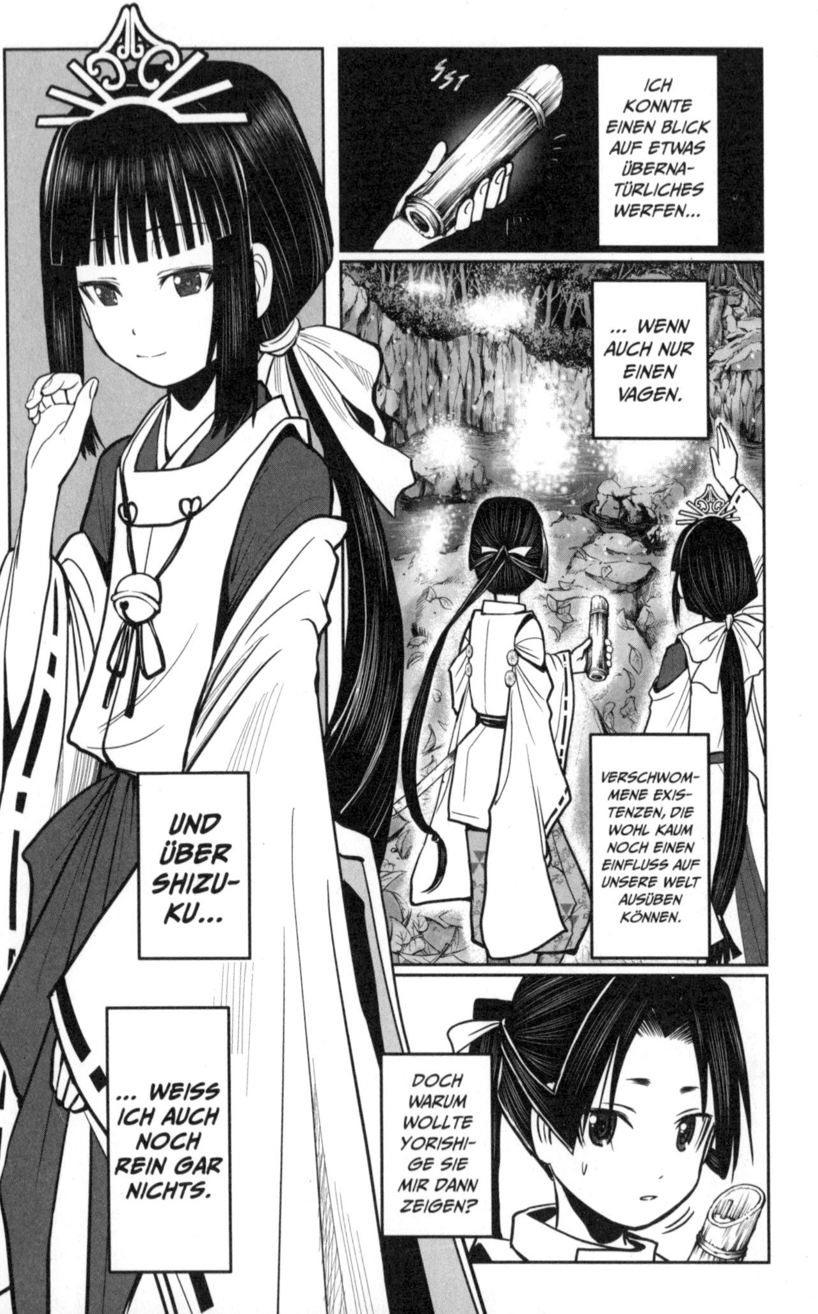
SST
ICH KONNTE EINEN BLICK AUF ETWAS ÜBERNATÜRLICHES WERFEN...
... WENN AUCH NUR EINEN VAGEN.
VERSCHWOMMENE EXISTENZEN, DIE WOHL KAUM NOCH EINEN EINFLUSS AUF UNSERE WELT AUSÜBEN KÖNNEN.
DOCH WARUM WOLLTE YORISHIGE SIE MIR DANN ZEIGEN?
UND ÜBER SHIZUKU...
... WEISS ICH AUCH NOCH REIN GAR NICHTS.

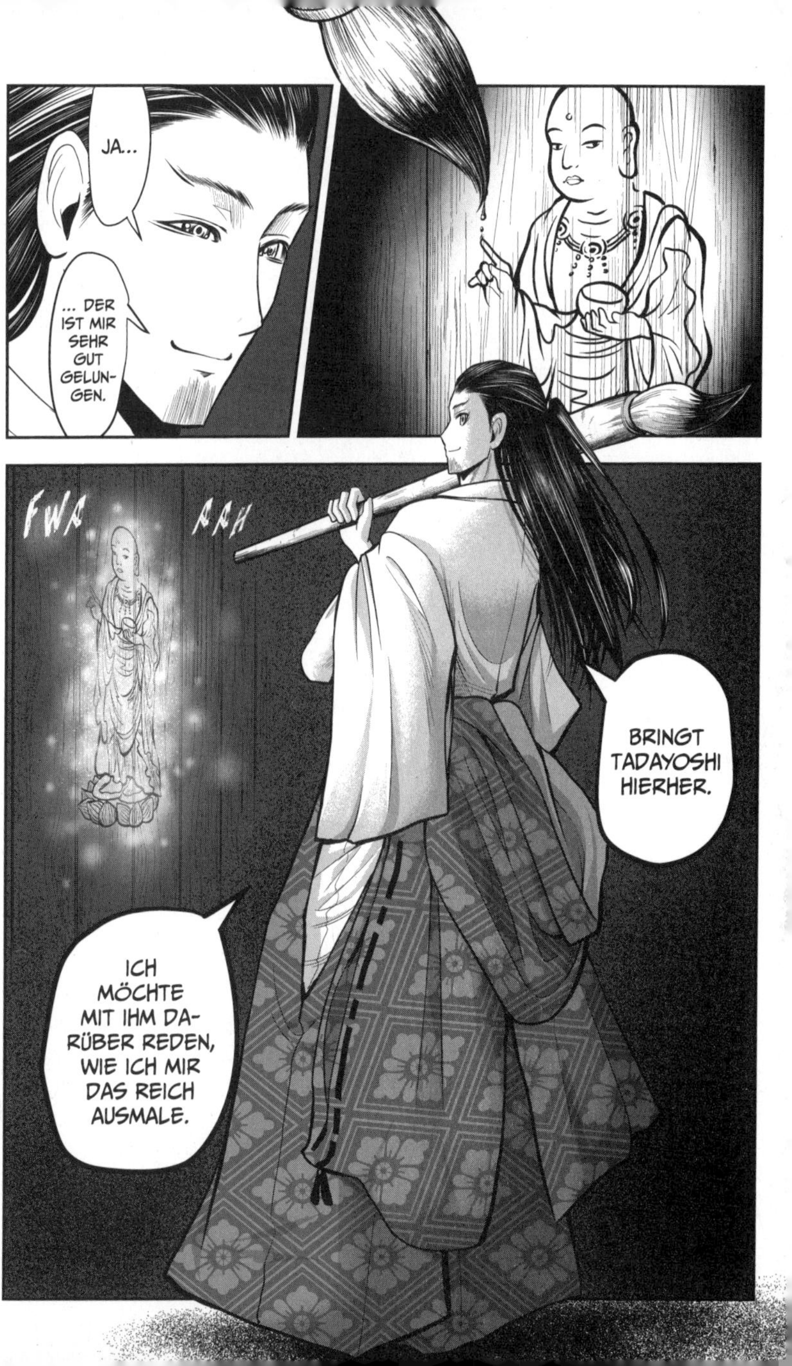
JA...
... DER IST MIR SEHR GUT GELUN-GEN.
FWAAAH
BRINGT TADAYOSHI HIERHER.
ICH MÖCHTE MIT IHM DA-RÜBER REDEN, WIE ICH MIR DAS REICH AUSMALE.

1334

Shizuku

★ ★ R

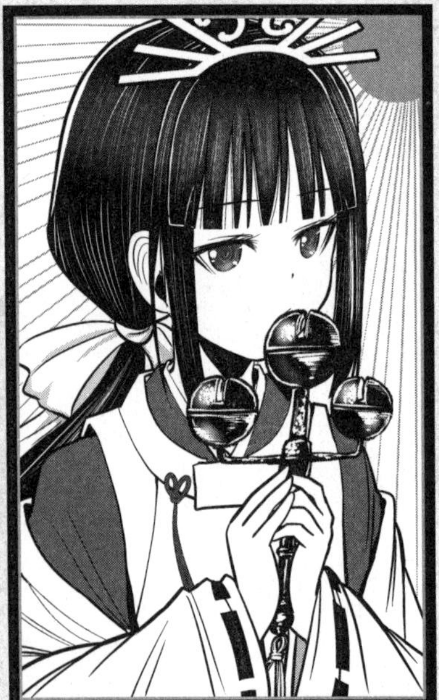

Kompetenzen		Eignung für die Namboku-cho-Zeit	
Waffen	2	Grausamkeit	5
Wissen	45	Loyalität	95
Politik	38	Chaos	26
Kommando	49	Reform	41
Charme	62	Fliehen & Verstecken	27

Muster

Blatt vom Papiermaulbeerbaum

Fähigkeit	Eignung zur Haushofmeisterin	(Universaltalent in Arithmetik, Verhandlung, Bemächtigung des menschlichen Herzens)
Fähigkeit	Kagura-Tanz	(Zeitweiliges Freischalten der Fähigkeit »Göttliche Macht«)
Charakter	Weltfremd	(Vermindert Politik und Kommando um 10 %)

Schwäche

Geniert sich sehr bei familiärem Umgang.

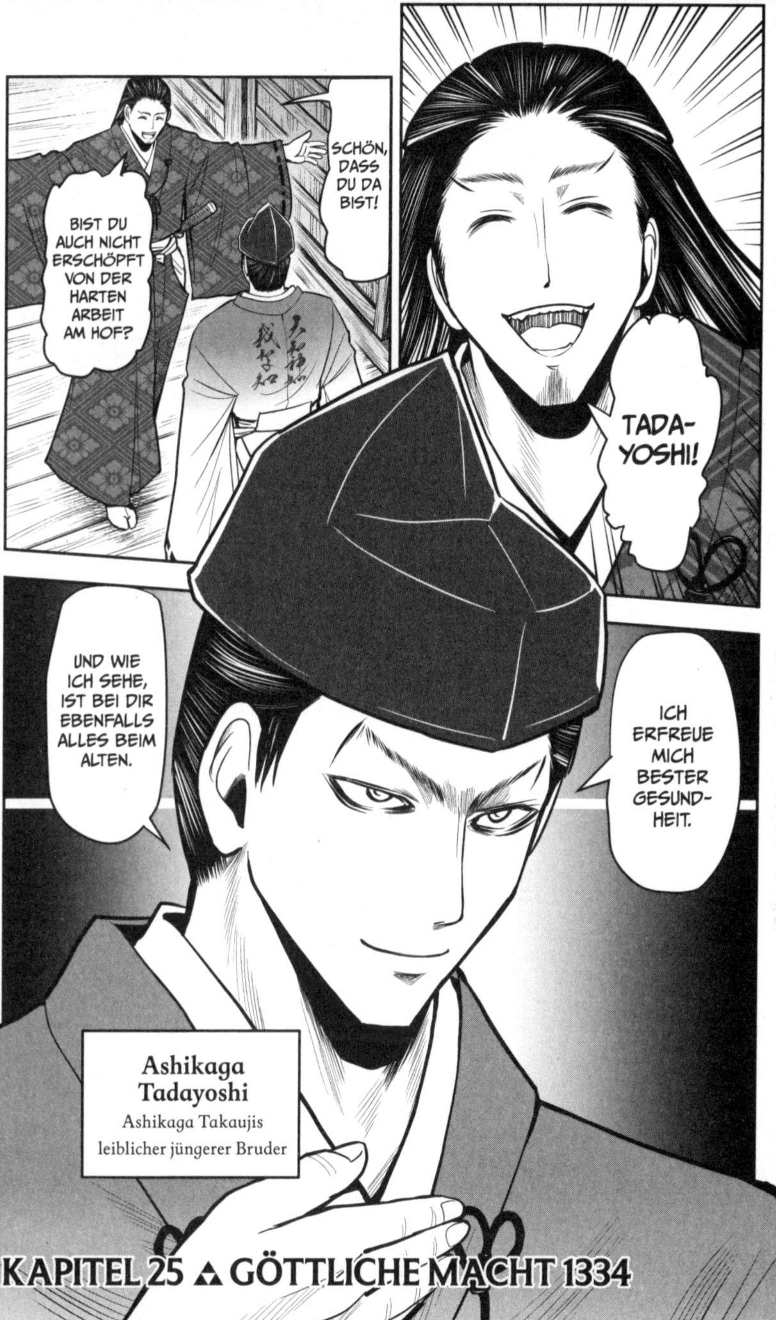

KAPITEL 25 ▲ GÖTTLICHE MACHT 1334

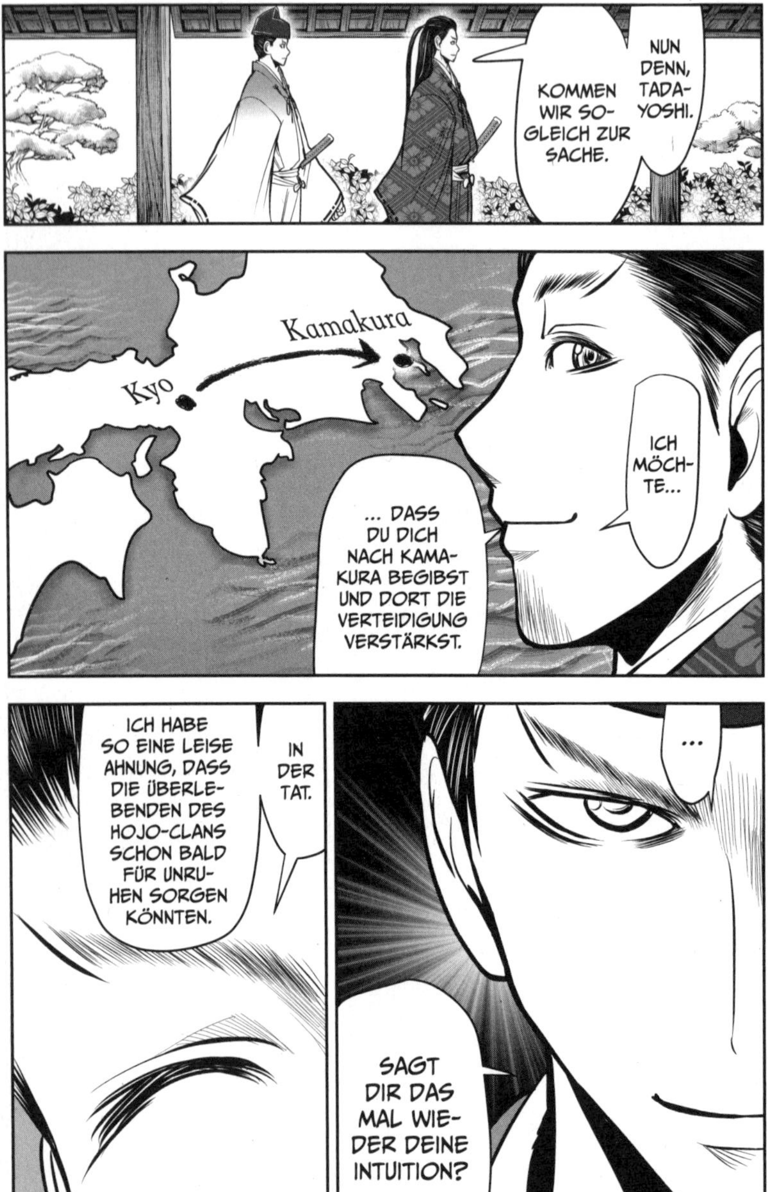
NUN DENN, TADAYOSHI.
KOMMEN WIR SOGLEICH ZUR SACHE.
Kamakura
Kyo
ICH MÖCHTE...
... DASS DU DICH NACH KAMAKURA BEGIBST UND DORT DIE VERTEIDIGUNG VERSTÄRKST.
...
SAGT DIR DAS MAL WIEDER DEINE INTUITION?
IN DER TAT.
ICH HABE SO EINE LEISE AHNUNG, DASS DIE ÜBERLEBENDEN DES HOJO-CLANS SCHON BALD FÜR UNRUHEN SORGEN KÖNNTEN.

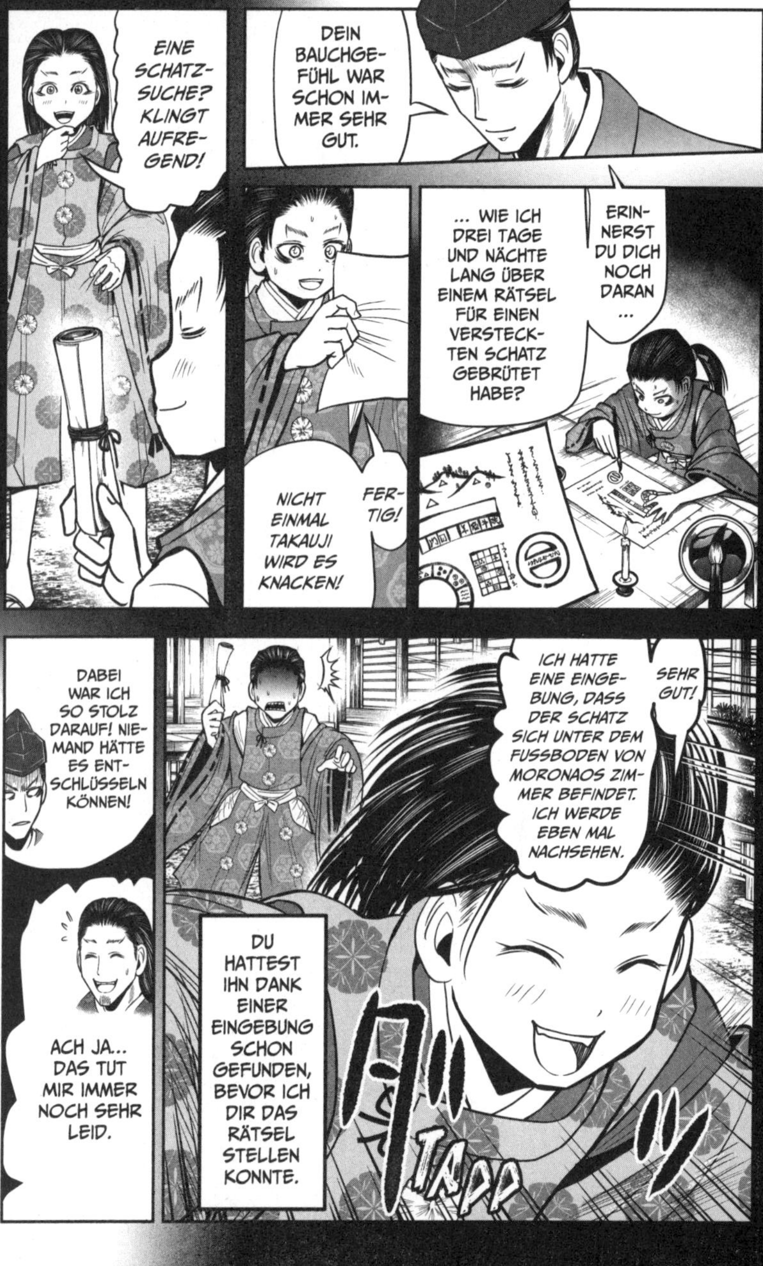
DEIN BAUCHGEFÜHL WAR SCHON IMMER SEHR GUT.
ERINNERST DU DICH NOCH DARAN ...
... WIE ICH DREI TAGE UND NÄCHTE LANG ÜBER EINEM RÄTSEL FÜR EINEN VERSTECKTEN SCHATZ GEBRÜTET HABE?
FERTIG!
NICHT EINMAL TAKAUJI WIRD ES KNACKEN!
EINE SCHATZSUCHE? KLINGT AUFREGEND!
SEHR GUT!
ICH HATTE EINE EINGEBUNG, DASS DER SCHATZ SICH UNTER DEM FUSSBODEN VON MORONAOS ZIMMER BEFINDET. ICH WERDE EBEN MAL NACHSEHEN.
TAPP
DU HATTEST IHN DANK EINER EINGEBUNG SCHON GEFUNDEN, BEVOR ICH DIR DAS RÄTSEL STELLEN KONNTE.
DABEI WAR ICH SO STOLZ DARAUF! NIEMAND HÄTTE ES ENTSCHLÜSSELN KÖNNEN!
ACH JA... DAS TUT MIR IMMER NOCH SEHR LEID.

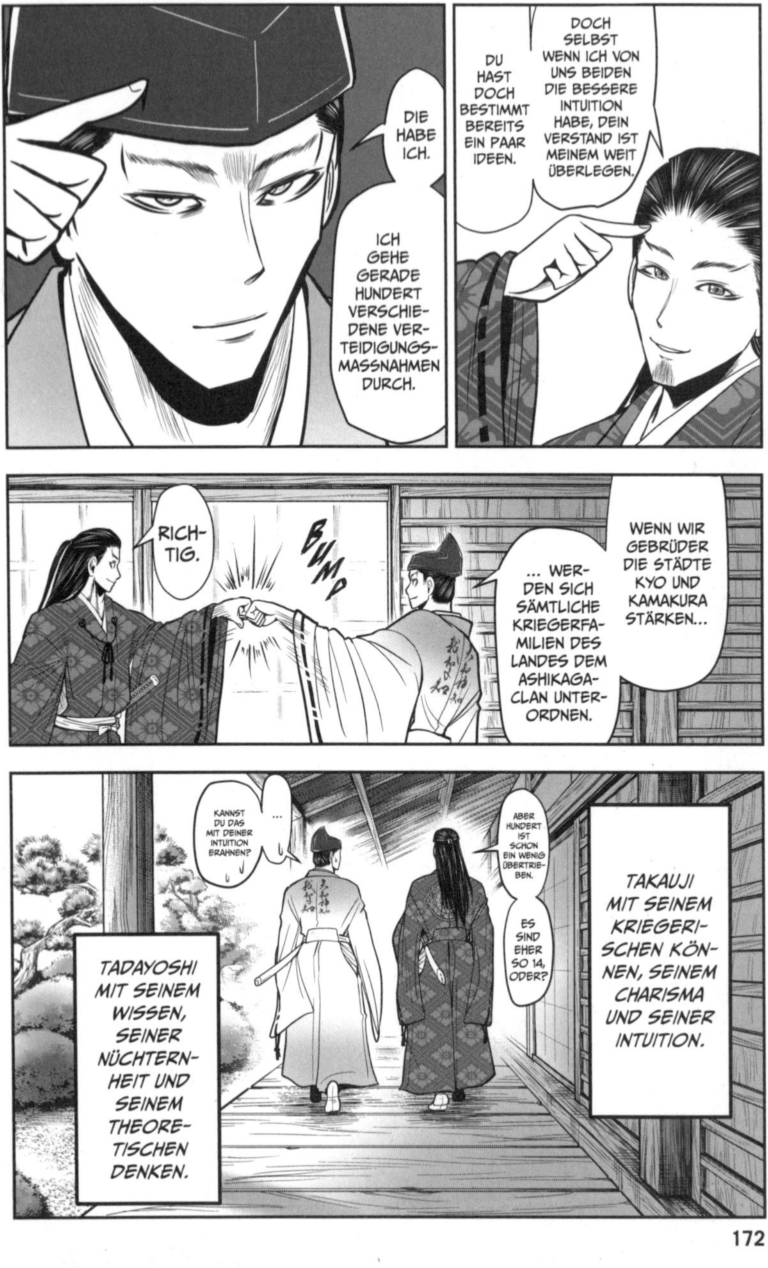
DOCH SELBST WENN ICH VON UNS BEIDEN DIE BESSERE INTUITION HABE, DEIN VERSTAND IST MEINEM WEIT ÜBERLEGEN.
DU HAST DOCH BESTIMMT BEREITS EIN PAAR IDEEN.
DIE HABE ICH.
ICH GEHE GERADE HUNDERT VERSCHIEDENE VERTEIDIGUNGSMASSNAHMEN DURCH.
WENN WIR GEBRÜDER DIE STÄDTE KYO UND KAMAKURA STÄRKEN...
... WERDEN SICH SÄMTLICHE KRIEGERFAMILIEN DES LANDES DEM ASHIKAGA-CLAN UNTERORDNEN.
BUMP
RICHTIG.
TAKAUJI MIT SEINEM KRIEGERISCHEN KÖNNEN, SEINEM CHARISMA UND SEINER INTUITION.
ABER HUNDERT IST SCHON EIN WENIG ÜBERTRIEBEN.
ES SIND EHER SO 14, ODER?
...
KANNST DU DAS MIT DEINER INTUITION ERAHNEN?
TADAYOSHI MIT SEINEM WISSEN, SEINER NÜCHTERNHEIT UND SEINEM THEORETISCHEN DENKEN.

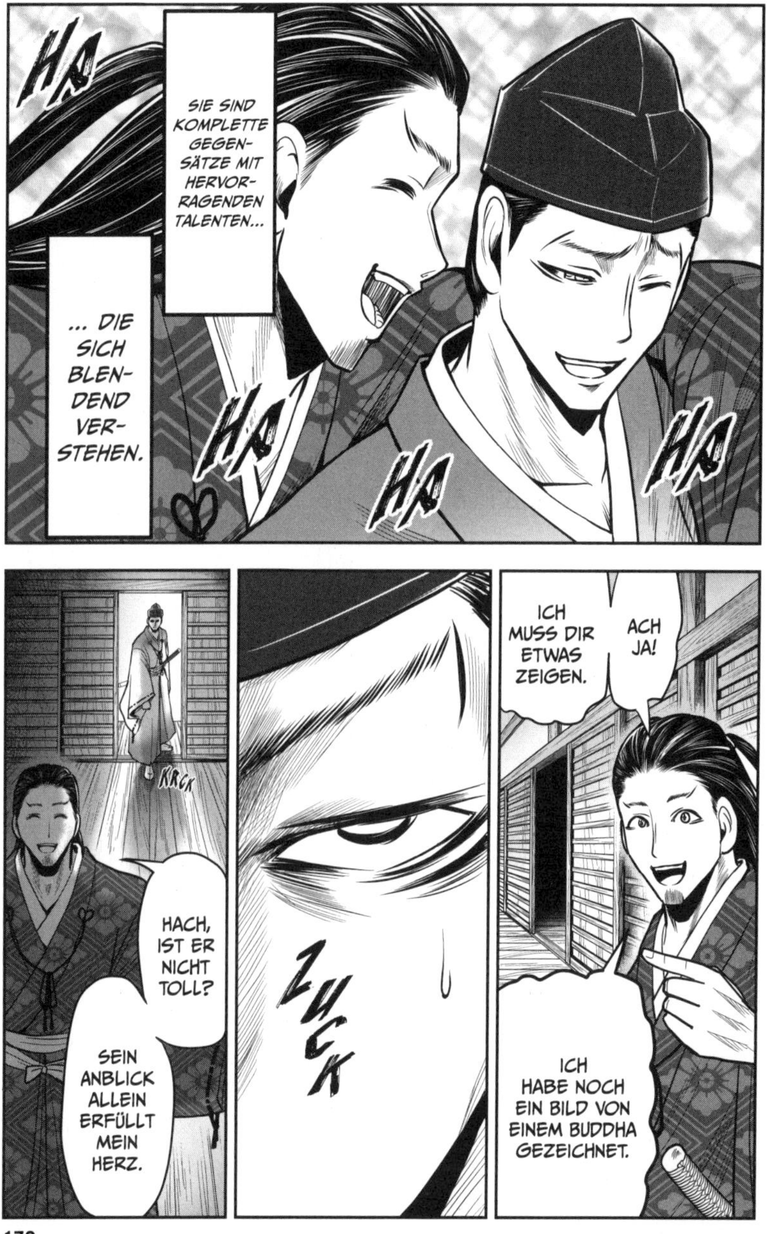
HA
SIE SIND KOMPLETTE GEGENSÄTZE MIT HERVORRAGENDEN TALENTEN...
... DIE SICH BLENDEND VERSTEHEN.
HA
HA
HA
ACH JA!
ICH MUSS DIR ETWAS ZEIGEN.
ICH HABE NOCH EIN BILD VON EINEM BUDDHA GEZEICHNET.
ZUCK
KRCK
HACH, IST ER NICHT TOLL?
SEIN ANBLICK ALLEIN ERFÜLLT MEIN HERZ.

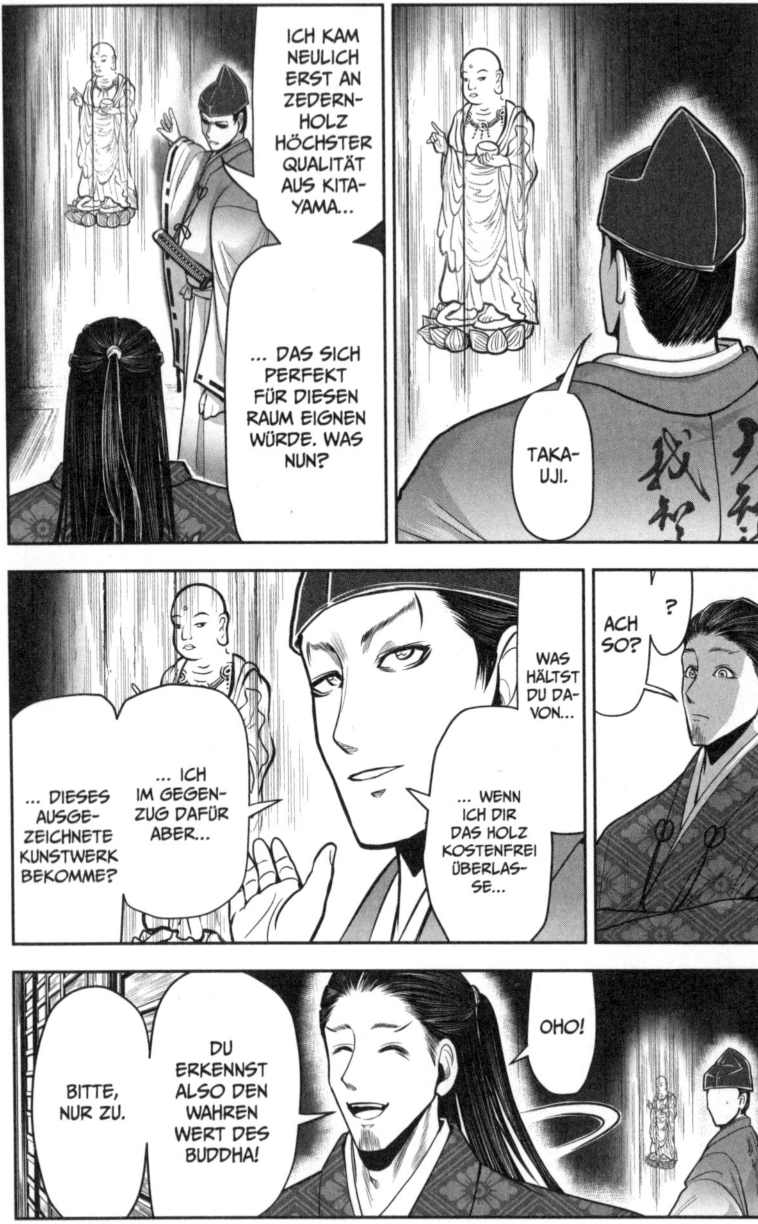
TAKA-UJI.
ICH KAM NEULICH ERST AN ZEDERN-HOLZ HÖCHSTER QUALITÄT AUS KITA-YAMA...
... DAS SICH PERFEKT FÜR DIESEN RAUM EIGNEN WÜRDE. WAS NUN?
?
ACH SO?
WAS HÄLTST DU DA-VON...
... WENN ICH DIR DAS HOLZ KOSTENFREI ÜBERLAS-SE...
... ICH IM GEGEN-ZUG DAFÜR ABER...
... DIESES AUSGE-ZEICHNETE KUNSTWERK BEKOMME?
OHO!
DU ERKENNST ALSO DEN WAHREN WERT DES BUDDHA!
BITTE, NUR ZU.

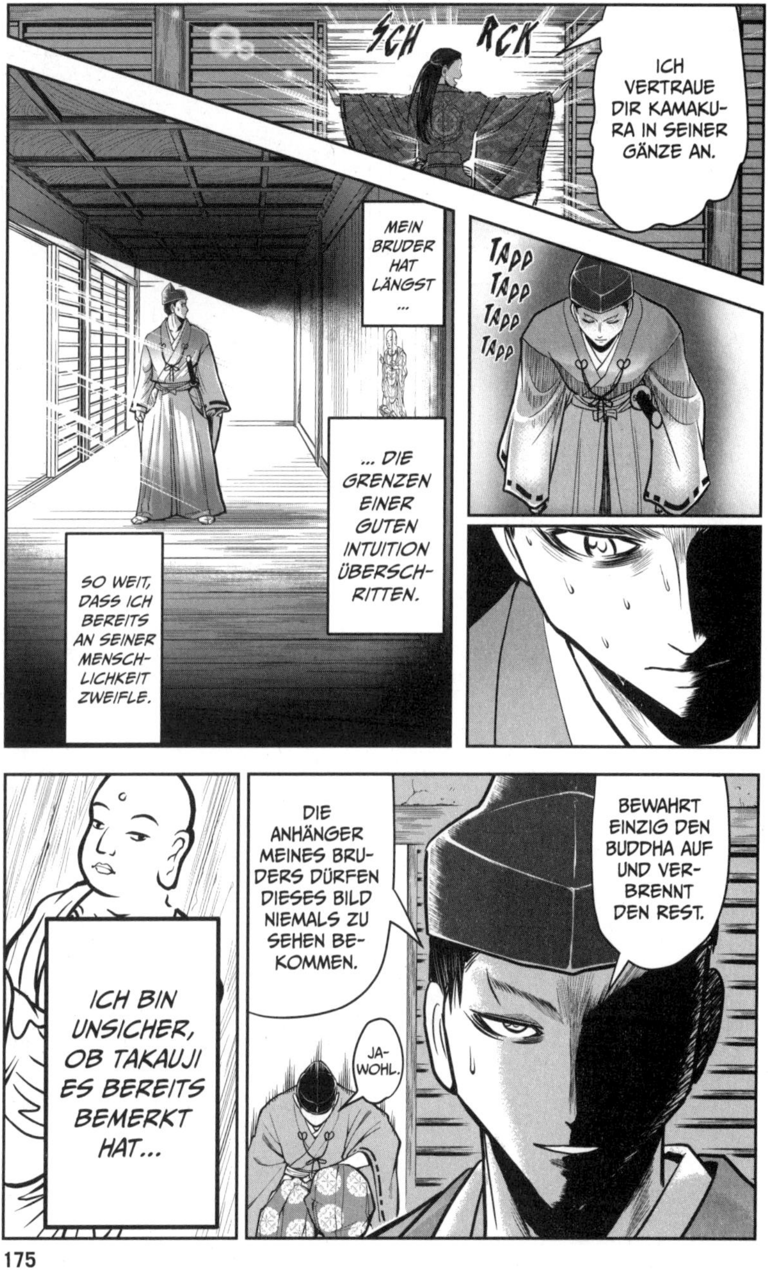
SCH RCK
ICH VERTRAUE DIR KAMAKURA IN SEINER GÄNZE AN.
TAPP TAPP TAPP TAPP
MEIN BRUDER HAT LÄNGST ...
... DIE GRENZEN EINER GUTEN INTUITION ÜBERSCHRITTEN.
SO WEIT, DASS ICH BEREITS AN SEINER MENSCHLICHKEIT ZWEIFLE.
BEWAHRT EINZIG DEN BUDDHA AUF UND VERBRENNT DEN REST.
DIE ANHÄNGER MEINES BRUDERS DÜRFEN DIESES BILD NIEMALS ZU SEHEN BEKOMMEN.
JAWOHL.
ICH BIN UNSICHER, OB TAKAUJI ES BEREITS BEMERKT HAT...

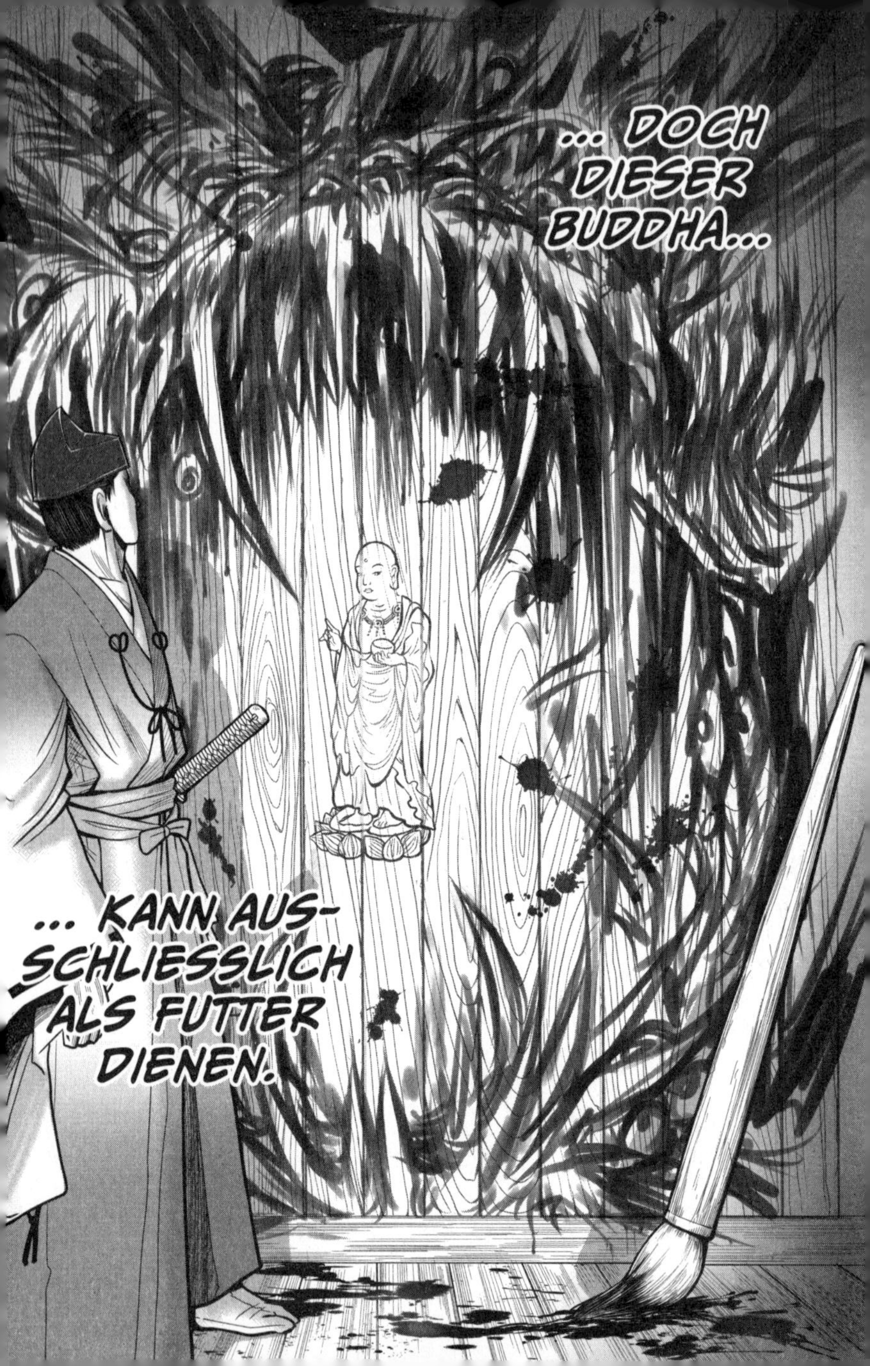
... DOCH DIESER BUDDHA...
... KANN AUS-SCHLIESSLICH ALS FUTTER DIENEN.

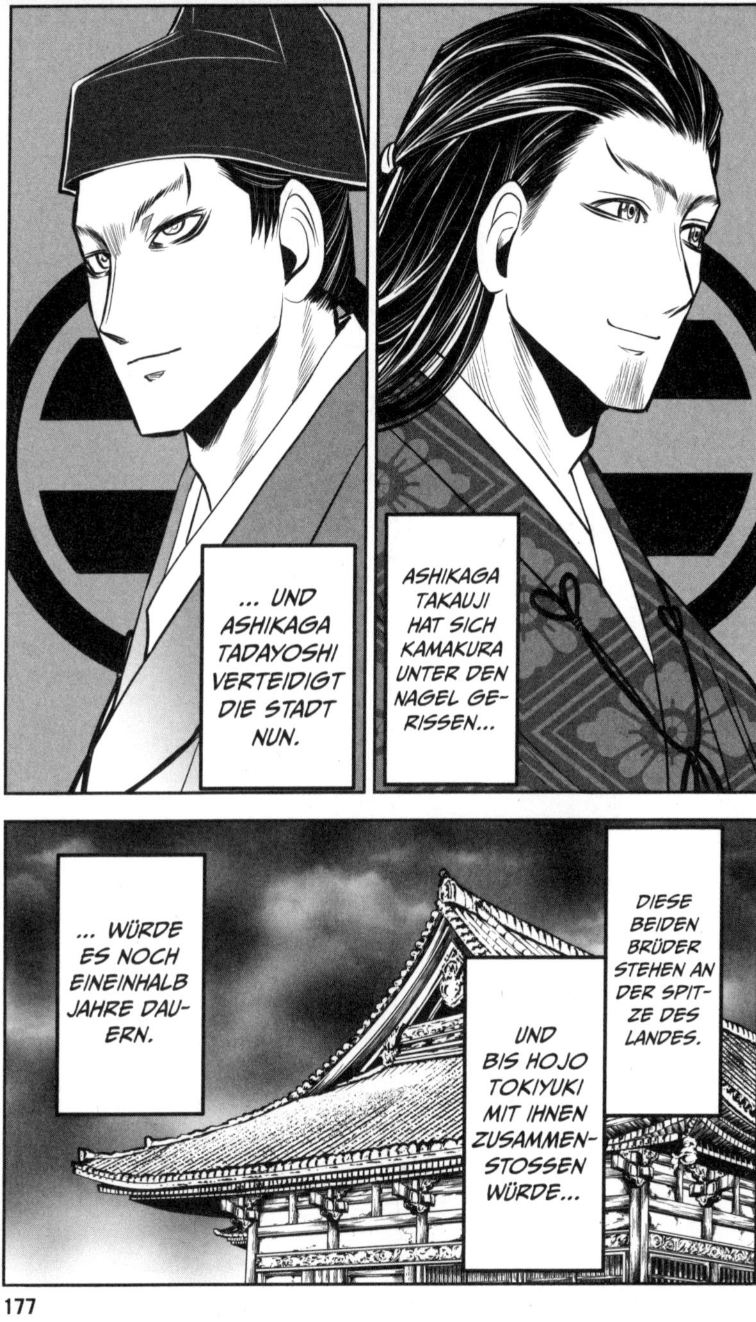
ASHIKAGA TAKAUJI HAT SICH KAMAKURA UNTER DEN NAGEL GE-RISSEN...
... UND ASHIKAGA TADAYOSHI VERTEIDIGT DIE STADT NUN.
DIESE BEIDEN BRÜDER STEHEN AN DER SPIT-ZE DES LANDES.
UND BIS HOJO TOKIYUKI MIT IHNEN ZUSAMMEN-STOSSEN WÜRDE...
... WÜRDE ES NOCH EINEINHALB JAHRE DAU-ERN.

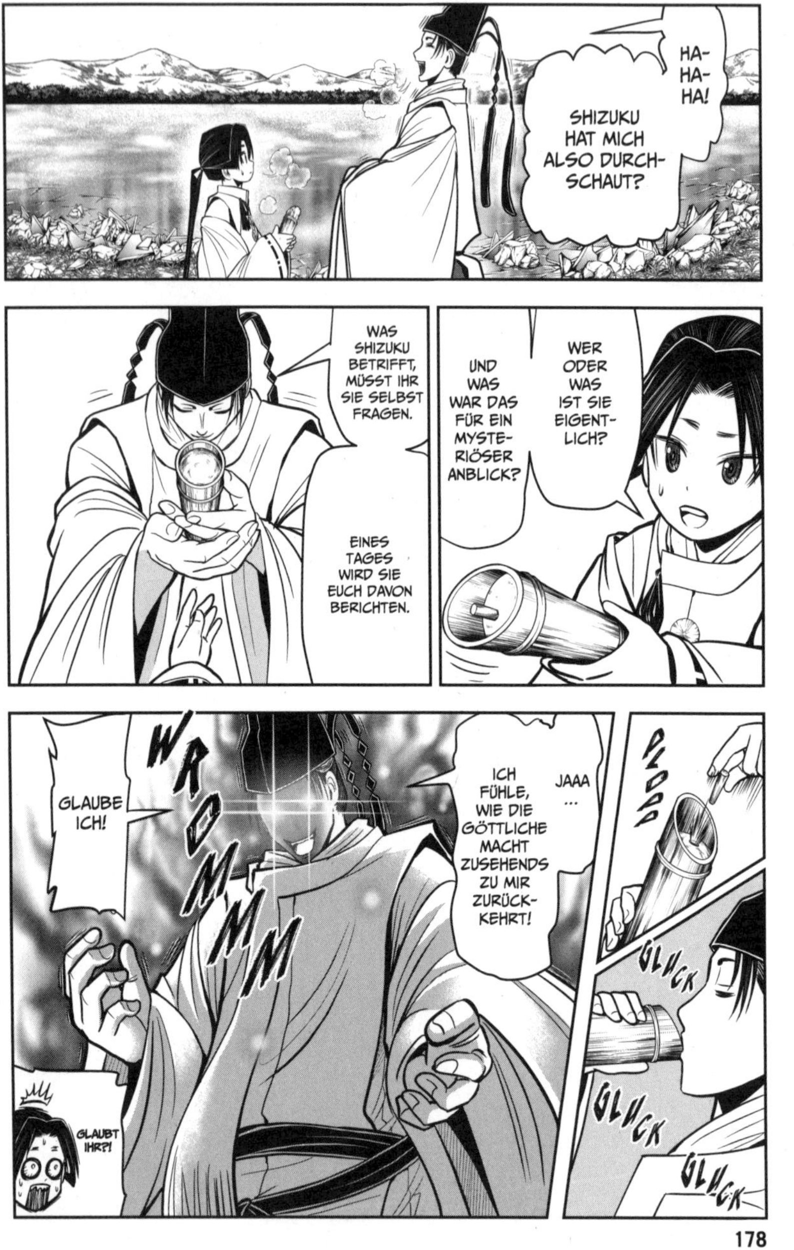
HA-HA-HA!
SHIZUKU HAT MICH ALSO DURCHSCHAUT?
WER ODER WAS IST SIE EIGENTLICH?
UND WAS WAR DAS FÜR EIN MYSTERIÖSER ANBLICK?
WAS SHIZUKU BETRIFFT, MÜSST IHR SIE SELBST FRAGEN.
EINES TAGES WIRD SIE EUCH DAVON BERICHTEN.
PLOPP
GLUCK
GLUCK
GLUCK
JAAA ...
ICH FÜHLE, WIE DIE GÖTTLICHE MACHT ZUSEHENDS ZU MIR ZURÜCKKEHRT!
WROMMMM
GLAUBE ICH!
GLAUBT IHR?!

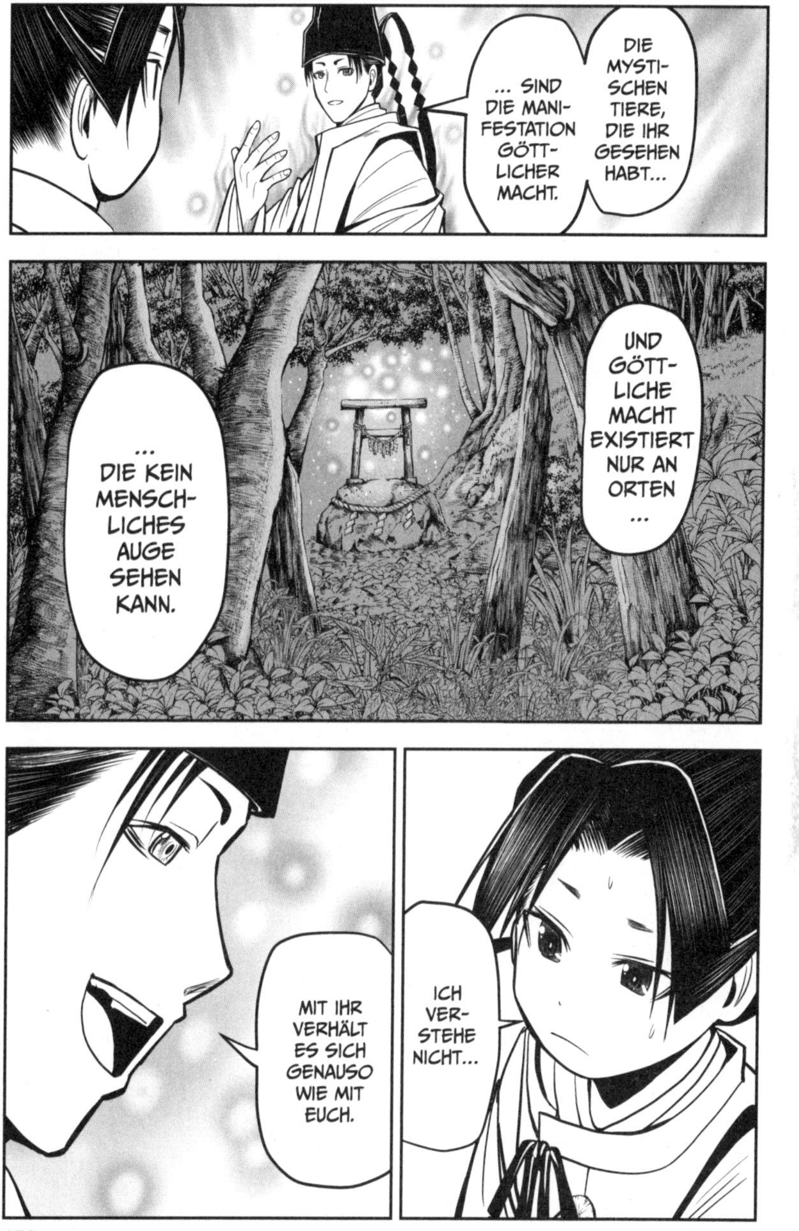
DIE MYSTISCHEN TIERE, DIE IHR GESEHEN HABT...
... SIND DIE MANIFESTATION GÖTTLICHER MACHT.
UND GÖTTLICHE MACHT EXISTIERT NUR AN ORTEN ...
... DIE KEIN MENSCHLICHES AUGE SEHEN KANN.
ICH VERSTEHE NICHT...
MIT IHR VERHÄLT ES SICH GENAUSO WIE MIT EUCH.

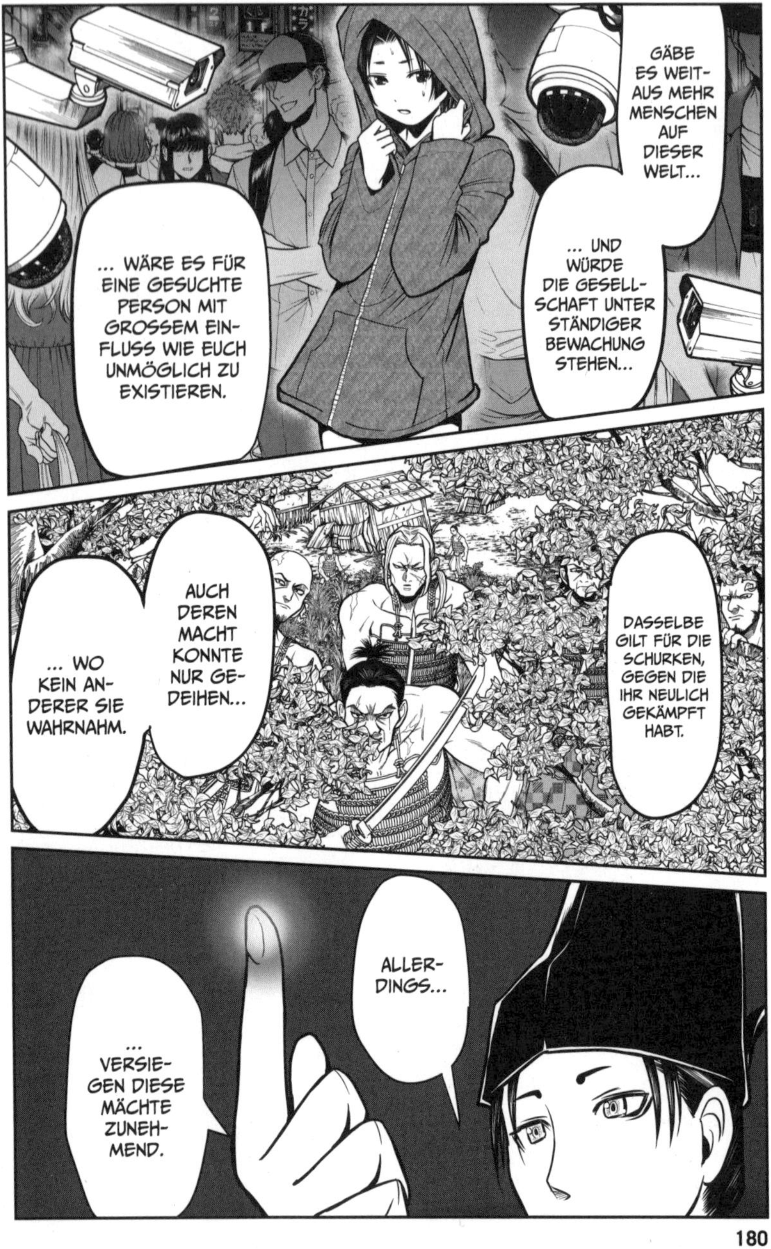
GÄBE ES WEIT-AUS MEHR MENSCHEN AUF DIESER WELT...
... UND WÜRDE DIE GESELL-SCHAFT UNTER STÄNDIGER BEWACHUNG STEHEN...
... WÄRE ES FÜR EINE GESUCHTE PERSON MIT GROSSEM EIN-FLUSS WIE EUCH UNMÖGLICH ZU EXISTIEREN.
DASSELBE GILT FÜR DIE SCHURKEN, GEGEN DIE IHR NEULICH GEKÄMPFT HABT.
AUCH DEREN MACHT KONNTE NUR GE-DEIHEN...
... WO KEIN AN-DERER SIE WAHRNAHM.
ALLER-DINGS...
... VERSIE-GEN DIESE MÄCHTE ZUNEH-MEND.

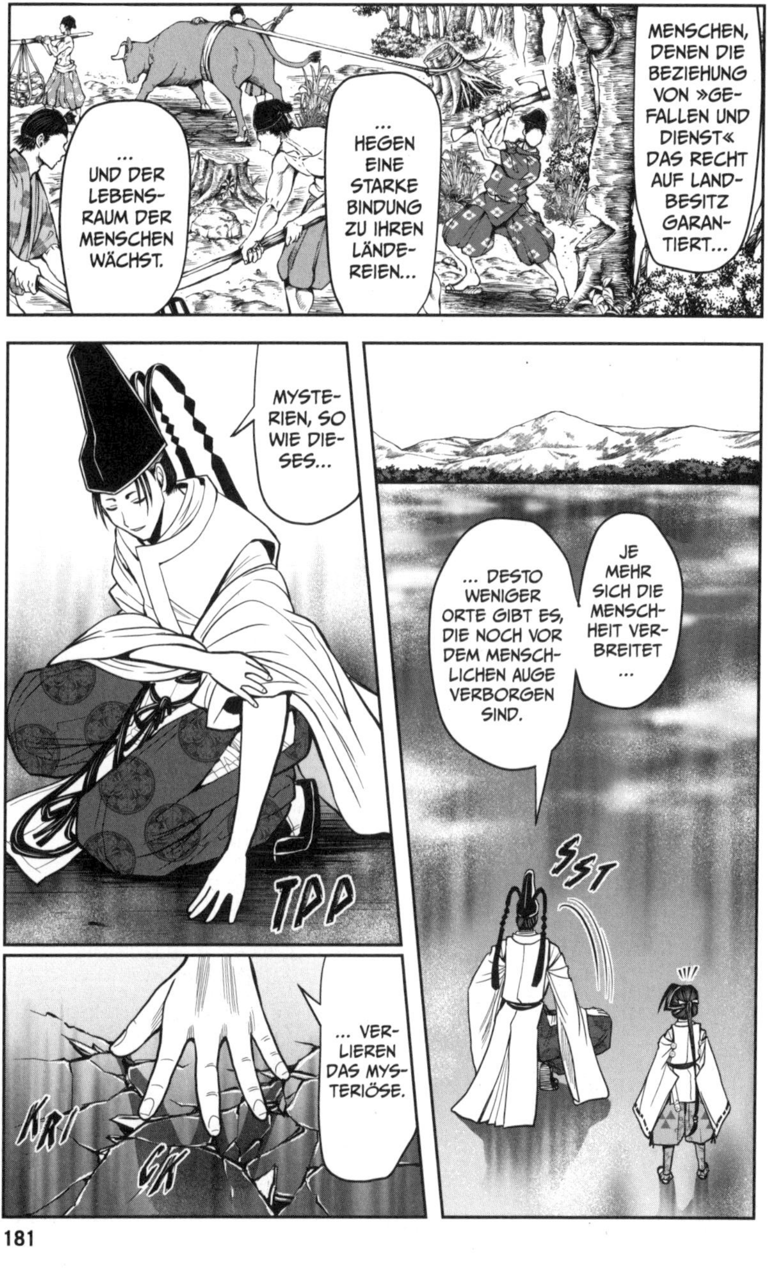
MENSCHEN, DENEN DIE BEZIEHUNG VON »GEFALLEN UND DIENST« DAS RECHT AUF LANDBESITZ GARANTIERT...
... HEGEN EINE STARKE BINDUNG ZU IHREN LÄNDEREIEN...
... UND DER LEBENSRAUM DER MENSCHEN WÄCHST.
JE MEHR SICH DIE MENSCHHEIT VERBREITET ...
... DESTO WENIGER ORTE GIBT ES, DIE NOCH VOR DEM MENSCHLICHEN AUGE VERBORGEN SIND.
SST
MYSTERIEN, SO WIE DIESES...
TPP
... VERLIEREN DAS MYSTERIÖSE.
KRICK

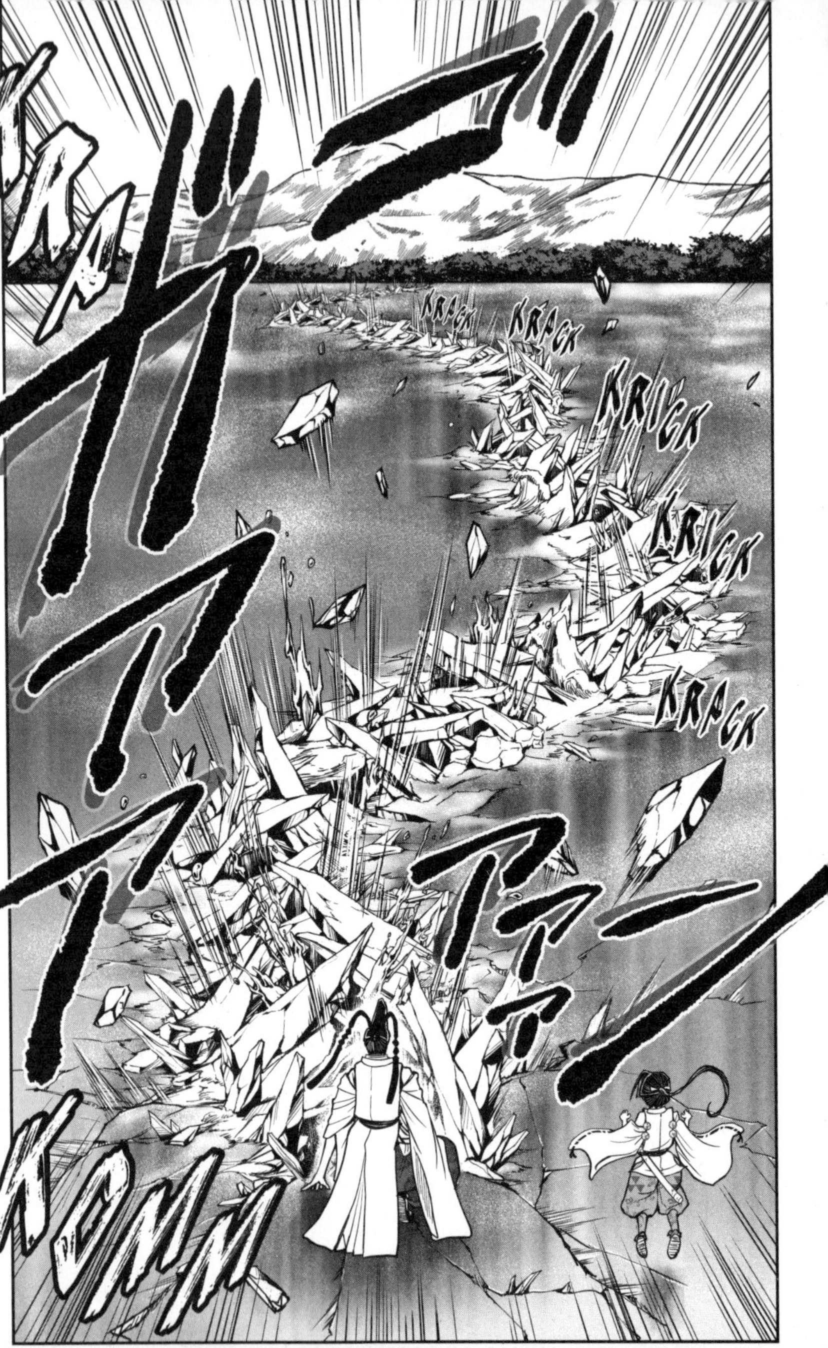
KRACK
KRACK
KRICK
KRICK
KRACK

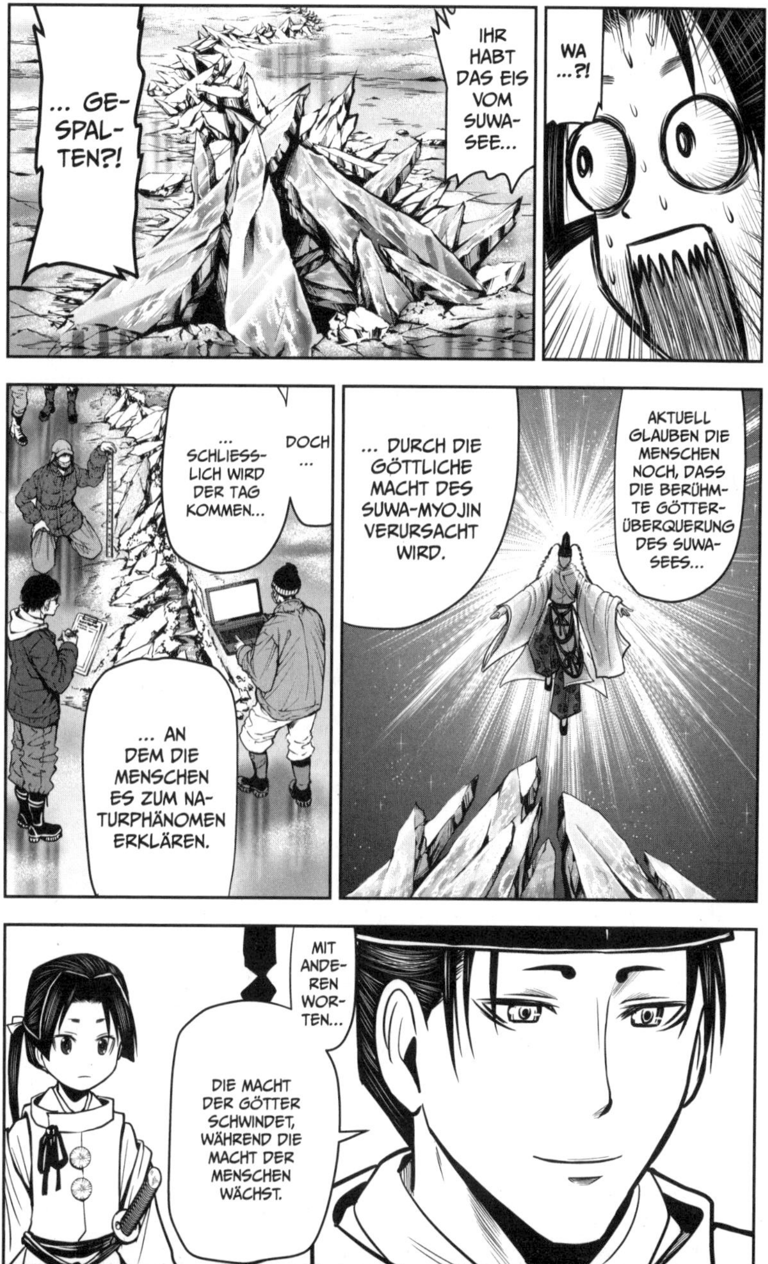
WA ...?!
IHR HABT DAS EIS VOM SUWASEE...
... GESPALTEN?!
AKTUELL GLAUBEN DIE MENSCHEN NOCH, DASS DIE BERÜHMTE GÖTTERÜBERQUERUNG DES SUWASEES...
... DURCH DIE GÖTTLICHE MACHT DES SUWA-MYOJIN VERURSACHT WIRD.
DOCH ...
... SCHLIESSLICH WIRD DER TAG KOMMEN...
... AN DEM DIE MENSCHEN ES ZUM NATURPHÄNOMEN ERKLÄREN.
MIT ANDEREN WORTEN...
DIE MACHT DER GÖTTER SCHWINDET, WÄHREND DIE MACHT DER MENSCHEN WÄCHST.

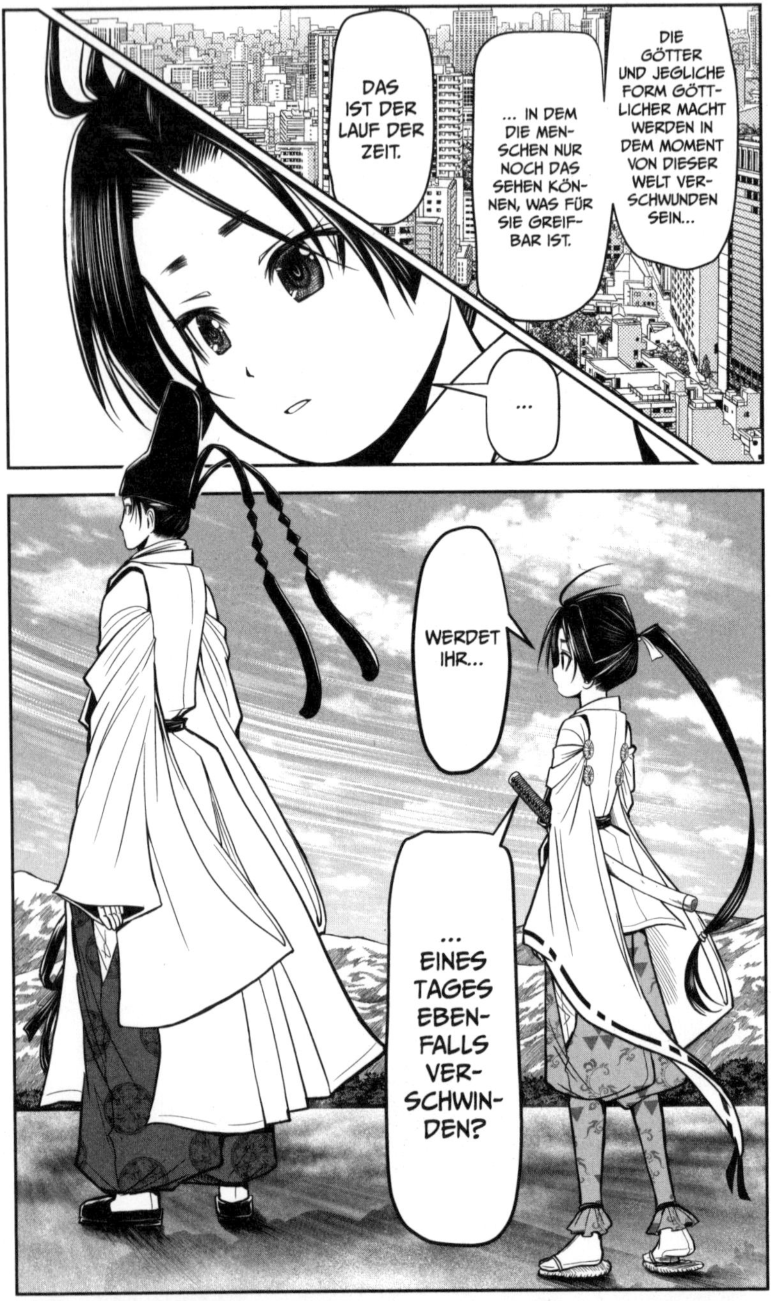
DIE GÖTTER UND JEGLICHE FORM GÖTTLICHER MACHT WERDEN IN DEM MOMENT VON DIESER WELT VERSCHWUNDEN SEIN...
... IN DEM DIE MENSCHEN NUR NOCH DAS SEHEN KÖNNEN, WAS FÜR SIE GREIFBAR IST.
DAS IST DER LAUF DER ZEIT.
...
WERDET IHR...
... EINES TAGES EBENFALLS VERSCHWINDEN?

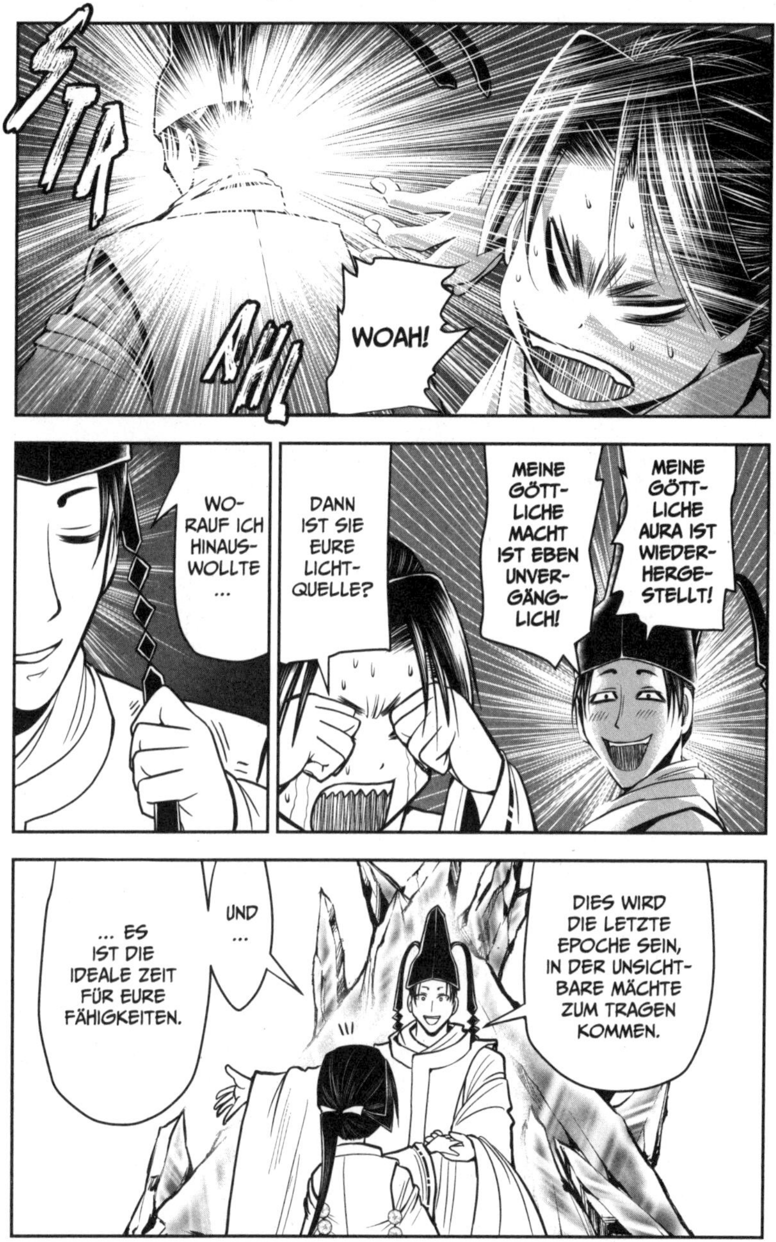
STR
AHL
WOAH!
MEINE GÖTTLICHE AURA IST WIEDERHERGESTELLT!
MEINE GÖTTLICHE MACHT IST EBEN UNVERGÄNGLICH!
DANN IST SIE EURE LICHTQUELLE?
WORAUF ICH HINAUSWOLLTE ...
DIES WIRD DIE LETZTE EPOCHE SEIN, IN DER UNSICHTBARE MÄCHTE ZUM TRAGEN KOMMEN.
UND ...
... ES IST DIE IDEALE ZEIT FÜR EURE FÄHIGKEITEN.

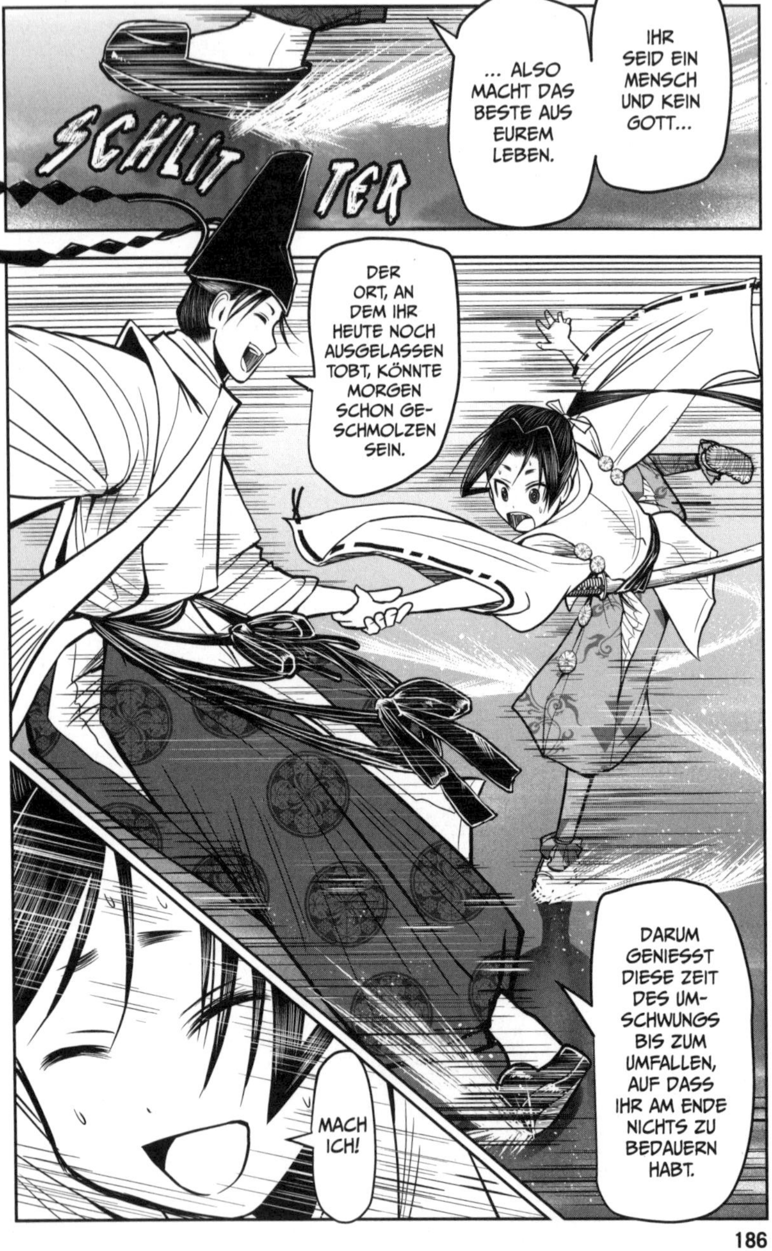
IHR SEID EIN MENSCH UND KEIN GOTT...
... ALSO MACHT DAS BESTE AUS EUREM LEBEN.
SCHLITTER
DER ORT, AN DEM IHR HEUTE NOCH AUSGELASSEN TOBT, KÖNNTE MORGEN SCHON GE-SCHMOLZEN SEIN.
DARUM GENIESST DIESE ZEIT DES UM-SCHWUNGS BIS ZUM UMFALLEN, AUF DASS IHR AM ENDE NICHTS ZU BEDAUERN HABT.
MACH ICH!

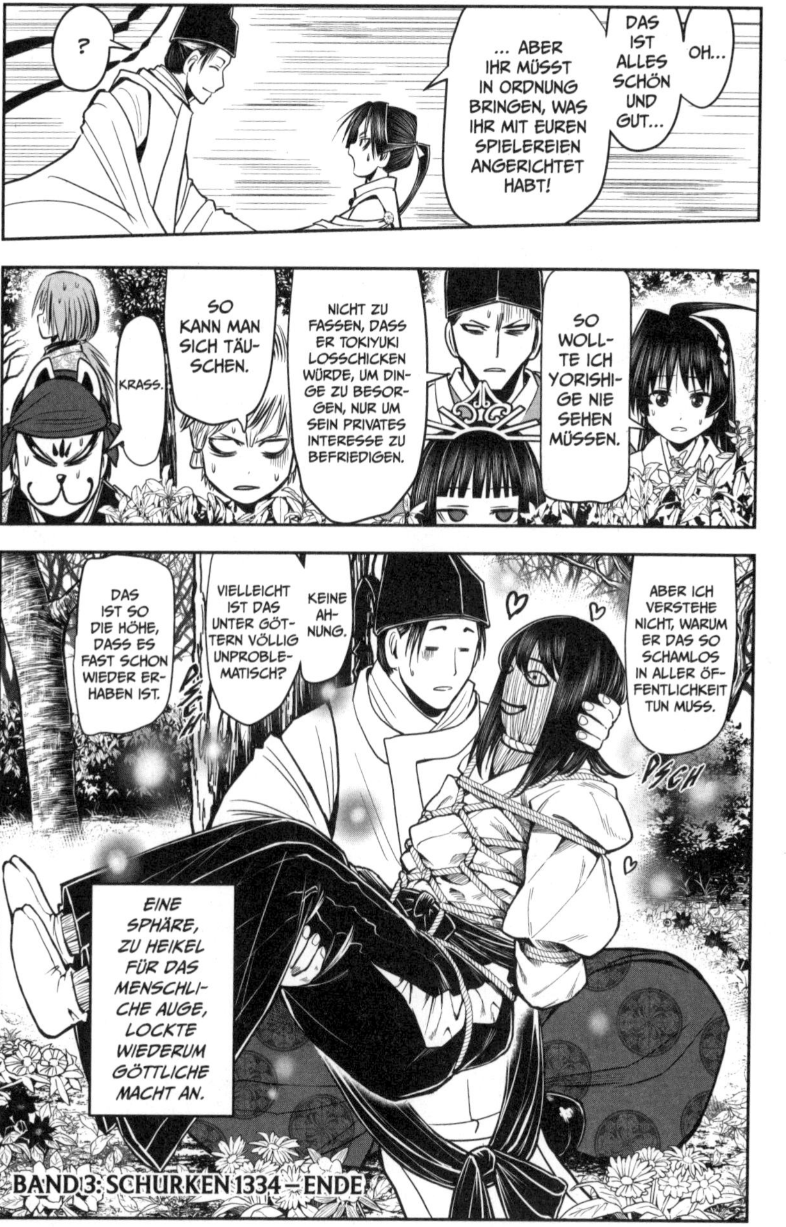

OH...
DAS IST ALLES SCHÖN UND GUT...
... ABER IHR MÜSST IN ORDNUNG BRINGEN, WAS IHR MIT EUREN SPIELEREIEN ANGERICHTET HABT!
?
SO WOLLTE ICH YORISHIGE NIE SEHEN MÜSSEN.
NICHT ZU FASSEN, DASS ER TOKIYUKI LOSSCHICKEN WÜRDE, UM DINGE ZU BESORGEN, NUR UM SEIN PRIVATES INTERESSE ZU BEFRIEDIGEN.
SO KANN MAN SICH TÄUSCHEN.
KRASS.
ABER ICH VERSTEHE NICHT, WARUM ER DAS SO SCHAMLOS IN ALLER ÖFFENTLICHKEIT TUN MUSS.
DSCH
KEINE AHNUNG.
VIELLEICHT IST DAS UNTER GÖTTERN VÖLLIG UNPROBLEMATISCH?
DAS IST SO DIE HÖHE, DASS ES FAST SCHON WIEDER ERHABEN IST.
EINE SPHÄRE, ZU HEIKEL FÜR DAS MENSCHLICHE AUGE, LOCKTE WIEDERUM GÖTTLICHE MACHT AN.
BAND 3: SCHURKEN 1334 – ENDE

Welchen Regeln unterlagen Territorialstreitigkeiten?

Dafür müssen wir das Wort tochigyo näher betrachten. Fangen wir mit dem Schriftzeichen für »to« an: Heutzutage wird es zum Beispiel in Wörtern wie »zu dieser Zeit« verwendet und trägt die Bedeutung »früher« oder »damals«. Im Mittelalter hatte es allerdings die Bedeutung »jetzt«. »Chigyo« bedeutet »Herrschaft über ein Gebiet«. Folglich bedeutet tochigyo »gegenwärtige Herrschaft über ein Gebiet«. So weit alles klar? Gut. Angenommen, wir haben nun folgendes Herrschaftsproblem innerhalb eines Gebiets: Das Gebiet ist entsprechend der Dokumente seit Generationen im Besitz von Familie A. Allerdings hat Familie B Familie A aus dem Gebiet vertrieben und herrscht nun aktiv an dessen Stelle – B hat die gegenwärtige tochigyo. Aber wen von beiden würde das Shogunat als Grundbesitzer anerkennen? Man möchte meinen, es wäre A, da A die entsprechenden Dokumente besitzt, oder? Falsch, es ist B, denn B hat die gegenwärtige Herrschaft inne. Für das Shogunat macht das B zum legitimen Grundbesitzer. Und wenn B diese Herrschaft zwanzig Jahre lang aufrechterhalten kann, wird für B dieses Recht quasi in Stein gemeißelt. Das bedeutet auch, dass eine opponierende Gruppierung C (also wie die Eroberungsameisen) als legitimer Grundbesitzer anerkannt wird, selbst wenn sie die Herrschaft über das Gebiet gewaltsam erlangt hat, solang sie diese aufrechterhalten kann. Wenn sich zwanzig Jahre lang nichts ändert, hat auch niemand mehr etwas zu beanstanden. Ihr fragt euch, wie das alles ohne historischen Hintergrund, passenden Familienstammbaum oder jegliche Nachweise funktioniert? Diese musste man nur fälschen. Denn letztlich hatten im Mittelalter immer die Mächtigsten das letzte Wort.

※ Die verwendeten Bilder stammen aus den *Weekly Shonen Jump*-Ausgaben 25, 27-33/34 (Doppelausgabe).

THE EXPLAINING SAMURAI

In dieser Rubrik erfahrt ihr etwas über die historischen Hintergründe, wodurch ihr gleich noch viel mehr Spaß beim Lesen haben werdet.

Erklärungen von

Hongo Kazuto

Was für Menschen waren diese Akuto (»Schurken«)?

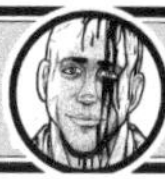

Das erste Schriftzeichen »aku« wird mit »böse« übersetzt, daher lässt »Akuto« direkt auf böse Menschen schließen, nicht wahr? In der Kamakura-Zeit (1185–1333) hatte es durchaus dieselbe Bedeutung, doch gleichzeitig schwang in ihm auch die Bedeutung »stark« mit. Minamoto no Yoshihira, der ältere Bruder von Minamoto no Yoritomo, wurde beispielsweise auch »Akugenta« genannt. Des Weiteren trug Ito Kagekiyo, ein im Dienste des Taira-Clans (auch Heike genannt) stehender Recke, unter anderem den Beinamen Akushichi-byoe (»die böse Sieben der kaiserlichen Leibwache«). Das bedeutet, dass die gegen Ende der Kamakura-Zeit allerorts auftretenden »Schurken« nicht einfach nur »Bösewichte«, sondern »starke Bösewichte« waren. Bushi (Krieger), die zum Kamakura-Shogunat gehörten, wurden als Gefolgsleute des Shogun respektvoll Gokenin (Vasallen) genannt. Es gab allerdings auch Krieger, die nicht dem Shogunat angehörten. Vor allem zum Ende der Kamakura-Zeit wurden diese immer mehr, da Japan allgemein wohlhabender wurde und Ressourcen frei wurden, um eigene Krieger zu unterhalten. Ein Teil von ihnen widmete sich in erster Linie wirtschaftlichen Aktivitäten, um so den Wohlstand zu sichern. Ein anderer Teil gab sich der Gewalt hin, überfiel Ländereien oder Dörfer der Vasallen des Shogun und raubte deren Reichtümer. So erhielten diese Krieger vom Shogunat die Bezeichnung »Schurken« im Sinne von »lästige Leute, die nicht tun, was wir ihnen sagen«. Einige Wissenschaftler sind außerdem der Ansicht, dass das Shogunat unter anderem deshalb gestürzt werden konnte, weil es nicht in der Lage war, die erfolgreichen Machenschaften der Schurken unverzüglich niederzuschlagen.

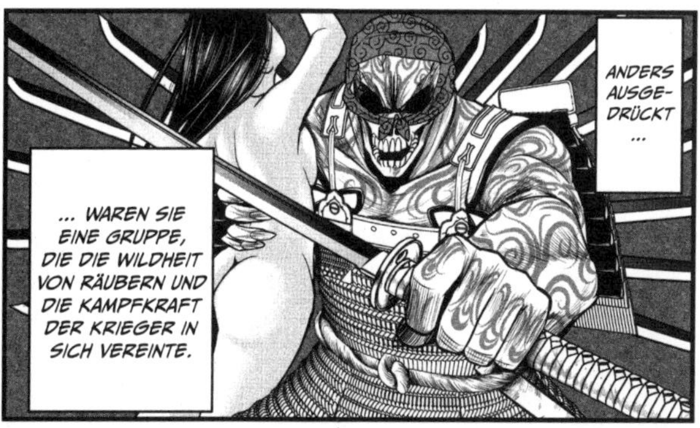

Gab es Menschenhandel wirklich?

Papier hatte im Mittelalter einen hohen Wert, da man es nicht so leicht herstellen konnte. Aus diesem Grund warf man Briefe nach dem Lesen nicht einfach weg, sondern hob sie auf, um bei Bedarf die unbeschriebene Rückseite zu nutzen. Das erklärt, warum man bei den Untersuchungen von z. B. Sutren aus der Zeit auf den Rückseiten gänzlich unabhängige Briefe fand. Bedeutende Schriftstücke verwendete man selbstverständlich nicht wieder. Insbesondere Nachweise über Grundbesitz bewahrte man bis in alle Ewigkeit sicher auf. War der in den Schriften behandelte Gegenstand allerdings zerstört oder anderweitig unbrauchbar, war auch das Schriftstück fortan ungültig und dessen Rückseite wurde neu beschrieben. Dazu zählte auch der »Defekt oder Verlust eines lebendigen Menschen«. Dementsprechend fand man zwar keine Nachweise über Menschenhandel auf der Vorderseite irgendwelcher Dokumente, doch ganz zufällig eben auf den Rückseiten mancher Sutren. Anhand dieser Funde lässt sich mit Gewissheit sagen, dass in der Kamakura-Zeit Menschenhandel betrieben wurde. Nach einer Schlacht wurden beispielsweise ganze Clans der Verlierer verkauft oder aber man verkaufte sich selbst, wenn man seine Schulden nicht abbezahlen konnte. Es gab auch den Beruf des Menschenhändlers. Ein Mensch, der verkauft wurde, konnte sich seine Freiheit zurückkaufen, indem er eine gewisse Summe ansparte und damit das Lösegeld bezahlte. Tja, aber dies gelang wirklich nur wenigen Leuten. Jedenfalls handelte es sich bei diesen Menschenhändlern – wie man es auch dreht und wendet – eindeutig um Schurken.

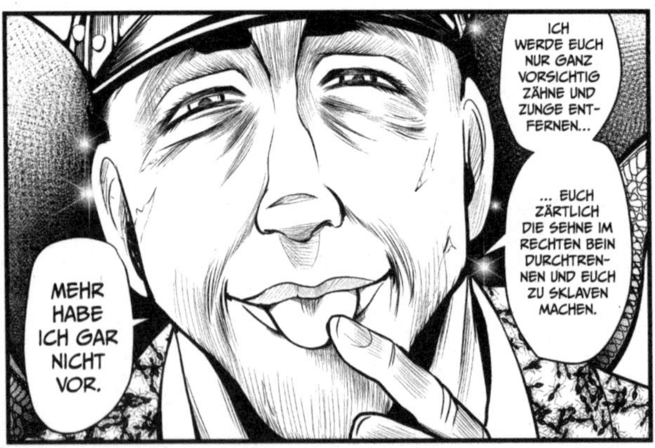

Gab es auch Vasallen aus dem einfachen Volk?

Um ein wenig aus dem Nähkästchen zu plaudern: Ich war in der 2012 ausgestrahlten TV-Serie *Taira no Kiyomori* involviert. Damals wandte man sich mit der Frage an mich, ob das Setting plausibel wäre, wenn Kiyomoris wichtigster Gefolgsmann, mit dem er zusammen viel erlebt und lernt, ein Krieger namens Taira no Morikuni wäre, der allerdings aus einer Fischerfamilie stammte. Es gibt verschiedene Theorien zu Morikunis Vater, doch höchstwahrscheinlich gehörte er der Kriegerklasse an, weshalb ich der Idee, ihn als Fischer darzustellen, kritisch gegenüberstand. Letztlich gab ich aber mein Okay, da mir die Geschichte von Sanchotsubute no Kiheiji in den Sinn kam. Chinzei Hachiro Tametomo (ein Alias von Minamoto no Tametomo), der Onkel von Minamoto no Yoritomo, wurde aufgrund seines unvergleichlichen Könnens mit dem Bogen als Held bezeichnet. Derjenige, der ihm auf Schritt und Tritt folgte, war ein Mann namens Sanchotsubute no Kiheiji. Er war sein treuer Vasall, der andere Krieger, die stolz auf ihre Fähigkeiten waren, unter sich vereinte. Das Besondere an ihm war, dass er womöglich aus dem einfachen Volk stammte. Es ist nicht auszuschließen, dass es sich bei Kiheiji lediglich um eine fiktive Figur handelt, aber in Erzählungen um Tametomo taucht er definitiv auf. Außerdem hatte sich in den Schriften nie jemand über das Auftauchen des Charakters beschwert. So fand ich, dass es durchaus interessant sein könnte, wenn Morikuni aus einer Fischerfamilie stammen würde. Was Morikuni für Kiyomori, Kiheiji für Tametomo oder Kamata Masakiyo für Minamoto no Yoshitomo (Yoritomos Vater) war, das hatten auch alle anderen Krieger der Kamakura-Zeit: Gefolgsleute, die mit ihnen gemeinsam lebten und ebenso gemeinsam starben. Sie wuchsen zusammen auf, widmeten sich gemeinsam der Kriegskunst und reiften miteinander. Das gilt auch für Tokiyuki, der fortan weitere Kameraden gewinnt.

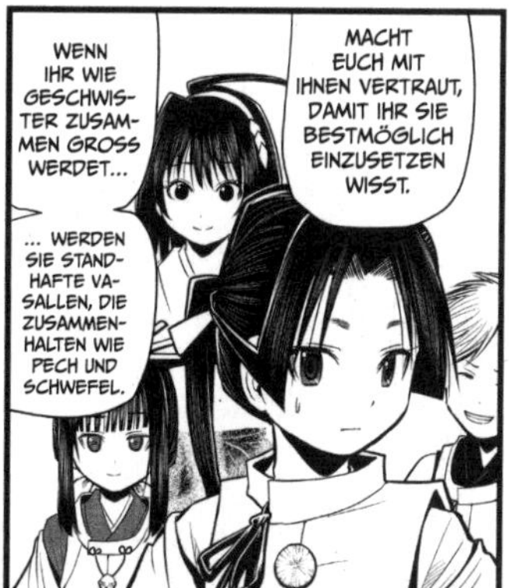

Gab es Kinder aus Kriegerfamilien, die buddhistische Mönche geworden sind?

Für Krieger stand die Ie (Familie) an erster Stelle. Es ging dabei weniger um »Menschenrechte« und entsprechend auch nicht darum, jedes einzelne Kind groß rauszubringen, sondern oberste Priorität hatte das Gedeihen der ganzen Familie. Merkt euch das als ersten Punkt. Punkt zwei ist der Mangel an Ländereien. In der Heian-Zeit (794–1185) bis Anfang der Kamakura-Zeit war es generell so, dass genug Ländereien zu Verfügung standen, man unter Umständen nur etwas dafür arbeiten musste. Ab Mitte der Kamakura-Zeit war dem nicht mehr so. Stellen wir uns eine Kriegerfamilie mit drei Söhnen vor. Bis Anfang der Kamakura-Zeit war es noch möglich, jedem von ihnen je ein Grundstück zuzuteilen. Später aber mangelte es an Ländereien. Wenn die Eltern dann noch ihren Besitz auf ihre Kinder aufgeteilt hätten, wären sie alle der Armut erlegen und zusammen zugrunde gegangen. Das war der Moment, in dem sich ein Vater Punkt eins ins Gedächtnis rief. Folglich würde er seinem ältesten Sohn den Großteil des Grundbesitzes überschreiben und den Zweitältesten zu dessen Gefolgsmann erklären. Das alles zum Wohle der Familie. Den jüngsten Sohn schickte man ins Kloster, damit er Mönch wurde. Dort sollte er den Vorfahren Opfergaben darbringen. Auch das war zum Wohle der Familie. Nun, aus diesen Gründen gab es viele Menschen, die zwar in Kriegerfamilien hineingeboren wurden, sich aber gezwungen sahen, ihr Leben als Mönche zu verbringen.

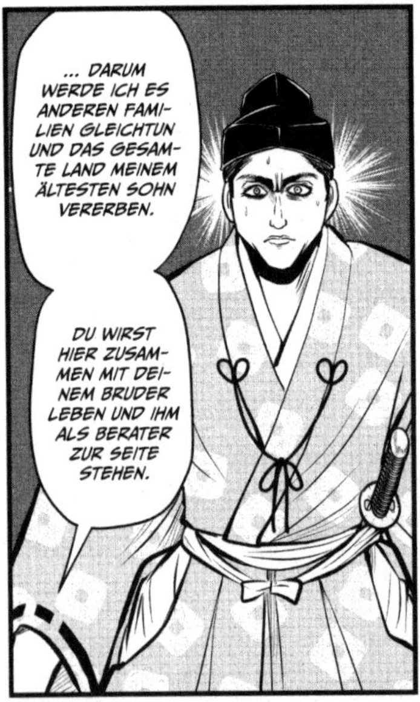

Wie viel Reis aß man damals?

Ihr fragt, welche Reisgerichte man zu der Zeit gegessen hat? Darüber gibt es nur wenige historische Quellen. Allerdings lässt sich mit Gewissheit sagen, dass die Ernährung von Kriegern generell dürftig war. Vor allem die Beilagen waren armselig. Essig war nämlich so ziemlich alles, was an Beilagen serviert wurde. Hojo Tokiyori, der Opa von Tokiyukis Opa, war ein weiser Fürst. »Lasset uns trinken und plaudern! Oh, wir haben ja gar keine Knabbereien…«, rief er eines Nachts, woraufhin einer seiner Gefolgsleute in der Küche nach etwas Geeignetem suchte. »Ich habe etwas gefunden!«, rief er schließlich und präsentierte Miso (Sojabohnenpaste), woraufhin sich Tokiyori lautstark mit einem »Was für ein Fund!« darüber freute. So steht es in der Miszellensammlung Tsurezuregusa (»Betrachtungen aus der Stille«) geschrieben. So war das für die oberste Schicht innerhalb des Shogunats. Die Vasallen dürften Reis gegessen haben, aber war der auch lecker? Jedenfalls war es üblich, Reis mit Reis als Beilage zu essen – entsprechend viel Reis nahm man zu sich. Eine der drei am meisten verbreiteten Krankheiten der Zeit war Beriberi. Wer sich fast ausschließlich von poliertem Reis ernährt, leidet irgendwann an Vitaminmangel und erkrankt schließlich an Beriberi, was unbehandelt zum Tod führt. Davon war sowohl der Adel als auch die Kriegerklasse betroffen. Der weiße Reis muss also äußerst schmackhaft gewesen sein! Dies lässt die Vermutung zu, dass das einfache Volk nur selten in den Genuss von Reis kam. Stattdessen aß es vermutlich Getreide, Kolbenhirse oder japanische Hirse. In der Edo-Zeit (1603–1868) war es im Tsugaru-Gebiet im Norden der Hauptinsel Japans Brauch, Bauern nach ihrem letzten Atemzug eine letzte Mahlzeit mitzugeben. Dafür füllte man ein kleines Säckchen mit Reis und raschelte damit am Ohr des Verstorbenen. Nein, man gab es ihnen nicht zu essen, sondern zu hören. Das war das Beste, was Bauern einander bieten konnten. Man geht davon aus, dass sich das zur Kamakura-Zeit nicht viel anders verhielt.

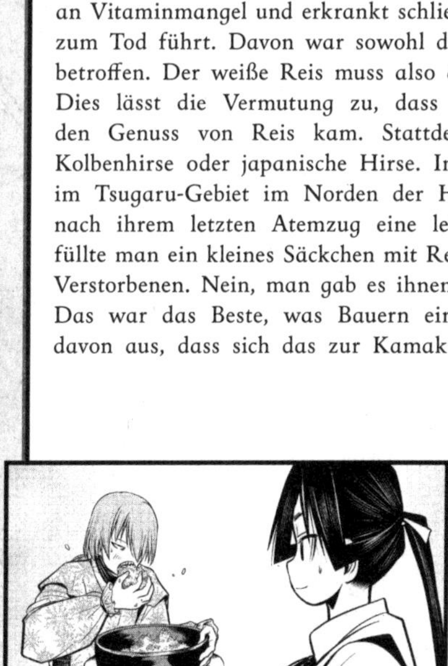

Hat man Unbegreifliches als Tatsachen hingenommen?

In der Heian-Zeit glaubte die Elite der Gesellschaft an den esoterischen Buddhismus der Shingon-Schule. Es heißt, dass man während der Zeremonien (also der Beschwörungen und Gebete) oftmals unerklärliche Phänomene beobachten konnte, die man als ehrwürdig betrachtete. Und wenn gutartige Gottheiten existierten, ging man selbstverständlich davon aus, dass es ebenfalls bösartige Dämonen gab. In einem Imayo (»Lied moderner Weise«; Volksdichtung in Liedform) aus der späten Heian-Zeit heißt es: »Obgleich der Menschen Augen verborgen, der Buddha ist immerdar zugegen und erhaben!« Um es mit moderneren Worten auszudrücken: »Obwohl Buddha stets anwesend ist, ist es uns unmöglich, seine erhabene Gestalt in der Wirklichkeit wahrzunehmen, und doch verehren wir ihn aus tiefstem Herzen.« So weit das Lied. Man möchte meinen, die Menschen fingen an, an der Präsenz Buddha zu zweifeln. In der Kamakura-Zeit traten unter den Adligen einige Intellektuelle mit höchst rationaler Einstellung hervor. Darunter Tokudaiji Sanemoto, ein Daijo Daijin (Großkanzler). »Um eine Residenz für den abgedankten Tenno erbauen zu können, sollte zunächst einmal der Boden geebnet werden, doch an dem Ort sammelte sich eine Vielzahl an Schlangen, Die Überraschung war groß und die Leute erzählten dem abgedankten Tenno sofort von den Schlangen, die sie für die Gottheit der Erde hielten. Dieser wandte sich mit der Frage, wie er vorgehen sollte, an Sanemoto, woraufhin der antwortete: ›Kein Tier, das auf dem vom Tenno regierten Boden lebt, würde den Tenno verfluchen. Fangt sie ein und werft sie weg.‹ Sie folgten seinem Befehl und wurden nicht verflucht.« In unmittelbarer Nähe zum Tenno Go-Daigo gab es einen vorbildlichen Adeligen namens Hino Suketomo. Als er sah, wie Saionji Sanehira, der Naidaijin (Kanzler des Inneren), einen alten Mönch mit krummem Rücken mit einem »Hach, welch edler Mann!« kommentierte, entgegnete er: »Der ist doch einfach nur alt.« Als derselbe Mann einen altersschwachen, zotteligen Hund zum Anwesen des Kanzlers des Inneren brachte, kommentierte er ihn mit: »Hach, sieht er nicht ehrwürdig aus?« Nun ja, Realisten von diesem Schlag traten zur Kamakura-Zeit in Erscheinung. Obake (Geister) jeglicher Art hatten keine größeren Auftritte mehr. Und mit der Muromachi-Zeit (1336–1573) verschwanden auch jegliche Geschichten über Yokai Henge (Geistererscheinungen).

Wie viel neues Land wurde zu der Zeit erschlossen?

Das kann ich nicht beantworten, da es keine Quellen zu dem Thema gibt. Auch wenn das mein Ernst ist, wäre das doch eine langweilige Antwort, also will ich versuchen, mit den verfügbaren Informationen zu arbeiten. Einst bildete die Halbinsel Noto die gleichnamige Provinz. Anfang wie Ende der Edo-Zeit betrug der Reisertrag des Gebiets rund 200.000 Koku*. Das legt nahe, dass die Landerschließung zu Beginn der Edo-Zeit bereits abgeschlossen war. In der Enzyklopädie *Shugaisho* steht, dass es gegen Ende der Heian-Zeit insgesamt etwa 8.500 Cho (etwa 8.500 Hektar) Reisfelder gab. Den dort niedergeschriebenen Daten zur Edo-Zeit zufolge erbringt ein Reisfeld mit einer Fläche von 1 Tan (etwa 1 km^2) 1 Koku Reis. Wenn wir mit dieser Angabe weiterrechnen: 1 Cho sind 10 Tan und bringen 10 Koku Reis ein. Demnach gäbe es bei 200.000 Koku Reisertrag in der frühen Edo-Zeit 20.000 Cho Reisfelder. Die Heian-Zeit endete ganz grob gesagt im Jahr 1200, die Edo-Zeit beginnt circa um 1600, die Kamakura-Zeit gegen 1300. Wenn wir davon ausgehen, dass in der Zeitspanne von 400 Jahren durchschnittlich gleich viel Landerschließung betrieben wurde, und die gesamte Fläche (also allem, was um 1600 erschlossen war) mit 100 gleichsetzen, waren zum Ende der Heian-Zeit 42,5 Prozent und zum Ende der Kamakura-Zeit etwa 56 Prozent erschlossen. Mit anderen Worten: Zur Kamakura-Zeit war bereits die Hälfte des nutzbaren Landes erschlossen, während weniger als die Hälfte noch unerschlossen war. Na ja, zumindest laut meinen Ergebnissen.

* 1 KOKU = 180 LITER

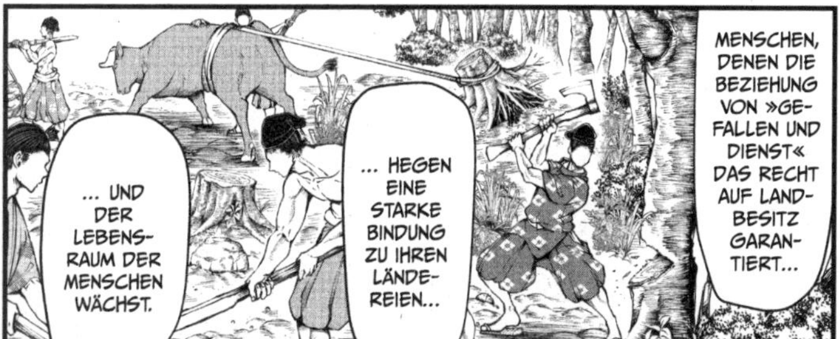

SPECIAL THANKS

Für *The Elusive Samurai* borge ich mir die Fähigkeiten vieler Personen.

Produktionsteam

Ashigaki Tei

(Seine Reihe *Make Heroine wo Katasetai!!* begann im Januar 2022 im *Jump+*!)

Enoshima Daisuke
Koizumi Sakuju
Koyoi Wahare
Inoue Keiji
Wada Shinji

Sie helfen mir bei der Anfertigung der Zeichnungen. Sie sind meine Kamakura-Krieger, die auf allmächtige Weise die Bilder zeichnen, die ich mir wünsche.

Redaktion

Azuma Riki

Er ist Redakteur bei *Weekly Shonen Jump*. Kommt aus guten Kreisen, weshalb er trotz seines jungen Alters einen verfeinerten Geschmackssinn hat.

Redaktion der Taschenbuchausgabe

Watanabe Satoshi

Er kümmert sich um alles, was mit der Taschenbuchausgabe zu tun hat. Er hat unglaublich dünne Beine.

Design

Matsumoto Yuki (Banana Grove Studio)

Sie hat das Logo entworfen und kümmert sich um das Design der Taschenbuchausgabe. Sie ist qualifizierte Kuratorin.

Maler (japanischer Stil)

Asakura Takafumi

Ich habe ihn für die Muster und den Hintergrund des Covers der Taschenbuchausgabe beauftragt. Bei seinen Fähigkeiten und seinem Format kann man kaum glauben, dass wir im selben Alter sind.

Kalligrafie

Maeda Kamari

Ihn habe ich um die Schriftzüge beim Auftreten von u. a. Dämonen gebeten. Er ist nicht nur ein begeisterter Kalligraf, sondern auch ein Meister der Präsentation. Er ist vielseitig begabt.

Schriftleitung & Artikelschreiber

Hongo Kazuto

Er überprüft die historischen Fakten und entwirft die Erklärungsseiten. Die Details, die im Widerspruch zu den historischen Fakten stehen, sind entweder erfunden oder persönliche Interpretationen.

Personal Mark Designer

Matsumoto Marika (& CAT)

Sie hat eine Vielzahl an Kimonomustern entworfen. Sie ist sehr serviceorientiert, weshalb sie diverse Muster vorgeschlagen hat.

Tuschmalerei

Kitamura Tokuro

Er ist für die Tuschezeichnungen zuständig. Ich wünsche ihm, dass er mit Leuten aus verschiedenen Genres zusammen Bilder erstellen kann.

3D CF Modeling

Melta AG

Ich habe sie beauftragt, 3D-Modelle von Rüstungen, Helmen, Schwertern etc. zu machen, die nicht käuflich zu erwerben sind. Einer der Hauptgründe, warum es so wenige Manga zu dieser Epoche gibt, ist, dass die Rüstungen verdammt lästig zu zeichnen sind. Ich danke den Menschen und dem digitalen Zeitalter dafür, dieses Problem aus der Welt geschafft zu haben.

Hilfe bei der Recherche zu Suwa

Ishino Michiho

Ihr habe ich das Material zu Suwa zu verdanken. Aufgrund ihrer zahlreichen Erfahrungen und Ambitionen ist sie nicht nur zum Thema Suwa, sondern generell sehr bewandert.

Illustration

Nanahara Shie

Sie hat die Hintergründe einiger Farbseiten übernommen. Ihre Dateien sind erschreckend groß, doch ihre wunderschönen, lebendigen Bilder machen das wieder wett.

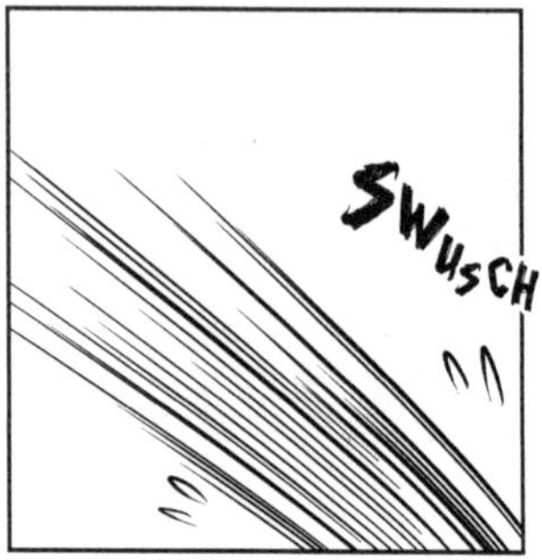

Yusei Matsui

Mit meinem aktuellen Werk möchte ich unter anderem dem Jump-Magazin, das mich veröffentlicht hat, meine Dankbarkeit zum Ausdruck bringen. Ich hatte gehofft, den Lesenden damit einen Grund zu geben, die Jump auch weiterhin fleißig zu kaufen, obwohl zu dem Zeitpunkt einige große Serien gleichzeitig endeten.

Das war mein Ziel. Auf Gewinn war ich zu der Zeit nicht einmal aus und schon darauf gefasst, dass meine Serie frühzeitig eingestampft wird und ich dadurch Verlust mache. Doch dazu kam es glücklicherweise nie, wofür ich von Herzen dankbar bin.

Am glücklichsten bin ich aber darüber, dass bei den neuen Werken junge Mangaka den Raum bekommen, bekannt zu werden, ohne um ihre Existenz bangen zu müssen.

MASHLE
MAGIC AND MUSCLES

Story and Art by
HAJIME KOMOTO

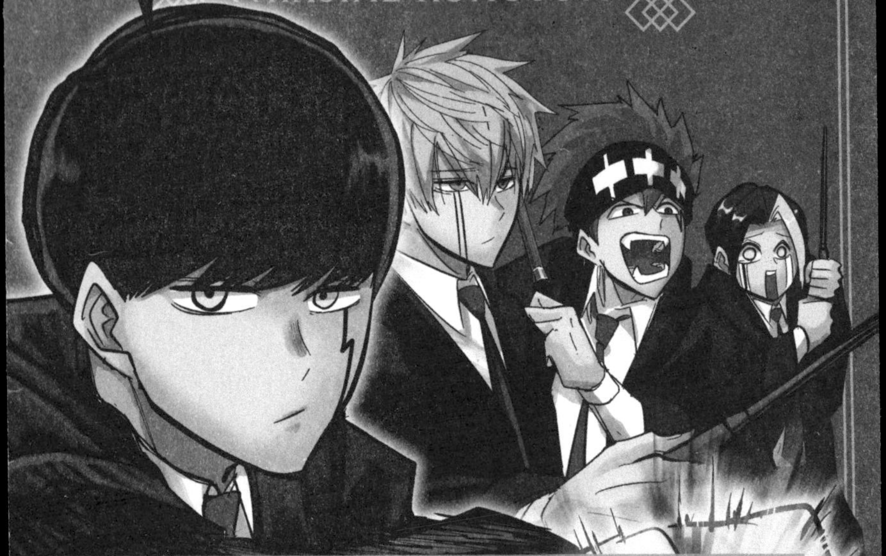

MAGIE IST GUT – MUSKELN SIND BESSER!

Im Reich der Magie wird der soziale Status durch die magischen Fähigkeiten bestimmt. Doch tief im Wald lebt Mash Burnedead, ein junger Mann, der seine gesamte Zeit damit verbringt, seinen Körper zu stählen. Er kann keine Magie benutzen, genießt jedoch ein friedliches Leben mit seinem Vater. Als das herauskommt, geraten beide in Gefahr. Die einzige Lösung: Mash wird in der Magieschule eingeschrieben, wo er die magische Konkurrenz schlagen muss! Wird sich Mash ohne einen Funken Magie und durch reine Muskelkraft einen Weg an die Spitze bahnen können?

CARLSEN MANGA!
www.carlsenmanga.de
carlsen_manga
carlsenmanga

MISSION: Yozakura Family

HITSUJI GONDAIRA

VORHANG AUF FÜR DIE SCHRÄGSTE UND GEFÄHRLICHSTE FAMILIE DER WELT!

Taiyo Asano ist ein extrem schüchterner Oberschüler. Die einzige Person, mit der er unbeschwert reden kann, ist seine Kindheitsfreundin Mutsumi Yozakura. Doch dann stellt sich heraus, dass Mutsumi ein Geheimnis hat, das Taiyos Leben völlig auf den Kopf stellt: Ihre Familie besteht aus lauter Superspionen! Und als wäre das nicht schon aufregend genug, trachtet Mutsumis großer Bruder ihm auch noch nach dem Leben! Wie weit wird Taiyo gehen, um seine Haut zu retten?

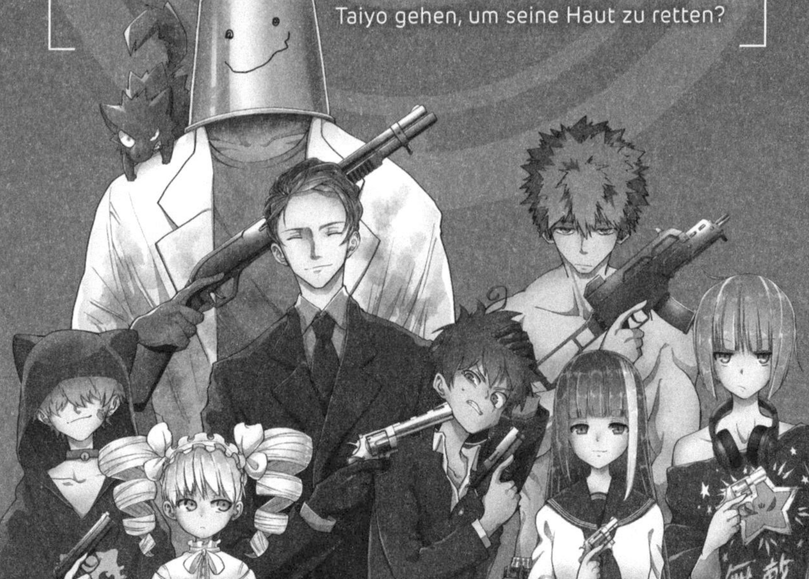

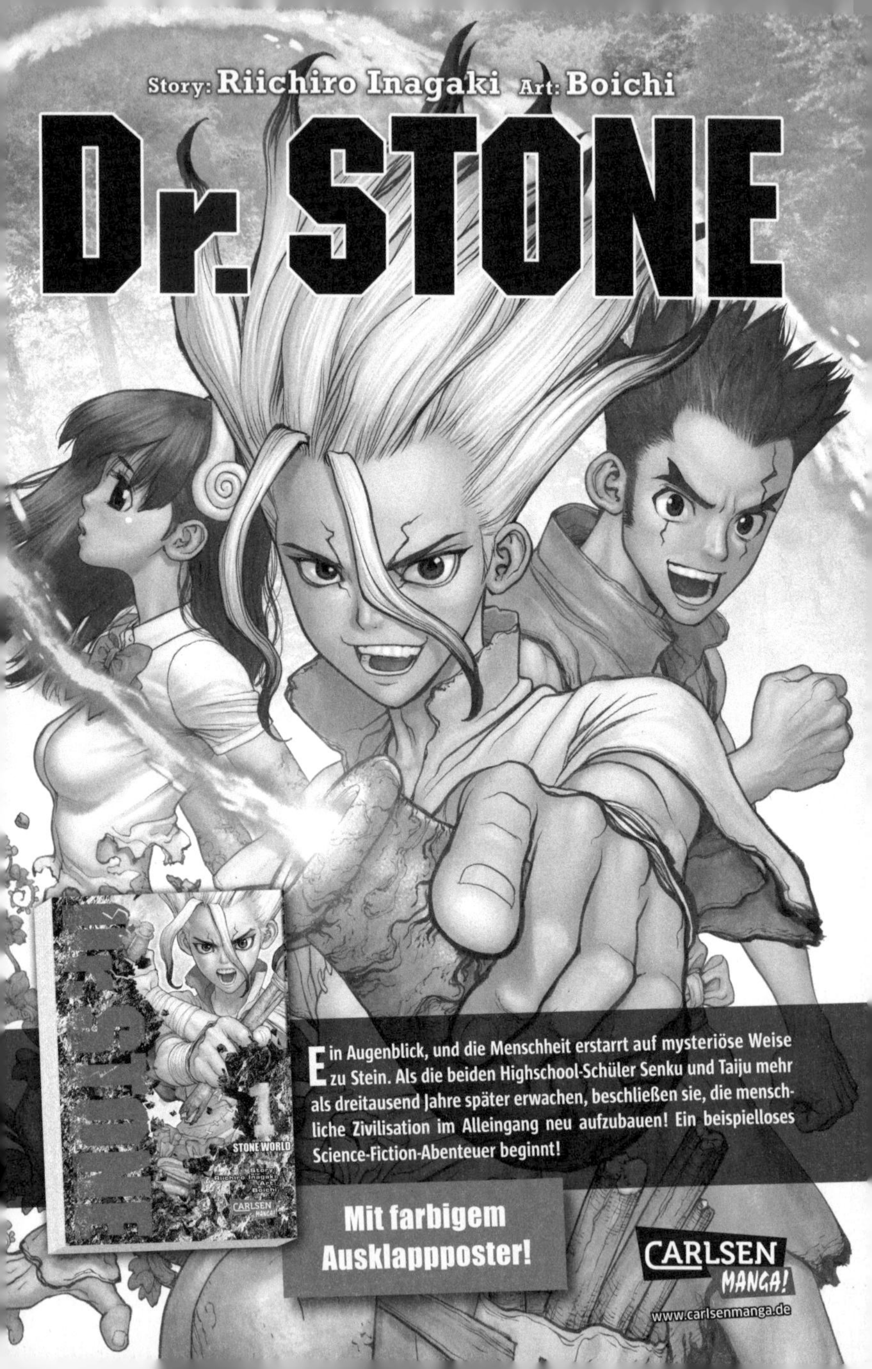
Story: Riichiro Inagaki Art: Boichi
Dr. STONE
STONE WORLD
Ein Augenblick, und die Menschheit erstarrt auf mysteriöse Weise zu Stein. Als die beiden Highschool-Schüler Senku und Taiju mehr als dreitausend Jahre später erwachen, beschließen sie, die menschliche Zivilisation im Alleingang neu aufzubauen! Ein beispielloses Science-Fiction-Abenteuer beginnt!
Mit farbigem Ausklappposter!
CARLSEN MANGA!
www.carlsenmanga.de

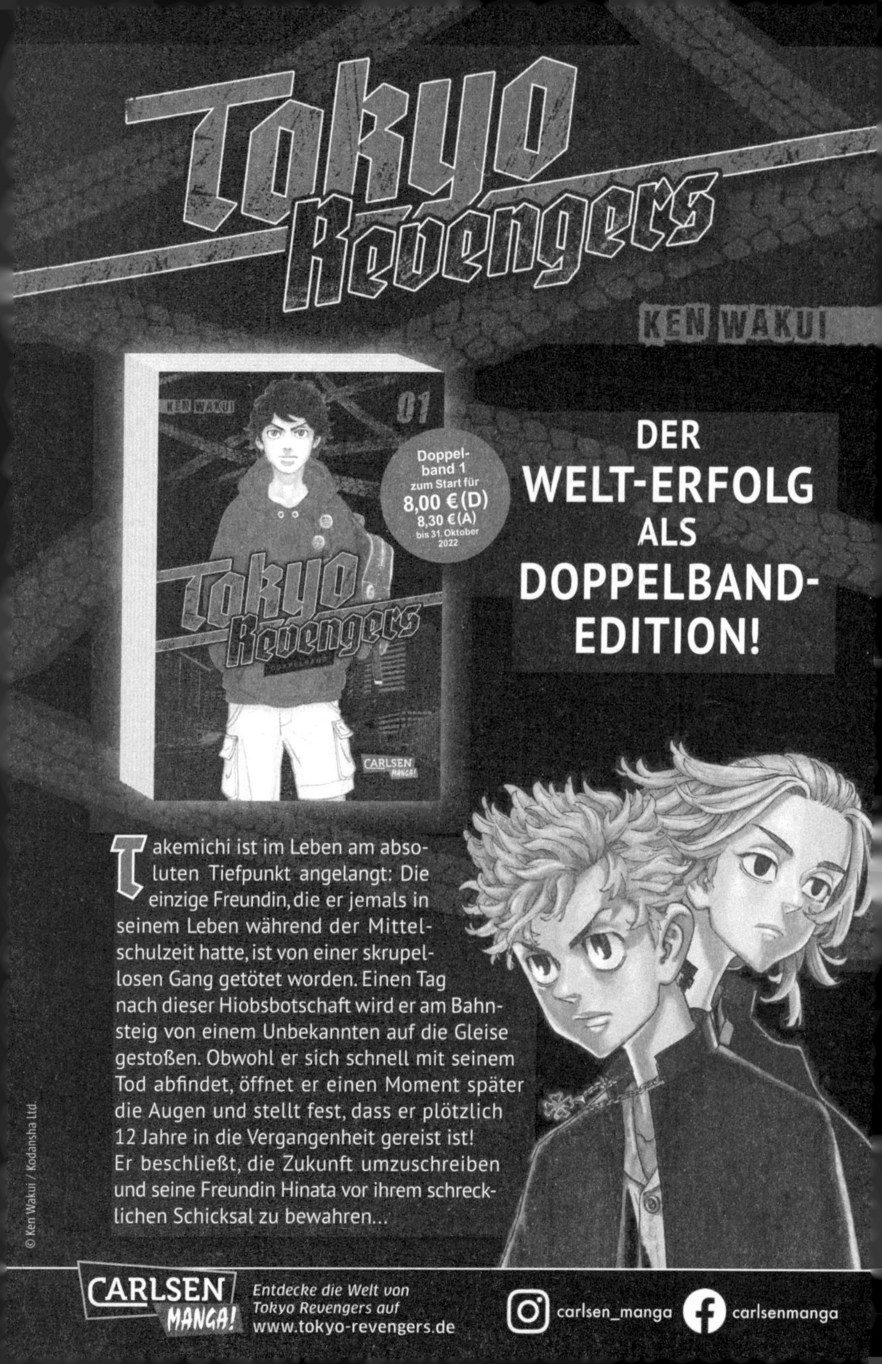
Tokyo Revengers
KEN WAKUI
KEN WAKUI
01
Tokyo Revengers
DOPPELBAND
CARLSEN MANGA!
Doppelband 1 zum Start für 8,00 € (D) 8,30 € (A) bis 31. Oktober 2022
DER WELT-ERFOLG ALS DOPPELBAND-EDITION!
Takemichi ist im Leben am absoluten Tiefpunkt angelangt: Die einzige Freundin, die er jemals in seinem Leben während der Mittelschulzeit hatte, ist von einer skrupellosen Gang getötet worden. Einen Tag nach dieser Hiobsbotschaft wird er am Bahnsteig von einem Unbekannten auf die Gleise gestoßen. Obwohl er sich schnell mit seinem Tod abfindet, öffnet er einen Moment später die Augen und stellt fest, dass er plötzlich 12 Jahre in die Vergangenheit gereist ist!
Er beschließt, die Zukunft umzuschreiben und seine Freundin Hinata vor ihrem schrecklichen Schicksal zu bewahren…
© Ken Wakui / Kodansha Ltd.
CARLSEN MANGA!
Entdecke die Welt von Tokyo Revengers auf www.tokyo-revengers.de
carlsen_manga
carlsenmanga

HALT!

Dieser Comic beginnt nicht auf dieser Seite.
The Elusive Samurai ist ein japanischer Comic.
Da in Japan von »hinten« nach »vorne« gelesen wird und von rechts nach links, müsst ihr auch diesen Comic auf der anderen Seite aufschlagen und von »hinten« nach »vorne« blättern. Auch die Bilder und Sprechblasen werden von rechts oben nach links unten gelesen, so wie es die Grafik hier zeigt.
Viel Spaß mit
The Elusive Samurai!

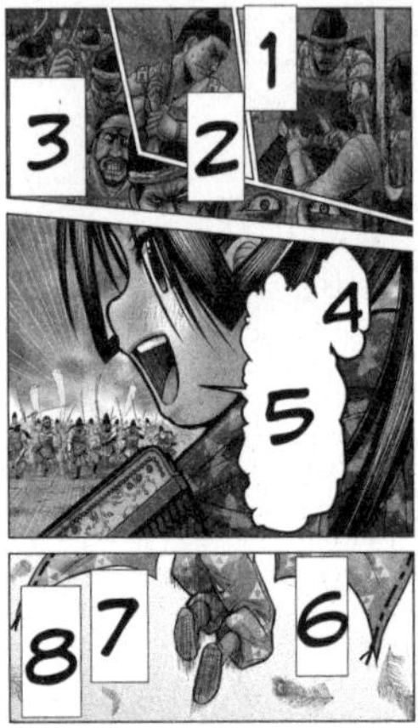

Carlsen Manga! News – jeden Monat neu per E-Mail!
www.carlsenmanga.de
www.carlsen.de

CARLSEN MANGA
Deutsche Ausgabe/German Edition

Aus dem Japanischen von Carina Dallmeier

First published in Japan in 2021 by SHUEISHA Inc., Tokyo.
German translation rights in Germany, Austria, Luxembourg and German-speaking Switzerland arranged by SHUEISHA Inc. through VME PLB SAS, France.
Redaktion: Lisa Gocke
Textbearbeitung: Beatrice Tavares
Lettering: Vibrant
Herstellung: Maria Niemann

ISBN: 978-3-551-80226-2

FSC
www.fsc.org
MIX
Papier | Fördert gute Waldnutzung
FSC® C083411

Unser Versprechen für mehr Nachhaltigkeit

- Klimaneutrales Produkt
- Papiere aus nachhaltigen und kontrollierten Quellen
- Hergestellt in Europa